U0734595

汽车智能传感器

技术与应用

附微课视频

邹海鑫 袁骥轩 严嘉俊 ◉主编

李克宁 叶健龙 ◉副主编

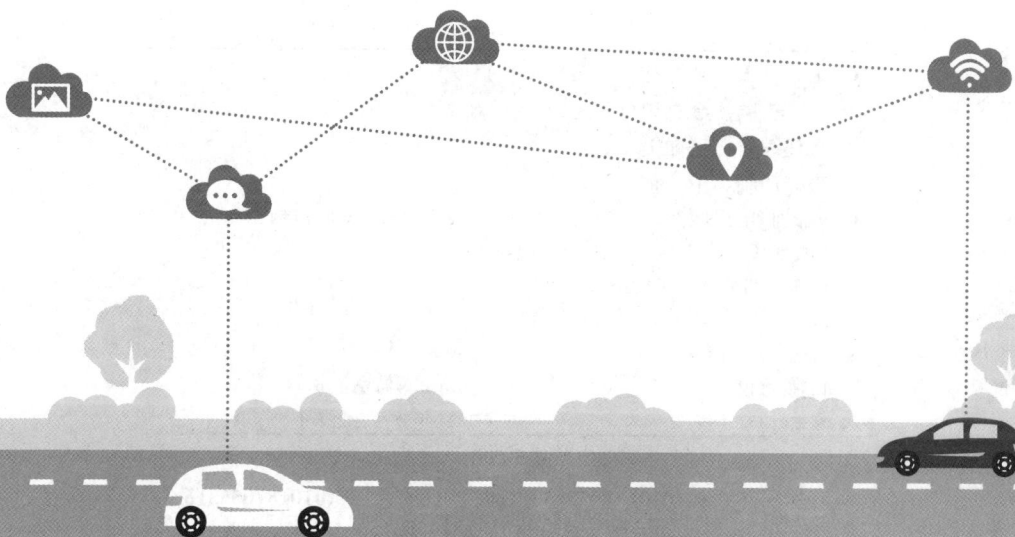

人民邮电出版社

北京

图书在版编目（CIP）数据

汽车智能传感器技术与应用：附微课视频 / 邹海鑫，袁骥轩，严嘉俊主编. -- 北京 ：人民邮电出版社，2024. 8. --（智能网联汽车系列教材）. -- ISBN 978-7-115-64621-7

Ⅰ. U463.67

中国国家版本馆 CIP 数据核字第 2024NR1692 号

内 容 提 要

本书以培养学生的汽车智能传感器相关操作技能为核心，系统介绍智能网联汽车环境感知技术所涉及的各种传感器的基础知识及其拆装与调试、故障诊断与排除、功能开发与应用和多传感器融合标定等多项实操内容。

本书共 7 个项目，项目 1 以智能网联汽车及其传感器概述为主，项目 2 到项目 6 对多个传感器展开系统讲解，项目 7 则以多传感器融合标定为主。每个项目由学习目标、项目导入、学习路线、课前自测、知识准备、项目实施、项目小结、知识巩固和拓展任务 9 部分组成。本书将知识点和技能点融入典型工作任务的实施中，以满足工学结合、项目引导、理实一体化的教学需求。

本书可作为高职高专院校智能网联汽车技术和汽车智能技术等专业的教学用书，也可作为相关从业人员的参考书。

◆ 主　编　邹海鑫　袁骥轩　严嘉俊
　　副 主 编　李克宁　叶健龙
　　责任编辑　王丽美
　　责任印制　王　郁　焦志炜
◆ 人民邮电出版社出版发行　　北京市丰台区成寿寺路 11 号
　　邮编　100164　电子邮件　315@ptpress.com.cn
　　网址　https://www.ptpress.com.cn
　　三河市君旺印务有限公司印刷
◆ 开本：787×1092　1/16
　　印张：14.5　　　　　　　　　2024 年 8 月第 1 版
　　字数：362 千字　　　　　　　2024 年 8 月河北第 1 次印刷

定价：58.00 元

读者服务热线：(010)81055256　印装质量热线：(010)81055316
反盗版热线：(010)81055315
广告经营许可证：京东市监广登字 20170147 号

　　汽车是当今社会的主要交通工具之一，发展到今天，已经从传统的"燃油发动机汽车时代"过渡到"新能源智能汽车时代"，我们有理由相信，在可预见的未来，智能汽车可以完全实现自动驾驶。环境感知技术作为自动驾驶汽车的核心技术之一，负责感知周围的环境，主要涉及的传感器包括视觉传感器、超声波雷达、毫米波雷达、激光雷达等。本书基于上述传感器，结合实训台架，内容不仅包括各个传感器的装调和故障诊断，还包括多传感器的融合标定等实践项目，是一本实践性很强的教材。

本书特色

　　本书从环境感知技术涉及的传感器展开，向读者介绍视觉传感器、超声波雷达、毫米波雷达、激光雷达、组合导航等相关基础知识；在此基础上，以易飒（广州）智能科技有限公司开发的智能汽车传感与感知实训系统平台为基本实训设备，以各个传感器的拆装、调试和检修为基本实操环节，在一些任务中还涉及 Linux 操作系统、ROS 和 Python 编程等知识，在Ubuntu 操作系统中实现传感器的标定，以及交通标志识别与车道线检测等常见的环境感知技术；最后通过两个综合实践项目，引入开源自动驾驶框架 Autoware，向读者介绍激光雷达与视觉传感器融合标定，以及毫米波雷达与视觉传感器融合标定的步骤。

　　本书编写团队包括汽车智能技术专业和智能网联汽车专业领域的一线教师以及来自企业一线的技术总监和工程师，编写本书之前，编写团队首先就本书编写大纲进行了多次探讨和交流。编写团队根据相关专业的教学需求以及学生通过学习本课程应达到的知识目标和能力目标，确定了编写大纲：以智能网联汽车的发展为引，设置了 7 个教学项目，除了项目 1做介绍与引入，其他项目以某个或多个传感器展开讲解，每个项目均设置了以下几个部分。

　　学习目标：为读者列出项目应达到的知识目标、技能目标和素养目标。

　　项目导入：以与项目有关的案例或者相关的介绍导入学习内容，引发读者思考。

　　学习路线：读者可以通过以思维导图的形式展示的学习路线，较全面地了解项目所涉及的知识点和技能点。

　　课前自测：结合"翻转课堂"等教学模式，设置课前自测，让读者带着问题进行学习。

　　知识准备：涉及一些必要的理论知识，让读者较全面地了解相关背景知识和理论基础知识；实训任务必要知识准备的内容则让读者对实训任务有整体认识，为后续的项目实施做知识准备。

　　项目实施：每个项目设置若干任务，各任务的技能训练都是紧贴项目内容给出的切实可行的训练题目，通过技能训练环节，读者可以真正体会和感受到项目所要达到的教学目标。

　　项目小结：对项目进行简单回顾与总结。

　　知识巩固和拓展任务：为了检测读者对项目理解和掌握的程度，设置练习题和拓展任务。

教学建议

　　在编写本书的过程中，我们力求做到深入浅出、层次分明、详略得当、通俗易懂，对理论教学降低深度、增加广度，对实践教学加大力度、突出动手操作，以彰显应用型课程的特色。为此，我们提出了指导性的教学学时安排建议：完成本书全部内容的学习，理论教学学时为 27 学时，实践教学学时为 29 学时，具体见下表。

项　　目	理论教学学时	实践教学学时
项目 1　汽车智能传感器概述与实训平台	2	0
项目 2　车载摄像头的认识、装调与编程	8	7
项目 3　超声波雷达的认识、装调与故障诊断	2	3
项目 4　车载毫米波雷达的认识、装调与故障诊断	5	5
项目 5　激光雷达的认识、装调与故障诊断	3	3
项目 6　组合导航的认识、装调与故障诊断	3	3
项目 7　综合实践	4	8
合计	27	29

配套资源及获取方式

为了更好地服务教学，本书配有丰富的教学资源，包括教学 PPT、微课视频、教案、习题答案、学生手册、学生工作页。

本书由深圳信息职业技术学院（简称"深信息"）的邹海鑫、袁骥轩和易飒（广州）智能科技有限公司（简称"易飒"）高级产品经理严嘉俊担任主编，深信息的李克宁和易飒高级技术经理叶健龙担任副主编，深信息汽车智能技术专业教研室和易飒课程开发与技术研发团队参编。本书由邹海鑫统稿，易飒李成杰负责图文处理工作。

限于编者水平，书中若有疏漏与不妥之处，敬请同行、专家及使用本书的读者提出宝贵意见和建议，以帮助本书在下一次修订中臻于完善。

编　者
2024 年 3 月

目　录

项目 1
汽车智能传感器概述与实训平台

【学习目标】

知识目标

1. 了解汽车发展历史。
2. 了解智能网联汽车的技术链。
3. 了解智能网联汽车的技术路线。
4. 了解自动驾驶及环境感知技术。
5. 了解智能网联汽车传感器的发展趋势。
6. 了解本书配套的实训平台。

技能目标

1. 具备识别不同类型传感器及其特点的能力。
2. 具备识别不同主流环境感知方案的能力。

素养目标

1. 培养独立思考的能力和自主学习的精神。
2. 弘扬科学精神，包括客观、理性、开放、合作的价值素养。
3. 培养对社会问题的关注和关心，激发热爱祖国、服务人民等良好思想品质。

【项目导入】

人类所有科学和技术进步都有前人的功劳。汽车如何出现，如何发展，为何具有当前的状态，这些问题值得我们思考和挖掘。

本项目以介绍性知识为主，包括汽车发展历史、智能网联汽车的技术链和技术路线等。请思考汽车的出现和发展给人类带来了什么样的影响。想象一下 100 年后的汽车会是什么样的。

【学习路线】

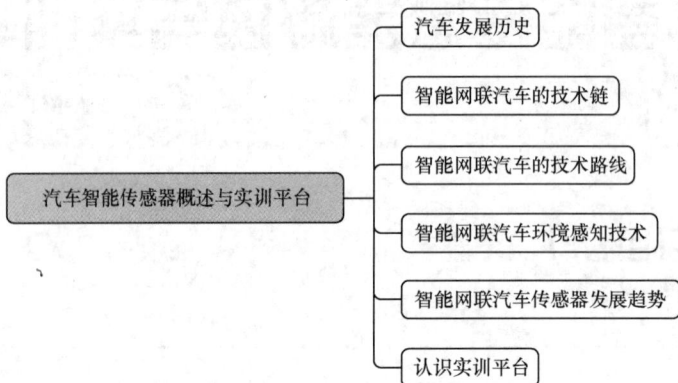

汽车智能传感器概述与实训平台
- 汽车发展历史
- 智能网联汽车的技术链
- 智能网联汽车的技术路线
- 智能网联汽车环境感知技术
- 智能网联汽车传感器发展趋势
- 认识实训平台

【课前自测】

1. 智能网联汽车是具备复杂的_____、智能决策、协同控制和执行等功能，可实现安全、舒适、节能、高效行驶，并最终可替代人来完成操作的新一代汽车。

2. 从技术发展路径来看，智能汽车分为_____、_____及_____ 3个发展方向。

3. 智能网联汽车用于环境感知的传感器主要包括_____、_____、_____和_____。

4. 超声波雷达一般采用_____、_____或_____频率的声波。

5. 传感器融合分为_____和_____两种。

【知识准备】

本项目将围绕智能网联汽车及其相关传感器的概念和发展现状展开，首先介绍汽车发展历史、智能网联汽车的应用现状和发展前景以及智能网联汽车环境感知技术；最后介绍本书所使用的智能汽车传感与感知实训系统平台。

|1.1　汽车发展历史|

回望历史，把握历史进化的来龙去脉，可以帮助我们看清楚今天所处的位置；俯瞰历史，把握所有要素之间的联系，可以帮助我们看清楚世界变化的规律。通过本节的学习，读者将能较全面地了解汽车发展历史，熟悉智能网联汽车及相关概念。

中文"汽车"一词最早出现于我国唐朝天文学家僧一行（公元683—727年）的描述："激铜轮自转之法，加以火蒸汽运，名曰汽车。"现在人们日常提及的汽车，普遍指自动车（英式英语——car；美式英语——automobile；美式英语口语——auto），即本身产生动力驱动车辆前进，无须依靠轨道或电缆。本节按"本身具有动力"的动力来源，通过简要描述从侧面介绍汽车发展历史。

（1）"发条"汽车：1649年，德国的钟表匠汉斯·赫丘在前人的启示下，制成一辆用钟表发条提供动力的车。该车行驶速度为1.6km/h，每前进230m需手动上一次发条。

（2）"蒸汽"汽车：1769年，法国陆军工程师尼古拉斯·古诺（Nicolas Cugnot）发明了世界上第一辆蒸汽汽车，这辆汽车被命名为"卡布奥雷"，车长为7.32m，车高为2.2m，车架上放置着一个大锅炉，前轮直径为1.28m，后轮直径为1.5m，前进时靠前轮控制方向，前进时每12～15min需停车加热15min，行驶速度为3.5～3.9km/h。

（3）"蓄电池电动"汽车：1834年，美国发明家托马斯·达文波特（Thomas Davenport）发明了世界上第一辆真正意义上的电动汽车，这辆电动汽车采用不可充电的简单玻璃封装蓄电池驱动，只能行驶一小段距离。1839年，苏格兰的罗伯特·安德森（Robert Anderson）给四轮马车装上了电池和电动机，将其成功改造为世界上第一辆靠电力驱动的车辆。20世纪初期，内燃机的发展让纯电动汽车退出市场。

（4）"内燃机"汽车：1885年，卡尔·本茨（Karl Benz，1844—1929）将自行车的后轮改成并行的两个轮子，将一台奥托内燃机置于后轴上，从而造出了世界上第一辆使用汽油内燃机的汽车，如图1.1所示。1885年的一天，本茨夫人将这辆三轮汽车开上了路，成为有记载的第一位驾驶汽车的人，这个时间比戴姆勒和迈巴赫发明出四轮汽车的时间早了几个月。在戴姆勒去世后，戴姆勒公司和奔驰公司有了很多的合作。1926年，这两家竞争了40年的公司合并，成了今天享誉全球的戴姆勒-奔驰公司（现改名为梅赛德斯-奔驰集团股份公司）。而戴姆勒的合作伙伴迈巴赫，则以迈巴赫之名成立了该公司旗下超豪华汽车品牌。

图1.1　世界上第一辆使用汽油内燃机的汽车

（5）"新能源"汽车：新能源汽车或将替代燃料汽车，它是指采用非常规的车用燃料作为动力来源（或使用常规的车用燃料、采用新型车载动力装置），综合车辆的动力控制和驱动方面的先进技术制造的，技术原理先进、具有新技术和新结构的车辆。新能源汽车包括四大类型：混合动力电动汽车（Hybrid Electric Vehicle，HEV）、纯电动汽车（Electric Vehicle，EV）（包括太阳能汽车）、燃料电池电动汽车（Fuel Cell Electric Vehicle，FCEV）、其他新能源（包括机械能，如超级电容器、飞轮、压缩空气等）汽车。非常规的车用燃料指除汽油、柴油之外的燃料，如天然气（Natural Gas，NG）、液化石油气（Liquefied Petroleum Gas，LPG）、乙醇汽油（Ethanol Gasoline，EG）、甲醇、二甲醚等。为了应对石油危机，也为了保护环境，20世纪70年代很多国家开始提倡使用新能源汽车，已经退出市场的蓄电池电动汽车重新得到重视，旨在减少或放弃使用内燃机汽车。1996年，由通用汽车公司生产和租赁的电动汽车EV1是史上由大型汽车制造商生产出的第一款现代的专门设计和量产的电动汽车。1997年，混合动力乘用车丰田普锐斯开始发售，成为第一种量产的混合动力汽车，由此拉开了复兴电动汽车的序幕。在我国，规定新能源汽车包括3类：纯电动汽车、插电混合动力汽车（Plug-in Hybrid Electric Vehicle，PHEV）、燃料电池电动汽车。

（6）"智能"汽车：从广义上来说，具备驾驶辅助功能的汽车都可以称为智能汽车或自动驾驶汽车。更具体地说，智能汽车是一种通过车载传感系统来感知车辆的状态和道路环境，自动规划行车路线并自主控制行驶到达目的地的车辆，是一种智能的移动终端。进入21世纪后，随着信息、动力电池、人工智能、物联网和5G等技术的发展，以特斯拉为代表的造车新势力极大地推动了新能源汽车尤其是电动汽车的发展，并向着电动化、智能化、网联化、共享化演进。按照国际通用标准，根据智能化程度的不同，自动驾驶汽车被分为5个等级：L1级表示辅助驾驶，L2级表示部分自动驾驶，L3级表示有条件自动驾驶，L4级表示高度自动驾驶，L5级表示完全自动驾驶（无人驾驶）。2017年7月11日，奥迪在西班牙发布了全球第一款实现L3级水平的量产车奥迪A8。

目前，全球正处于普及L2级和L3级、实现L4级智能汽车的进程当中。根据我国发布的《新能源汽车产业发展规划（2021—2035年）》，到2025年，高度自动驾驶汽车将实现限定区域和特定场景的商业化应用，充换电服务便利性显著提高；到2035年，高度自动驾驶汽车将实现规模化应用。由于智能汽车具有智能化、网联化、节能环保、安全便捷等特点，因此它是未来汽车发展的必然方向。它的出现、普及将彻底颠覆人们的出行方式，重新定义汽车的属性，将人们从驾驶中解放出来，并自动、安全地将乘客送往目的地。

智能网联汽车是近年来逐渐普及和被大众接受的概念，中国汽车工业协会将智能网联汽车（Intelligent Connected Vehicle，ICV）定义为：搭载先进的车载传感器、控制器、执行器等装置，并融合现代通信与网络技术，实现车与人、车、路、后台等智能信息交换共享，具备复杂的环境感知、智能决策、协同控制和执行等功能，可实现安全、舒适、节能、高效行驶，并最终可替代人来完成操作的新一代汽车。

从定义可以看出，智能网联汽车和智能汽车有较大的联系，图1.2所示为智能网联汽车、智能汽车与车联网、智能交通等概念间的相互关系。可见，智能汽车属于智能交通，而智能网联汽车是智能汽车与车联网的交集。

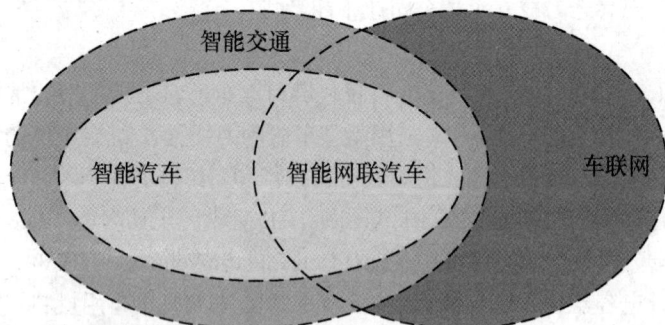

图1.2　智能网联汽车、智能汽车与车联网、智能交通等概念间的相互关系

【自主汽车品牌自信：比亚迪】
据报道，我国新能源汽车销量从2012年的12791辆跃升到2021年的352.1万辆，年销

量持续创新高，让新能源汽车推广迈上新量级。

我国自主汽车品牌抓住了机遇：2022 年第一季度，中国品牌新能源乘用车累计销量同比增长约 1.5 倍，高于市场整体增速。在新能源乘用车总销量中，中国品牌的占比达 75.1%，比 2021 年同期提高约 2 个百分点。

以比亚迪为代表的自主汽车品牌扮演着重要的推动力量的角色。目前，比亚迪推出了刀片电池、DM-i 超级混动两大技术——通过刀片电池提供安全的动力、使用 DM-i 超级混动方案替代燃油车的相关方案。

刀片电池作为与三元锂电池基本相当的电池，通过了行业苛刻的实验，电池循环寿命高达 1.5 万次，其成本也具有竞争力，是符合未来产业发展方向的绿色电池。

|1.2　智能网联汽车的技术链|

从技术发展路径来看，智能汽车分为 3 个发展方向：网联式智能汽车（Connected Vehicle，CV）、自主式智能汽车（Autonomous Vehicle，AV），以及这两者的融合——智能网联汽车，如图 1.3 所示。

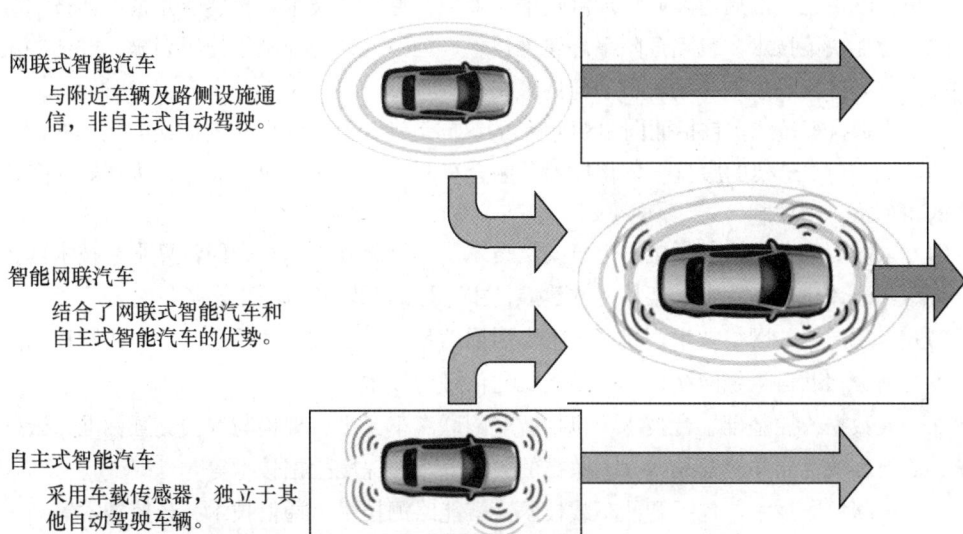

网联式智能汽车
与附近车辆及路侧设施通信，非自主式自动驾驶。

智能网联汽车
结合了网联式智能汽车和自主式智能汽车的优势。

自主式智能汽车
采用车载传感器，独立于其他自动驾驶车辆。

图 1.3　智能汽车的 3 个发展方向

智能网联汽车融合了自主式智能汽车与网联式智能汽车的技术优势，涉及汽车、信息通信等诸多领域，其技术架构较复杂，可划分为"三横两纵"技术架构："三横"是指智能网联汽车主要涉及的车辆/设施关键技术、信息交互关键技术与基础支撑关键技术；"两纵"是指支撑智能网联汽车发展的车载平台及基础设施，如图 1.4 所示。

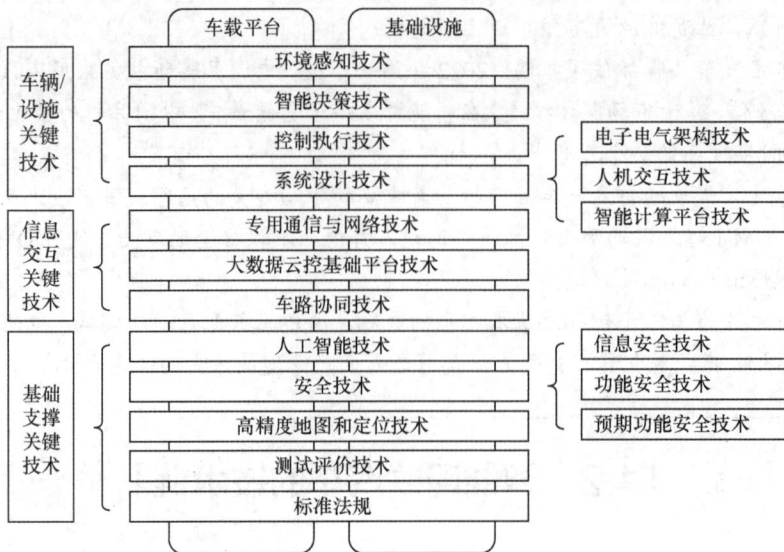

图 1.4　智能网联汽车"三横两纵"技术架构

智能网联汽车的"三横"架构涉及的 3 个领域的关键技术可以细分为以下 12 种。

（1）环境感知技术，包括利用机器视觉的图像识别技术、利用雷达（激光雷达、毫米波雷达、超声波雷达）的周边障碍物检测技术、多源信息融合技术、传感器冗余设计技术等。

（2）智能决策技术，包括危险事态建模技术、危险预警与控制优先级划分、群体决策和协同技术、局部轨迹规划、驾驶员多样性影响分析等。

（3）控制执行技术，包括面向驱动/制动的纵向运动控制、面向转向的横向运动控制、基于驱动/制动/转向/悬架的底盘一体化控制、融合车联网（V2X）通信及车载传感器的多车队列协同和车路协同控制等。

（4）系统设计技术，包括电子电气架构技术、人机交互技术和智能计算平台技术，搭建基于车路云一体化的车辆平台架构，并建立自主可控的开发和应用生态等。

（5）专用通信与网络技术，包括车辆专用通信系统、实现车间信息共享与协同控制的通信保障机制、移动自组织网络技术、多模式通信融合技术等。

（6）大数据云控基础平台技术，包括智能网联汽车云平台架构与数据交互标准、云操作系统、数据高效存储和检索技术、大数据的关联分析和深度挖掘技术等。

（7）车路协同技术，包括智能车载技术、智能路测技术、通信技术、云控技术等。

（8）人工智能技术，包括计算机视觉、大数据分析、机器人技术、语音识别与自然语言处理、云计算、AR/VR 等。

（9）安全技术，包括汽车信息安全技术、功能安全技术、预期功能安全技术、汽车信息安全测试方法、信息安全漏洞应急响应机制等。

（10）高精度地图和定位技术，包括高精度地图数据模型与采集式样、交换格式和物理存储的标准化技术，基于北斗地基增强的高精度定位技术，多源辅助定位技术等。

（11）测试评价技术，包括智能网联汽车测试评价方法与测试环境建设。

（12）标准法规，包括智能网联汽车整体标准体系以及汽车、交通、通信等各领域的关键技术标准。

|1.3　智能网联汽车的技术路线|

涉足智能网联汽车领域的不仅有传统的和新兴的车企，还有相关的零部件供应商及跨界的科技公司。目前，智能网联汽车技术正处于快速发展和探索阶段，在技术路线上存在多种可能，但并没有一条大家都比较认同的技术路线。由于各个企业的经验、资金和技术水平等不同，所以各个企业都有自己倾向的技术路线。

传统的车企倾向于通过技术的不断累积、测试数据的不断增加、场景的不断丰富，逐步从先进驾驶辅助系统过渡到半自动驾驶系统，最终实现完全自动驾驶系统。例如，如今各大传统车企借助其在整车方面的优势，都积极推出配备有相应的驾驶辅助系统、半自动化驾驶系统的车型。而某些跨界的科技公司借助其在数据采集处理、算法、硬件平台、人工智能等方面的优势，直接跨越到高等级自动驾驶的阶段，如直接开发 L4 级、L5 级的自动驾驶汽车，其直接目的就是实现自动驾驶汽车的量产上市。

目前，智能网联汽车在技术路线上有两种主流方案：一种是以视觉为主导的方案（如特斯拉 Model 3），通过相机或摄像头进行环境的感知，可以用于对物体的识别和追踪及车辆的定位。该路线使用的相机或摄像头价格低廉、安装方便，适用于自动驾驶汽车的量产。它的缺点在于算法的复杂程度较高，容易受到极端天气的影响，在光线比较弱的情况下效果比较差。

拓展知识：认识
自动驾驶

另一种是以激光雷达（Light Detection and Ranging，LiDAR）为主导的多传感器融合方案（如谷歌 Waymo），通过激光雷达进行障碍物的检测，借助激光雷达扫描的点云和高精度地图的匹配实现车辆的定位。这种方案可以解决摄像头受光线影响的缺点，而且激光雷达的检测范围广、准确度高，算法的复杂程度相对较低。但是它也有缺点，激光的传播速度容易受到悬浮颗粒物的干扰，当空气中的悬浮颗粒物过大时，激光雷达准确性会大大降低。另外，其价格昂贵，阻碍了自身的实际应用。不过对坚持以激光雷达为主导的车企来说，他们通过自主开发激光雷达，将成本降低了不少，例如，谷歌通过自研激光雷达使成本降低超过 90%，而华为自研 96 线激光雷达的成本大约为数百美元，目前已实现量产上市，激光雷达的价格也得到了进一步降低，且随着技术发展，还有再次降低的可能。

1.3.1　特斯拉 Model 3 技术路线

特斯拉 Model 3 采用的是以视觉为主导的方案，其配置了 8 个摄像头、1 个毫米波雷达和 12 个超声波雷达，如表 1.1 和图 1.5 所示。

表 1.1　　　　　　　　　　　　　　特斯拉 Model 3 传感器配置

传感器	数量/个	功能和作用
前视主视野摄像头	1	视野能覆盖大部分交通场景，最大监测距离为 150m
前视窄视野摄像头（配置长焦距镜头）	1	视野相对较窄，适用于高速行驶的交通场景，并可以清晰拍摄远达 250m 的物体。同时，此镜头可以记录影像信息，实现行车记录功能

传感器	数量/个	功能和作用
前视宽视野摄像头（配置鱼眼镜头）	1	视野达 120°，能够拍摄到交通信号灯、行驶路线上的障碍物和距离本车较近的物体，适用于城市街道、低速缓行的交通场景，最大监测距离为 60m
侧方前视摄像头	2	侧方前视摄像头位于车辆两侧的 B 柱上，其最大监测距离为 80m，能够监测到高速公路上突然并入当前车道的车辆，在进入视野受限的交叉路口时可提供更多的安全保障
侧方后视摄像头	2	侧方后视摄像头位于车辆两侧的翼子板上，其最大监测距离达 100m，能监测车辆两侧的后方视野盲区，在变道和汇入高速公路时起着重要作用
后视摄像头	1	后视摄像头拥有 50m 最大监测距离，应用于复杂的泊车场景
毫米波雷达	1	作为主要相机和图像处理系统的辅助传感器，用于识别前方障碍物，最大监测距离为 160m
超声波雷达	12	主要用于监测周围的区域，以及是否有车辆或其他物体存在的盲区，降低碰撞风险和辅助泊车，其最大有效测距为 8m

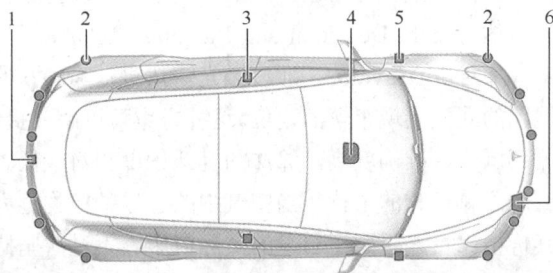

1—后视摄像头（1个）；2—超声波雷达（12个）；3—侧方前视摄像头（2个）；4—三目摄像头（包括前视主、窄、宽视野摄像头）；5—侧方后视摄像头（2个）；6—毫米波雷达（1个）

图 1.5　特斯拉 Model 3 视觉路线传感器布置方案

2021 年 5 月，特斯拉宣布将取消北美版 2021 款 Model 3 和 Model Y 的毫米波雷达，只用 8 个摄像头和 12 个超声波雷达实现辅助驾驶，成为视觉方案的技术路线上与众不同的存在。

1.3.2　谷歌 Waymo 自动驾驶汽车技术路线

摄像头有两个缺点：一是作用距离和测距精度不如毫米波雷达；二是容易受光照、天气等因素的影响。而毫米波雷达恰好可以弥补这些缺点，但毫米波雷达不能成像，所以难以识别车道线、交通标志等元素。所以，绝大多数企业采用"摄像头+毫米波雷达"的融合方案来实现 L2 级部分自动驾驶，更准确地说是先进驾驶辅助系统（Advanced Driving Assistance System，ADAS），比如自适应巡航、车道保持等功能。

众所周知，一个系统想要变得可靠，关键原则是对这个系统做"冗余"。特斯拉的纯视觉路线其实不是主流，主流的技术路线还是以激光雷达为主，融合摄像头和毫米波雷达等多种传感器，如谷歌 Waymo。

Waymo 成立之初，就定下了一条"零容忍政策"——安全。正如其公司使命"让人和物更便捷、安全地移动"。Waymo 将这一理念融入其各项技术，主要体现在其虚实结合的路测、激光雷达以及冗余安全系统，它通过这几项技术构建了强大而可靠的安全体系。

图 1.6 所示是 Waymo 第五代自动驾驶平台安装在捷豹 I-Pace 车型上的示意。

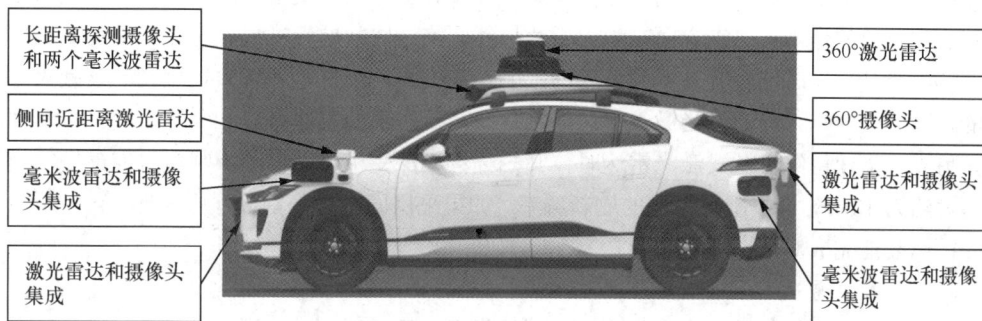

图 1.6　谷歌 Waymo 激光雷达传感器布置方案

车顶的 360°激光雷达，最远可以探测 300m 以外的物体，可以形成实时的车辆鸟瞰图，同时能探测到路旁的骑行者和行人。

长距离探测摄像头和 360°摄像头可以探测到更远的位置，让车辆可以识别更多重要的细节，如能探测到 500m 以外的停车标志。此外，探测车辆侧边的摄像头系统可以和侧向激光雷达配合使用，为 Waymo Driver 系统提供另一个视角，更准确地辨认正在靠近车辆的物体。

车辆侧边的侧向近距离激光雷达，分别安装在车辆周围的 4 个点。这 4 个激光雷达还能增加探测的视野范围，这样就能检测正在靠近车辆的物体。

Waymo 的视觉系统总共配置 29 个摄像头，能够为 Waymo Driver 系统提供更高分辨率的图像，以及更广的视野。这些摄像头的视野有所重叠，不会产生视野盲区。摄像头、激光雷达与清洁系统和加热装置组装在一起，在任何天气下都能保证正常运行。

毫米波雷达，作为 Waymo 的新型高分辨率成像雷达分别安装在车辆的 6 个位置，可以追踪静态和动态的物体，还可以探测远处的小物体，对间隔较近的物体加以区分。毫米波雷达和摄像头集成，激光雷达和摄像头集成，在特殊天气条件下能最大程度地发挥其功能。

拓展知识：智能网联汽车传感器布置方案

1.4　智能网联汽车环境感知技术

环境感知技术是智能网联汽车的关键技术之一，而传感器是智能网联汽车环境感知的硬件基础。智能网联汽车的环境感知传感器是区别于传统汽车最主要的表观特征之一，占据了智能汽车成本增量的主要部分，主要包括激光雷达、毫米波雷达、车载摄像头和超声波雷达。

1.4.1 环境感知传感器

1. 激光雷达

一方面，激光雷达在自动驾驶车辆中有着非常重要的作用，它可以大范围、大角度、高精度地对周围环境进行扫描，然后对扫描得到的点云进行处理，实现对三维环境的实时建模。激光雷达在车辆定位、对象识别、对象追踪、环境感知和高精度地图的创建等多个技术中都有着非常重要的作用。另一方面，激光雷达仍然面临一些问题和挑战。首先，目前其成本较高；其次，其工作时比较容易受到天气的影响，在大雨、浓雾等环境中，激光的衰减大，传播的距离会受影响；最后，当激光雷达遇到具有高反射率的表面时，其测量精度也会受到影响。另外，当使用纯机械式激光雷达时，其扫描频率深受机械结构的限制，目前最快的扫描频率大约为10Hz，会限制数据流的刷新频率。如果采用固态激光雷达，则需要配合使用多个激光雷达才能完成对周围环境的感知。

2. 毫米波雷达

毫米波雷达在智能汽车中有着非常重要的作用，且无法被激光雷达、摄像头等其他传感器所取代，它的检测距离远，能够检测物体的速度、距离和方位，其抗天气干扰的能力强、价格便宜。虽然毫米波雷达检测精度不如激光雷达，且不能检测到物体的具体形状，但它具有明显的多普勒效应，可以通过检测其多普勒频移来实现对移动物体速度的测量；与相机相比其能够提供深度信息，可以直接测得物体的距离。

3. 车载摄像头

车载视觉传感器（或称车载摄像头）是一种能够获取环境图像信息的传感器，也是智能汽车中最重要的传感器之一。车载摄像头获取图像后，将光信号转化为图像模拟信号，并传送给专用图像处理系统，转变为数字信号。最后对这些数字信号进行运算，以抽取目标特征，获得相应的识别信息。特斯拉 Autopilot 系统是相机在智能网联汽车中应用的成功典范，该系统以摄像头为主传感器，不采用激光雷达方案，靠摄像头信息进行道路识别、交通标志识别以及车辆和行人的识别等。车载摄像头按照构成形式可以分成单目摄像头、双目摄像头和全景摄像头等多种；按照其安装在汽车上的位置可以分成前视摄像头、后视摄像头、全景摄像头以及车内监控摄像头等。

4. 超声波雷达

超声波雷达（Ultrasonic Radar）是通过发射和接收频率为40kHz、48kHz或58kHz的超声波，根据时间差测算出障碍物距离的安全辅助装置，能以声音或者更直观的显示器告知驾驶员周围障碍物的情况，消除驾驶员驻车、倒车和启动车辆时前后左右探视所引起的困扰，并帮助驾驶员弥补视野死角和视线模糊的缺陷。

1.4.2 多传感器信息融合

不同类型传感器都存在着不同的优劣势，单一的传感器难以满足复杂行驶路况信息的采集需求，因此多传感器信息融合是必由之路。多传感器信息融合的感知系统可以形成互补，有效应对现实世界中的光照、天气、路况等各种复杂条件，并可避免在安全方面形成冗余设计。

传感器融合分成两种：前融合和后融合。所谓的前融合，是指在原始层把各种传感器的数据融合在一起，实现原始数据的同步，前融合只有一个感知算法。而后融合，是指每个传感器各自独立处理并生成目标数据，再由主处理器进行数据融合，涉及多个感知算法。

1．前融合的优势

相较于后融合，前融合的优势有以下两点。

（1）前融合将所有传感器的原始数据进行统一算法处理，降低了整个感知架构的复杂度和系统延迟。

（2）许多后融合感知中被过滤掉的无效和无用的信息，在前融合感知路线中通过与其他传感器数据融合后进行综合识别，可以创建出一个更全面、更完整的环境感知信息，大大提高感知系统的稳健性。

2．前融合的要求

前融合对于提高感知系统的准确性和稳健性有着不可比拟的优势，但是要实现多传感器的前融合对软件算法需求、芯片算力需求、数据通信需求提出了更高的要求。

（1）软件算法需求：各个传感器数据采集方式和周期相对独立，后融合向前融合转化需要实现数据空间和时间同步，需要控制时间误差在 1μs 以内，100m 外的物体距离精度要在3cm 以内，这样需要主机厂商在算法端给各个传感器提供时间校准和空间标定的功能。

（2）芯片算力需求：整车所有传感器原始数据都汇集到中央计算平台进行处理，对于 AI芯片的算力提出了更高的要求。

（3）数据通信需求：一是车载的传感器如毫米波雷达、摄像头、激光雷达等来自不同硬件厂商，因为产品接口与商业协议等问题，有些传感器无法获得原始数据；二是车内通信带宽需升级来支持多传感器数据的并发。多传感器前融合是长周期目标，目前还属于智能驾驶发展初期，传感器本身硬件升级还有长足发展空间。多传感器发展路径会趋向冗余再融合，在传感器搭载数量和性能升级的基础上，逐渐实现多传感器融合。

1.4.3 环境感知技术

环境感知技术是智能网联汽车的关键技术之一，它通过安装在车辆上的传感器对道路、行人、车辆、交通信号灯、交通标志等元素进行识别。

1．道路识别技术

道路识别技术指提取车道的几何结构、确定车辆在车道中的位置及方向、确定车辆可行驶的区域。

2．行人检测技术

行人检测技术主要包括两种常用的方式：一是基于视觉的行人检测技术，通过一定的算法如方向梯度直方图（Histogram of Oriented Gradient，HOG）与支持向量机（Support Vector Machine，SVM）配合检测的方法实现行人识别；二是基于视觉和激光雷达融合的行人检测技术，激光雷达可以获得行人在二维平面的位置及其他状态信息，可以对目标进行较精准的状态估计。通过激光雷达和摄像头数据的融合进行综合判断，可以提高系统的检测性能及检测精度。

3．车辆检测技术

车辆检测技术与行人检测技术一样包括两种方式。一种是基于视觉的车辆检测技术，其可分为基于车辆外观的检测方法和基于车辆运动的检测方法。基于车辆外观的检测方法从单帧图像中进行车辆检测，而基于车辆运动的检测方法使用连续帧的图像进行车辆检测。早期由于计算机和显卡的处理速度较低，车辆使用图像对称性和边缘特征进行检测。近年来，基于深度学习的目标检测算法取得了很大的突破，如基于候选区域的 R-CNN 系列算法和 YOLO 算法等，因此，基于视觉的车辆检测技术得到长足的发展。另一种车辆检测技术基于视觉和激光雷达融合，是最近几年发展起来的技术。激光雷达能够快速扫描平面的距离信息，并获得障碍物在扫描平面中的外轮廓，并且不受光照条件等因素的影响。两种传感器可以实现功能上的互补，在检测过程中需要将车辆坐标、激光雷达坐标和摄像头坐标进行数据统一融合并转换到同一坐标系下进行处理，其检测精度较高，是较先进的技术。

4．交通信号灯识别技术

交通信号灯的检测与识别是无人驾驶与辅助驾驶中必不可少的一部分，其识别精度直接关乎智能驾驶的安全。从颜色来看，交通信号灯有红色、黄色、绿色这 3 种，而且 3 种颜色在交通信号灯中出现的位置都有一定的顺序关系。从功能来看，交通信号灯有机动车信号灯、闪光警告信号灯、道口信号灯、非机动车信号灯、左转非机动车信号灯、人行横道信号灯、车道信号灯、方向指示信号灯、掉头信号灯等。总体来说，交通信号灯识别技术大多基于传统的图像处理方法，虽然目前也有用强学习能力的卷积神经网络（Convolutional Neural Networks，CNN）进行识别的方法，但这类方法需要大量的训练样本来避免过拟合的风险。截至目前的大多数方法都是在各种颜色空间中利用信号灯颜色的先验进行分割得到感兴趣区域，然后通过信号灯所特有的形状特征和角点特征等进行进一步的判定。

5．交通标志识别技术

交通标志是用文字或符号传递引导、限制、警告或指示信息的道路设施，是实施交通管理，保证道路交通安全、顺畅的重要标志，因此，交通标志识别技术是智能网联汽车实现无人驾驶的一项重要技术。当前交通标志的检测方法主要有两种：一种是基于颜色特征和图形特征组合的识别技术，是目前较常用的技术，主要包括图像预处理、交通标志分割、交通标志提取和识别结果匹配等；另外一种是基于深度学习的识别技术，该技术让识别不再依靠具体、固定的参数，而是通过对一系列的条件进行判断让系统找到概率最大的目标，以此提升识别的准确度和灵活性，有效提高交通标志识别的准确率及识别速度，是目前的研究热点。

| 1.5 智能网联汽车传感器发展趋势 |

1．集成化、微型化更进一步

利用微机电系统（Micro-Electro-Mechanical System，MEMS）技术和计算机辅助设计技术将微米数量级的敏感元件、信号处理器、数据处理装置封装在同一芯片上，传感器具有体积小、功能上的一体化、可靠性高等特点。

拓展知识：传感器概述

2．智能化、多功能化更显智能

智能网联汽车上的智能传感器除了实现传感器的基本功能，还具备自校准、自补偿等功能，更重要的是能够基于自身逻辑判断和信息处理能力，对采集的信号进行智能处理。

3．多传感器保持融合趋势

目前多传感器融合是 MEMS 中热门的趋势，例如，九轴惯性传感器在一个封装内整合 1 个三轴加速度计、1 个三轴陀螺仪和 1 个三轴磁力计，同时具备优异的传感器性能和九自由度（Degree of Freedom，DOF）惯性感应功能。

4．软件与算法将起到关键作用

随着汽车电动化、网联化、智能化、共享化趋势的发展，汽车电子构架不断革新，汽车硬件体系将逐渐趋于一致，很难具有差异，这时软件和算法就成为车企竞争的核心要素。

通过微处理器中的智能算法可将采集到的数据进行预处理、补偿、融合、计算、校正，并实时输出符合精度要求的最终数据，其处理流程如图 1.7 所示。在不同的智能传感器中会应用到不同的智能算法。智能算法是智能传感器数据处理和融合的核心，也是评价不同厂商产品性能的重要标准。

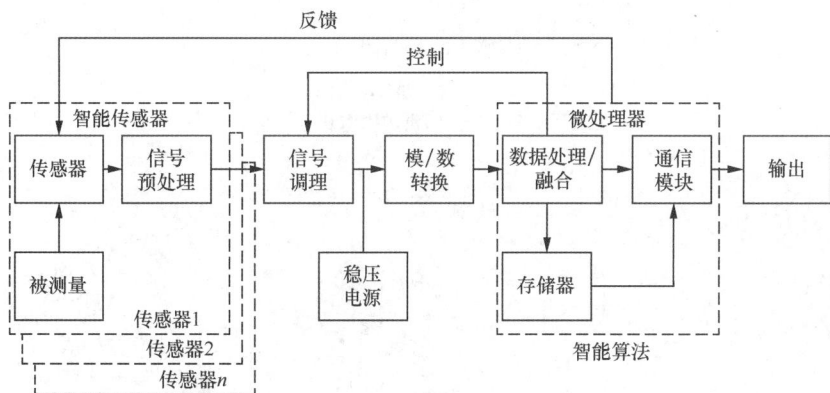

图 1.7　智能算法处理流程

拓展知识：智能网联汽车传感器行业产业链简介及其供应商

🔧【项目实施】

|任务　认识实训平台|

1．本书建议的配套硬件环境

本书可作为职业院校教材，以培养高素质技能人才为目的，采用项目化的方式开展"理实一体化"教学，建议配备以下的实训环境和实训设备：一间能容纳 40～50 人的理实一体化的多媒体教室，6 台及以上具有各种典型环境感知传感器且满足安装、测调和仿真等功能的实训平台，本书开展的实训采用的是图 1.8 所示的实训设备，即智能汽车传感与感知实训系统平台（后面简称实训平台），后续项目将使用它开展相关的实训教学，具体介绍可参考本书提供的用户手册。

此外，为方便学生进行故障诊断，本书配有故障诊断台架（后面简称故障诊断台），如图 1.9 所示，左侧是故障诊断台实物图，右侧是其系统原理图，在系统原理图上提供相应的诊断接口，方便学生通过万用表、示波器等测量仪器来排除故障（简称排故）操作。

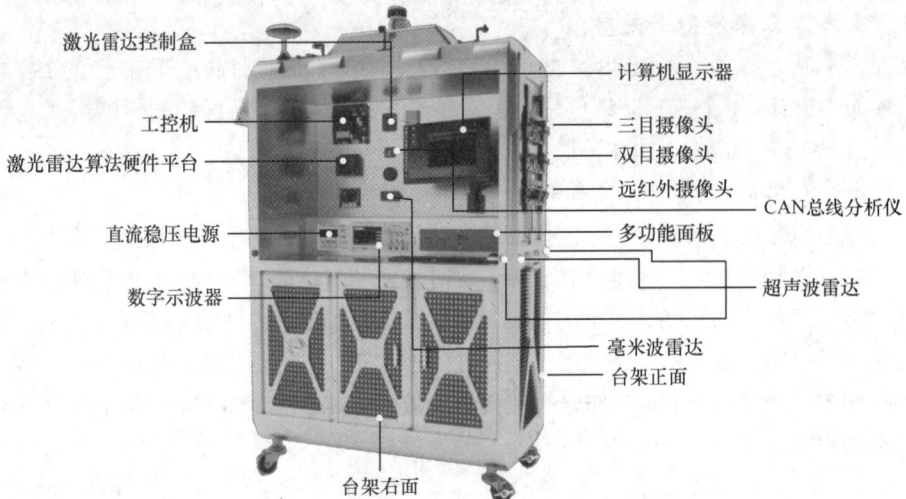

激光雷达控制盒
工控机
激光雷达算法硬件平台
直流稳压电源
数字示波器

计算机显示器
三目摄像头
双目摄像头
远红外摄像头
CAN总线分析仪
多功能面板
超声波雷达
毫米波雷达
台架正面

台架右面

图1.8　智能汽车传感与感知实训系统平台

智能汽车传感与感知实训系统

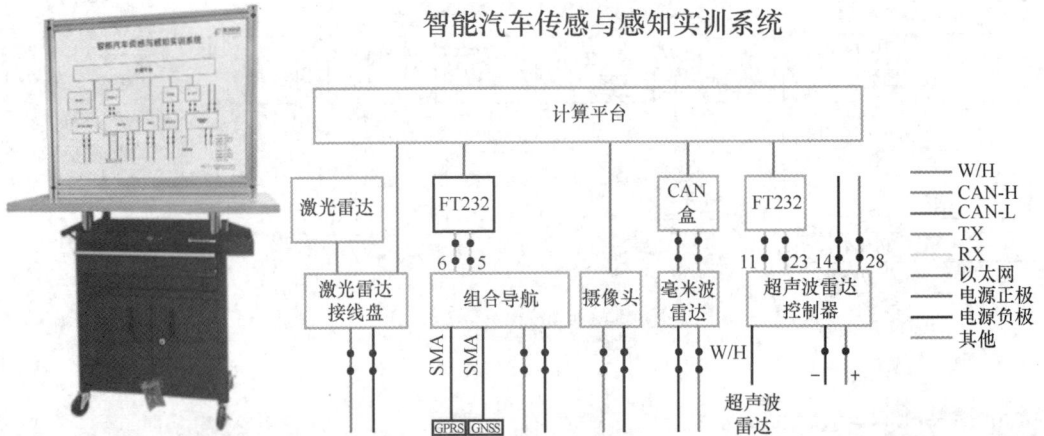

图1.9　故障诊断台及系统原理图

在实际操作过程中，要把故障诊断台的信号接口线和电源线与实训平台提供的信号线和电源线连接上。通过上位机专用的智能网联汽车三维数字化仿真教学软件可以设置故障码和清除故障码，故障类型主要是电源正负极的断路、信号线的断路和短路等。如果没有该故障诊断台，可以使用传统的故障设置方法，把相关引脚的连线引出来，通过中间件（如面包板）改变线路"开断短"状态，只要线路状态对学生不可见即可。有条件的院校教师可自行设计"诊断小黑箱"，以达到同样的测试诊断效果。

由于智能网联汽车三维数字化仿真教学软件（图标见图1.10）的故障设置在后续项目有通用性，在此简要介绍其设置步骤，后续项目将不赘述。

（1）硬件连接。确保实训平台和故障诊断台的诊断线束和电源线束连接正确，并接通电源。

（2）进入主界面。打开实训平台配套的计算机，在桌面找到智能网联汽车三维数字化仿真教学软件图标，双击进入软件主界面，单击

彩图1.9

图1.10　智能网联汽车三维数字化仿真教学软件图标

主界面左侧"故障诊断"，可以看到"智能传感器测试装调台架"一共有 5 个传感器，分别是"超声波雷达控制器""毫米波雷达""组合导航""激光雷达"和"视觉传感器"，"Running"代表各个传感器与软件已连接上并正在工作，下方的"故障码"和"故障描述"在正常情况下的值是"Null"，要是有故障则会把相应的故障码和故障描述显示出来，该软件的故障诊断界面如图 1.11 所示。单击右上角的圆圈箭头的"刷新"按钮◌可以进行刷新，在设置故障和清除故障时都需要先进行刷新才能读取最新状态；单击方框内右边的"小甲虫"按钮🐞可以打开"设置故障"对话框，进行相关的故障设置。

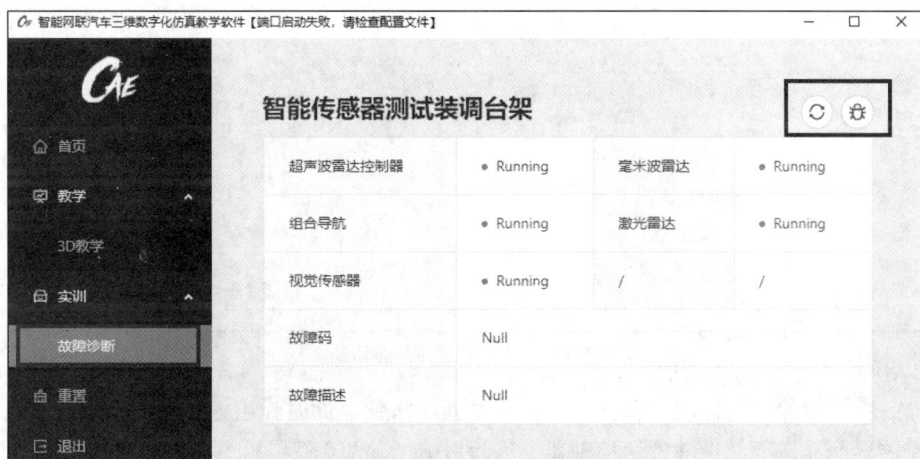

图 1.11　智能网联汽车三维数字化仿真教学软件故障诊断界面

（3）进入"设置故障"对话框。单击"小甲虫"按钮，需要管理员登录，密码是"6666"，如图 1.12 所示，输入后单击"登录"按钮打开"设置故障"对话框。

图 1.12　输入管理员密码

（4）设置故障。在"设置故障"对话框可以设置超声波雷达控制器、毫米波雷达、组合导航、激光雷达和视觉传感器的故障，如图 1.13 所示，单击相应的选项卡可以看到可以设置的故障。设置完成后，单击"提交"按钮，返回主界面（见图 1.11）。

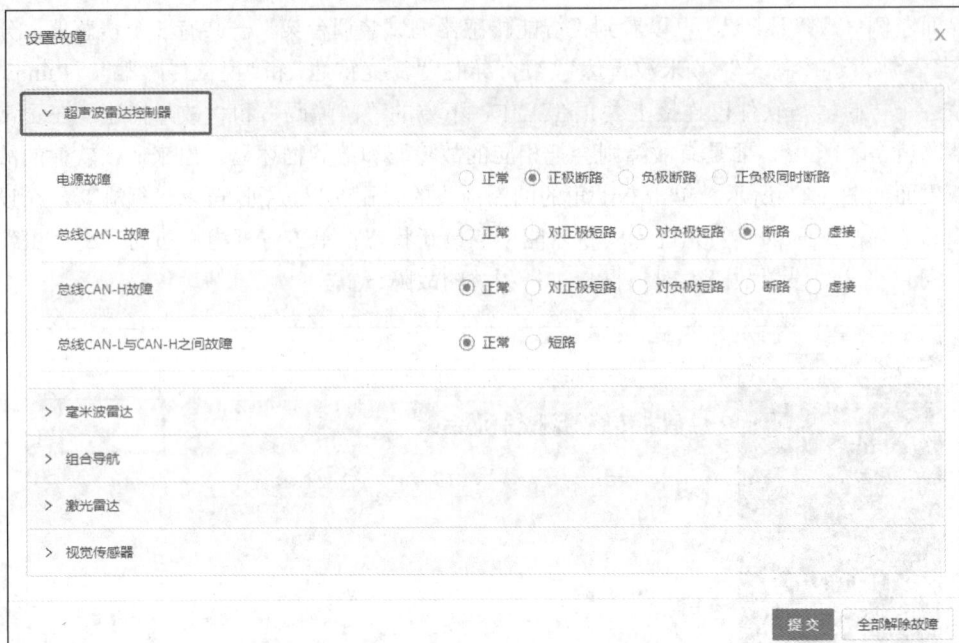

图 1.13 "设置故障"对话框

（5）查看故障设置情况。单击右上角"刷新"按钮，此时弹出信息框提示"读取成功"，同时在该界面显示"超声波雷达控制器"为"Error"，故障码和故障描述如图 1.14 所示，故障设置成功。

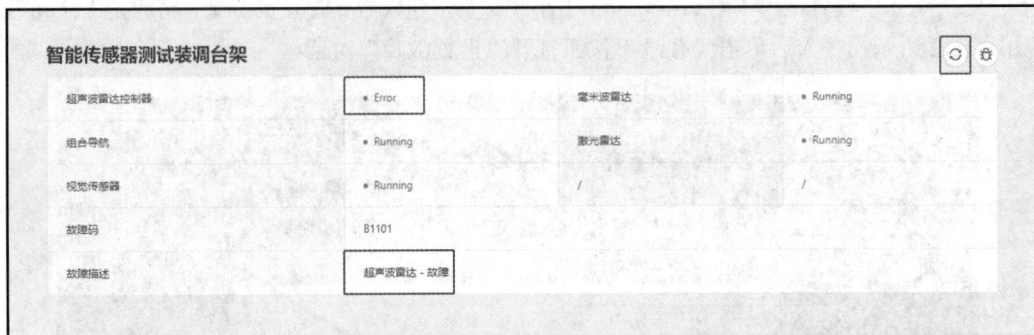

图 1.14 刷新后界面显示"Error"，故障设置成功

（6）清除故障。故障设置完毕，接下来可安排学生进行排故操作，锻炼学生的排故思维和使用工具的能力。待其找到故障，提出正确的排故思路后，方可进行故障清除步骤：打开"设置故障"对话框，如图 1.13 所示，可以单击"全部解除故障"按钮，然后单击"提交"按钮，即可清除故障，回到"故障诊断"对话框（图 1.14），单击"刷新"按钮，故障清除，回到图 1.11 所示的主界面，再刷新一次，可确认故障是否已经清除。

2．其他合适的硬件环境

对于没有该实训平台和故障诊断台的院校，想要开展教学，应当采购但不限于以下的设备。

（1）足够的环境感知传感器：视觉传感器（如单目摄像头、双目摄像头和远红外摄像头等）、超声波雷达、毫米波雷达、激光雷达、组合导航等。

（2）支持足够算法功能的工控机或 PC（Personal Computer，个人计算机）（具有图像处理芯片）：高精度定位、车道标识线检测、障碍物检测、动态物体跟踪、障碍物分类识别、行人识别和交通标志识别等。

（3）支持第（1）点中提及的传感器的测试软件，满足测试和可视化等要求。

（4）工具：常用工具一套、万用表、示波器、CAN（Controller Area Network，控制器局域网）分析仪和 USB 转 232 串口线等。

（5）其他配套支持（可选）：自带锂电池与稳压电源（支持设备可室内外移动）、Wi-Fi 天线和麦克风等。

【项目小结】

根据本项目的要求，首先学习了汽车的发展历史、智能网联汽车的技术链和技术路线等基础知识。

在掌握了这些基础知识之后，学习了智能网联汽车传感器的应用现状、发展趋势以及环境感知技术。

最后了解了本书所使用的智能汽车传感与感知实训系统平台。

【知识巩固】

1. 单选题

（1）特斯拉 Model 3 配置了（　　）个摄像头。

　　A. 5　　　　　　　B. 6　　　　　　　C. 7　　　　　　　D. 8

（2）九轴惯性传感器在一个封装内整合 1 个三轴加速度计、1 个三轴陀螺仪和 1 个三轴磁力计，同时具备优异的传感器性能和九自由度惯性感应功能，这体现出智能网联汽车传感器向着（　　）的方向发展。

　　A. 集成化　　　　　　　　　　　　B. 智能化

　　C. 多传感器融合　　　　　　　　　D. 软件与算法将起到关键作用

（3）下列选项对激光雷达的描述不正确的是（　　）。

　　A. 成本高　　　　B. 精度高　　　　C. 性能不受天气影响　　　D. 可以实时建模

（4）在自动驾驶领域，与特斯拉的视觉主导方案不同，谷歌 Waymo 自动驾驶解决方案采用以（　　）为主，摄像头和毫米波雷达为辅的技术路线。

　　A. 激光雷达　　　　　　　　　　　B. 摄像头

　　C. 毫米波雷达　　　　　　　　　　D. 超声波雷达

（5）前融合有（　　）个感知算法。

　　A. 1　　　　　　　B. 2　　　　　　　C. 3　　　　　　　D. 5

2. 判断题

（1）奥迪 A8 是第一款实现 L3 级水平的量产车。（　　　）

（2）智能网联汽车实际上是网联式智能汽车和自主式智能汽车两者的融合。（　　　）

（3）摄像头不受天气和光照的影响。（　　）

（4）环境感知技术是智能网联汽车的关键技术之一。（　　）

（5）毫米波雷达具有多普勒效应。（　　）

3. 简答题

（1）简述智能网联汽车的三横架构涉及的 3 个领域的关键技术。

（2）视觉主导方案和激光雷达主导方案相比各有什么优缺点？

【拓展任务】

"蔚小理"——蔚来、小鹏和理想，是造车新势力第一梯队的 3 家车企，请选择蔚来、小鹏和理想 3 家车企的各一款主力车型，描述它们分别是什么级别的自动驾驶汽车，其技术路线是什么方案，用到了什么传感器。

项目 2
车载摄像头的认识、装调与编程

【学习目标】

知识目标

1. 了解视觉传感器的发展历史。
2. 掌握车载摄像头的基本概念及其工作原理、结构组成。
3. 掌握车载摄像头的类型、特点及应用。
4. 熟悉车载摄像头的选用标准及车规级车载摄像头的性能要求。
5. 熟悉交通标志的识别方法及流程。
6. 熟悉车道线检测的常用数据集及检测算法。
7. 了解深度学习的相关知识。

技能目标

1. 具备识别不同类型视觉传感器及其特点的能力，能对车载摄像头方案的优劣进行对比。
2. 掌握拆装、调试和检诊鱼眼摄像头的技能。
3. 掌握标定与调试 360°全景环视功能的技能。
4. 掌握基于智能摄像头实现自动限速的技能。
5. 掌握基于视觉传感器实现车道线检测的技能。

素养目标

1. 培养严格执行企业装配标准流程的严谨工作素养。
2. 培养执行企业 5S 管理制度的行为素养。

【项目导入】

为什么装了 360°全景环视系统还有视野盲区？某车主抱怨自己的 2020 款理想 ONE 在倒

车入库时居然撞到柱子上了。车主表示当时完全相信360°全景环视系统，注意力全部在360°全景环视画面上，没有看倒视镜，当车辆接近障碍物时，画面中有黄色和红色的警示线来警示距离障碍物的远近，但是明明没有看到即将撞上柱子的画面，结果在警示线从黄色变成红色的那一刻撞上了。

请读者结合本项目学习的内容，如车载摄像头的基本概念、结构原理、类型、性能特点等基础知识，向该车主解释360°全景环视系统的具体工作原理，分析其碰撞原因，并能在实训平台架上独立地完成360°全景环视系统的拆装与调试。

【学习路线】

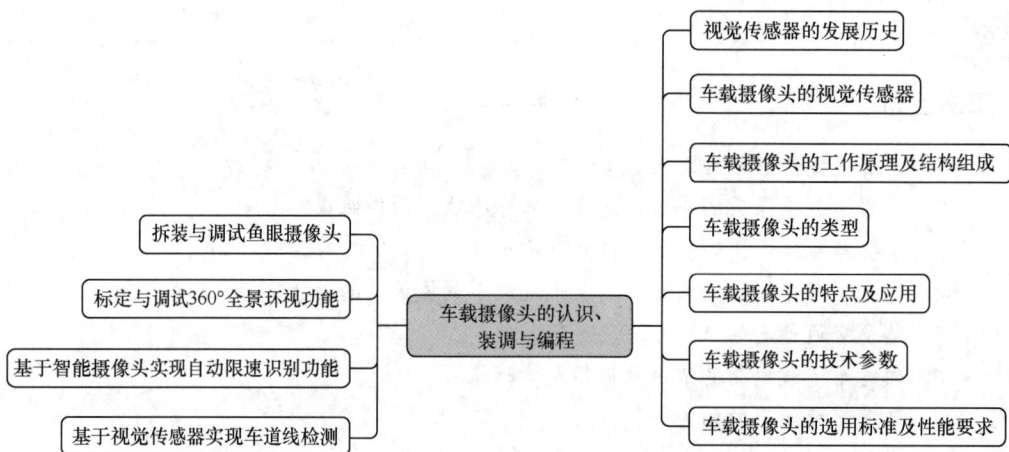

【课前自测】

1. 视觉传感器是指通过对_____拍摄到的画面进行图像处理，对目标进行检测，并输出数据和判断结果的传感器。

2. 车载摄像头主要由光学镜头、_____、_____、串行器、连接器等组成。

3. _____是视觉传感器核心的器件。

4. 车载摄像头按照安装位置可分为前视摄像头、_____、_____、内置摄像头和环视摄像头。

5. 现在车载摄像头主要应用的图像传感器是_____。

【知识准备】

视觉传感器目前作为汽车基础的感知器件得到广泛应用：单车基本标配 4～6 个摄像头，而新能源汽车及智能网联汽车一般标配 10 个以上摄像头。可以预见，未来智能网联汽车自动驾驶技术发展到 L4 级以后，视觉传感器还将扮演重要角色，在数量上只增不减。

本项目围绕视觉传感器展开，介绍视觉传感器的发展历史、基本概念、结构原理、类型、性能特点等基础知识，以智能汽车传感与感知实训系统为例介绍视觉传感器常见故障与检修处理方法，并介绍基于视觉传感器实现的交通标志识别与车道线检测的相关知识。

|2.1　视觉传感器的发展历史|

当前讨论的视觉传感器主要是指通过对摄像机拍摄到的画面进行图像处理，来计算目标物的特征量（如面积、重心、长度、位置等），并输出数据和判断结果的图像传感器。

如果要追根溯源，图像传感器的历史可以一直追溯到"小孔成像"：在一个明亮的物体与屏幕间放一块挡板，挡板上开一个小孔，屏幕上会出现物体的一个倒立的实像。小孔成像的发现是早期光学研究中揭示光的直线传播性质的最重要的证据之一，也是后面照相、幻灯等技术诞生的物理基础。

成书于战国时代（公元前 475 年—公元前 221 年）中期的《墨经》最早述及小孔成像。《墨经》的《经下》和《经说下》两篇中记载了一系列关于光线成像、成影以及镜面反射规律的论述，是世界上最早的关于光学问题的论述。小孔成像就是其中一条，其中不仅描述了光线通过小孔在墙壁上形成倒立实像的现象，还讨论了其成像机制，正确地指出形成倒像的根本原因在于光的直进性。

在西方，最早记载小孔成像的是古希腊哲学家亚里士多德（Aristotle）（公元前 384 年—公元前 322 年）。他在《问题集》（约公元前 4 世纪后半叶）中记述了阳光穿过树叶间隙或柳条制品的间隙在地上成像的现象，并提及"暗盒"的概念。

照相暗盒是一种利用穿过小孔进入暗室的光束来投射物体颠倒图像的光学设备，该设备采用的机制与针孔照相机的几乎相同。16 世纪，照相机最终发展为一种集镜头、暗箱和反射镜于一体的设备，其结构如图 2.1 所示，因为当时没有感光材料，所以它主要被用作观赏影像或被艺术家用作绘制风景素描和肖像画的绘图辅助工具。

根据小孔成像形成的影像是无法被固定下来的，而且照相暗盒也不是传感器，直到人们发明了感光材料。

1826 年左右，法国人涅普斯（Niepce）在一块铅锡合金板上涂上白蜡和沥青的混合物，制成了一块感光金属板，并把它放进照相机内，在自家的阁楼上对着窗外曝光了 8h，然后用薰衣草油把没有曝光硬化的白色沥青混合物洗掉，露出金属板的深黑色，得到了窗外景物的正像：左侧是鸽子笼，中间是仓库屋顶，右侧是另一座房子的一角。由于长时间曝光，两侧都留下了阳光照射的痕迹，这就是被认定为世界上第一幅照片的《窗外》，如图 2.2 所示，目前被保存在法国博物馆。涅普斯自己把他的方法称作"日光蚀刻法"。

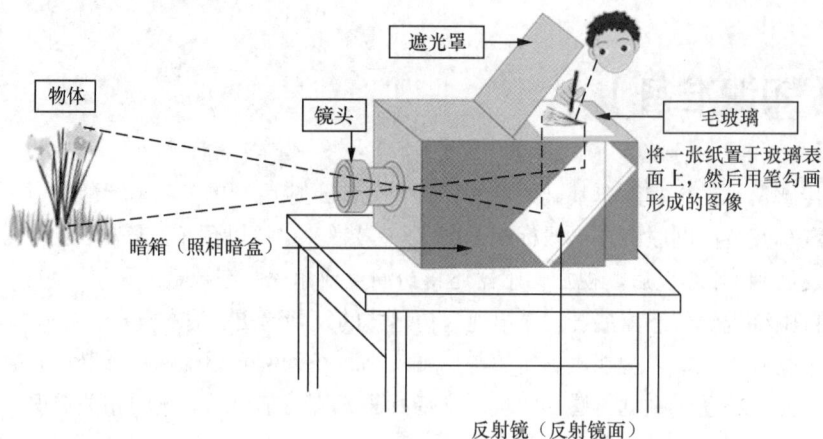

图 2.1　照相机的结构

1839 年，法国发明家、艺术家和化学家达盖尔发明了达盖尔银版法，又称达盖尔摄影法，该方法利用镀有碘化银的钢板在暗箱里曝光，然后以水银蒸气显影，再以普通食盐定影。此法得到的实际上是一个金属负像，但十分清晰而且可以永久保存。随后，达盖尔根据此方法制成了世界上第一台照相机，曝光时间需要 20～30min。

图 2.2　第一幅照片——《窗外》

1839 年 8 月 19 日，法国政府宣布放弃对银版摄影术这项发明的专利，并公之于众。人们通常以这一天作为摄影术发展的开端。1888 年，美国柯达公司生产出了新型感光材料——一种柔软、可卷绕的"胶卷"，实现了感光材料的一次飞跃。

但是存在一个问题：从达盖尔摄影法到"胶卷时代"的银盐感光材料，都会用到贵金属白银。也就是说，在使用白银制造摄影的感光材料（胶卷、胶片），以及拍摄之后冲洗、加工胶卷、胶片等的过程中，不仅会对环境造成污染，而且在不断消耗着这种贵金属。

如何摆脱摄影必须使用贵金属的困境？答案是"数字化"，也就是将光学图像信号转换为数字电信号。通常把能实现上述功能的装置称为图像传感器。

图像传感器的发展始于 1873 年，科学家约瑟·美（Joseph May）及伟洛比·史密斯（Willoughby Smith）发现了硒元素结晶体感光后能产生电流。

随着技术的发展，图像传感器诞生，并且性能逐步提升。

早期的图像传感器主要为真空电子器件，如摄像管。摄像管主要由光电转换系统（光电变换与存储部分）和电子束扫描系统（阅读部分）组成。其中，光电转换系统利用光电发射作用或光电导作用，将摄像机镜头所摄景物的光影像在靶上转换为相应的电位分布图，而电子束扫描系统使电子束在靶上扫描，将此电位分布图逐行逐点地转换为数字电信号。

20 世纪 60 年代开始，先后有多种固态图像传感器（Solid-state Image Sensor）方案面世，其中重要的是贝尔实验室 1969 年发明并于次年对外发布的 CCD（Charge-coupled Device，电荷耦合器件）图像传感器，即数码相机的核心部件，将光线照射产生的光信号转换成数字电信号，使其高效存储、编辑、传输都成为可能。发明了 CCD 的科学家维拉·博伊尔（Willard Boyle）和乔治·史密斯（George Smith）获得了 2009 年的诺贝尔物理学奖。

但是随着 CCD 应用范围的扩大，其缺点逐渐暴露出来。首先，CCD 技术芯片工艺复杂，不能与标准工艺兼容。其次，CCD 技术芯片需要的电压功耗大，因此 CCD 技术芯片价格昂贵且使用不便。为此，人们又开发了另外几种固态图像传感器，其中有发展潜力的是采用标准 CMOS（Complementary Metal-Oxide Semiconductor，互补金属氧化物半导体器件）制造工艺制造的 CMOS 图像传感器。

其实早在 20 世纪 70 年代初，国外就已经开发出 CMOS 图像传感器，但它只在功耗和成本上占有优势，由于信号容易受到噪声的干扰导致成像质量不如 CCD，因此一直无法与 CCD 相抗衡。直到 20 世纪 90 年代，随着超大规模集成电路技术的飞速发展，可在 CMOS 图像传感器单芯片内集成模数转换器，增加了信号处理、自动增益控制、精密放大和存储等功能，大大减弱了系统的复杂性，降低了成本。随着图像品质的提升，CMOS 在低功耗、高集成度和高速数据传输上的优势逐渐体现出来，因而重新成为研究和开发的热点，发展极其迅猛。近几年 CMOS 图像传感器的很多性能指标已经超过 CCD 图像传感器，市场上绝大部分的数码相机都采用它作为成像器件。2021 年 9 月 29 日，长春长光辰芯光电技术有限公司推出分辨率为 1.52 亿像素的全局快门 CMOS 芯片——GMAX32152，这是当时市场上已知的分辨率最高的全局快门 CMOS 芯片之一。

【人才战略：CMOS 图像传感器】

人类获取信息 80%以上依赖视觉，CMOS 图像传感器是机器视觉信息获取的核心部件。

我国 CMOS 传感器行业起步较晚，行业参与企业数量较少，原因在于 CMOS 传感器属于可大规模批量生产的半导体产业，具有显著的规模效应，需要 CMOS 传感器供应商稳定的前期投入作为研发基础，导致行业准入壁垒高。近年来国家把 CMOS 图像传感器作为国家重大发展战略和国家经济主战场的重要角色，发布多项产业政策，以加大对 CMOS 传感器行业的支持力度、规范 CMOS 传感器行业生产工艺标准，实现中国 CMOS 传感器行业健康发展。

图像传感器设计与制造涉及学科多，要求知识面广，新技术层出不穷，高端人才偏少。多数的传感器中小企业找不到理想人才，行业整体缺乏领军人才和优秀企业家。而这一现状给了大学生一定的机会，使其完全有机会在行业技术研发、检测等平台上施展才华，有助于国家独立自主培养传感技术后备人才。

| 2.2　车载摄像头的视觉传感器 |

车载摄像头的视觉传感器实际上是图像传感器在汽车上的应用，主流的车载视觉传感器主要包括 CCD 图像传感器和 CMOS 图像传感器。与传统的图像采集装置不同的是，当前许多汽车使用智能图像采集与处理器，其内部程序存储器可存储图像处理算法，并能通过 PC 利用专用组态软件编制各种算法下载到视觉传感器的程序存储器中，视觉传感器将 PC 的灵活性和可编程逻辑控制器（Programmable Logic Controller，PLC）的可靠性与分布式网络技术结合在一起，可以更容易地构成机器视觉系统。

1．CCD 图像传感器

CCD 图像传感器主要是由一个类似马赛克的网格、聚光镜片以及垫于最底下的电子线路矩阵所组成的。CCD 是一种特殊的半导体器件，能够把光学影像转化为数字电信号。在 CCD 上植入的微小光敏物质称作像素。一块 CCD 上包含的像素数越多，它提供的画面分辨率就越高。CCD 的作用就像胶片一样，但它是把光信号转换成数字电信号。CCD 图像传感器结构如图 2.3 所示，光线首先通过镜头经过滤光片照射到感光片上。感光片由众多排列整齐的感光单元组成，每个感光单元都能够检测到光线并将其转换为数字电信号。这些感光单元被称作像素，形成的光像素序列阵配合光电二极管等器件，把光信号转化成模拟电压信号输出到其他芯片或集成电路板（如模/数转换电路）做进一步的处理。CCD 具有体积小和成本低的特点，广泛应用于扫描仪、数码相机及数码摄像机中。目前大多数数码相机采用的视觉传感器都是 CCD。

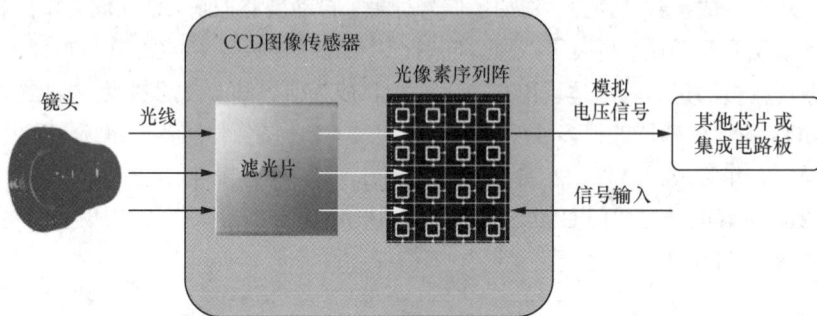

图 2.3　CCD 图像传感器结构

2．CMOS 图像传感器

CMOS 图像传感器采用一种数字集成电路的标准 CMOS 工艺技术。CMOS 图像传感器主要利用了半导体的光电效应，与 CCD 的原理相似，不同之处在于 CMOS 图像传感器嵌入了模数转换器等系统级芯片（System-on-Chip，SoC）来实现后处理功能，增加了传感器的复杂性，如图 2.4 所示。它具有低成本、低功耗及高整合度的特点。现在车载摄像头主要应用的是 CMOS 图像传感器。

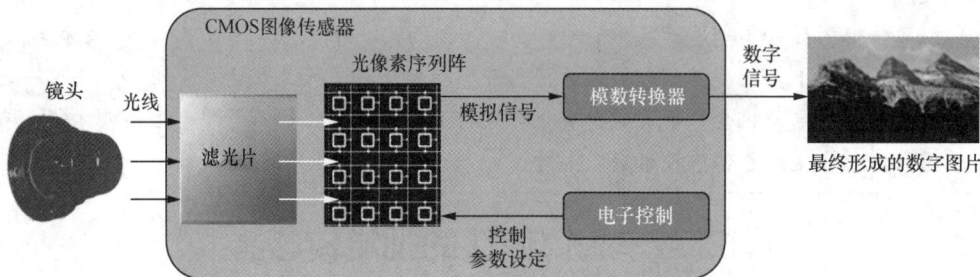

图 2.4　CMOS 图像传感器结构

3．CCD 图像传感器和 CMOS 图像传感器的差异

（1）成像过程。CCD 图像传感器与 CMOS 图像传感器光电转换的原理相同，它们主要的差别在于信号的读出过程不同。由于 CCD 图像传感器仅有一个（或少数几个）输出节点统一读出，其信号输出的一致性非常好，而 CMOS 图像传感器中，每个像素都有各自的信号放大器，各自进行电荷-电压的转换，其信号输出的一致性较差。但是 CCD 图像传感器为了读出整幅图像信号，要求输出放大器的信号带宽较宽，而在 CMOS 图像传感器中，每个像素中的放大器的带宽要求较低，大大降低了芯片的功耗，这是 CMOS 图像传感器功耗比 CCD 图像传感器要低的主要原因。尽管降低了功耗，但是数以百万计的放大器的不一致性却带来了更高的固定噪声，这是 CMOS 图像传感器相对 CCD 图像传感器的固有劣势。

（2）集成性。从制造工艺的角度看，CCD 图像传感器中电路和器件是集成在半导体单晶材料上的，工艺较复杂，世界上只有少数几家厂商能够生产 CCD 晶元。CCD 图像传感器仅能输出模拟电信号，需要后续的地址译码器、模/数转换器、图像信号处理器处理，还需要提供 3 组不同电压的电源同步时钟控制电路，集成度非常低。而 CMOS 图像传感器是集成在金属氧化物的半导体材料上，这种工艺与生产数以万计的计算机芯片和存储设备等半导体集成电路的工艺相同，因此生产 CMOS 图像传感器的成本相对 CCD 图像传感器的低很多。同时，CMOS 图像传感器能将图像信号放大器、信号读取电路、模数转换电路、图像信号处理器及控制器等集成到一块芯片上，只需一块芯片就可以实现相机的所有基本功能，集成度很高，芯片级相机概念就是从这里产生的。随着 CMOS 图像传感器成像技术的不断发展，有越来越多的公司可以提供高品质的 CMOS 图像传感器。

（3）速度。CCD 图像传感器采用逐个光敏输出，只能按照规定的程序输出，速度较慢。CMOS 图像传感器有多个电荷-电压转换器和行列开关控制，读出速度相比 CCD 图像传感器的快很多，大部分 500fps（fps 为图像传感器的读出速度单位，即帧/秒）以上的高速相机都采用 CMOS 图像传感器。此外，CMOS 图像传感器的地址选通开关可以随机采样，实现子窗口输出，在仅输出子窗口图像时可以获得更高的速度。

（4）噪声。CCD 技术发展较早，比较成熟，采用 PN 结或二氧化硅隔离层隔离噪声，成像质量相对 CMOS 光电传感器有一定优势。

CCD 图像传感器和 CMOS 图像传感器的具体差异见表 2.1。

表 2.1　　　　　　　　　　　CCD 图像传感器与 CMOS 图像传感器对比

对比项目	CCD 图像传感器	CMOS 图像传感器
像素信号	电子包	电压
芯片信号	模拟电压	数字电压
敏感度	高	较高
速度	慢	快
噪声	低	高
灵敏度	高	低
功耗	毫安级	微安级
系统复杂性	高	低
传感器复杂性	低	高
成本	高	低

|2.3　车载摄像头的工作原理及结构组成|

车载摄像头的工作原理是目标物体通过镜头生成光学图像投射到图像传感器上，将光信号转换为电信号，再经过模数转换器转换为数字图像信号，最后由数字信号处理芯片进行加工，处理成特定格式的图像输出到下游需求方。

从车载摄像头的结构组成来看，它主要包括光学镜头组（如光学镜片、滤光片和保护膜等）、图像传感器（以 CMOS 图像传感器为主）、ISP（Image Signal Processing，图像信号处理）芯片、串行器、连接器等，如图 2.5 所示为车载摄像头构成示意，图 2.6 所示为车载摄像头实物结构示意。

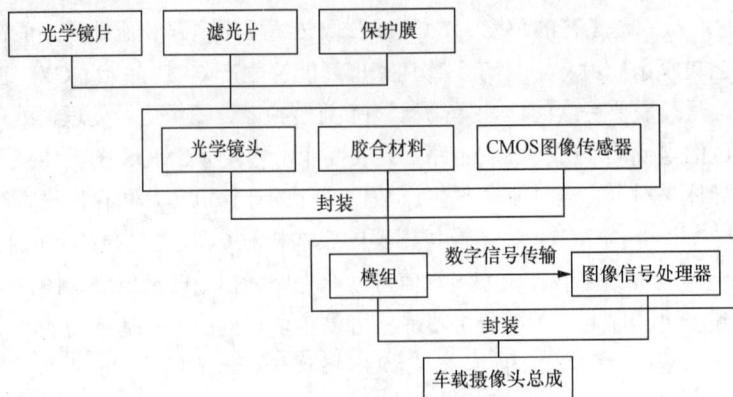

图 2.5　车载摄像头构成示意

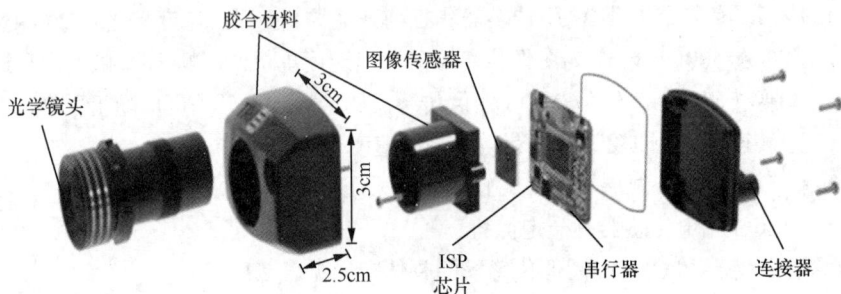

图 2.6　车载摄像头实物结构示意

（1）光学镜头：光学镜头的光学镜片负责聚焦光线，将视野中的物体投射到成像介质表面，根据成像效果的要求，其可能需要多层光学镜片。

光学镜头中的滤光片可以将人眼看不到的光波段进行滤除，只留下人眼视野范围内的实际景物的可见光波段。

（2）图像传感器主要分为 CCD 图像传感器和 CMOS 图像传感器两种，在 2.2 节中已经有详细的描述，此处不赘述。

（3）ISP 芯片：主要通过硬件结构完成图像传感器输入的图像视频源 RAW 格式数据的前处理，可转换为 YCbCr（YCbCr 是一种常用的色彩编码方案）等格式，还可以完成图像缩放、自动曝光、自动白平衡、自动聚焦等多种处理。

拓展知识：认识光学镜头

（4）串行器：将处理后的图像数据进行传输，可用于传输 RGB、YUV（两者都是基本的色彩模型）等多种图像数据种类。

（5）连接器：用于连接和固定摄像头。

|2.4　车载摄像头的类型|

车载摄像头的类型根据智能网联汽车需要完成的任务不同而不同，通常可以按照工作原理、安装位置进行分类。

2.4.1　按工作原理分类

1．单目摄像头

单目摄像机模组只包含一个摄像机和一个镜头。车载单目摄像头及单目摄像机模组如图 2.7 和图 2.8 所示。单目摄像头测距原理：先通过图像匹配进行目标识别（如汽车、行人和物体等），再根据目标在图像中的大小估算目标距离。单目摄像头测距方案的优劣势如表 2.2 所示。

图 2.7　车载单目摄像头　　　　图 2.8　单目摄像机模组

表 2.2　　　　　　　　　　　　　　　单目摄像头测距方案的优劣势

优势	系统结构相对简单，成本较低
	算法成熟度高
劣势	无法对非标准障碍物进行判断、识别，需要不断更新和维护一个庞大的样本数据库，才能保证系统达到较高的识别率
	视野完全取决于镜头
	测距的精度低

2．双目摄像头

人眼能够感知物体的远近，是由于两只眼睛对同一个物体呈现的图像存在差异，也称"视差"。物体距离越远，视差越小；反之，视差越大。双目摄像头测距原理与人眼的类似，通过对图像视差进行计算，直接对前方景物进行距离测量，根据视差的大小倒推出物体的距离，视差越大，距离越近，如图 2.9 所示。双目摄像头测距方案的优劣势如表 2.3 所示。

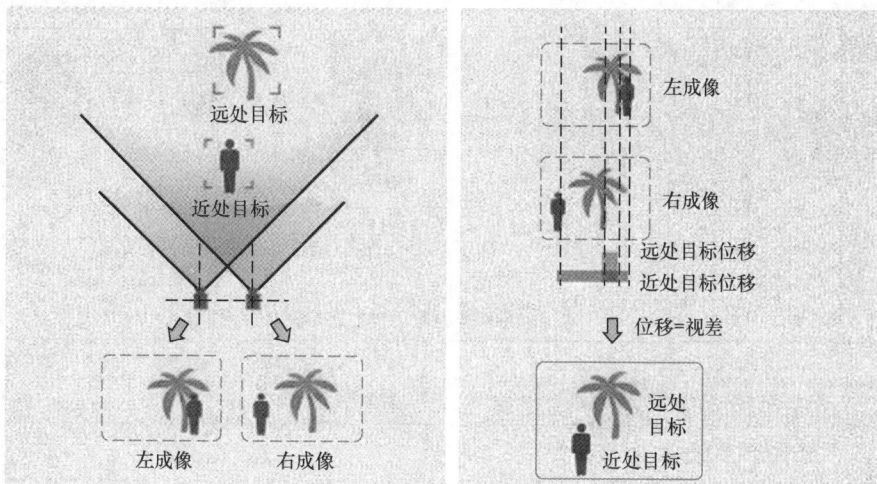

图 2.9　双目摄像头测距原理

表 2.3 双目摄像头测距方案的优劣势

优势	没有识别率的限制，因为从原理上无须先进行识别再进行测算
	直接利用视差计算距离，精度比单目摄像头高
	无须维护样本数据库，因为对于双目摄像头没有样本的概念
劣势	计算量非常大，对计算单元的性能要求非常高，这使得双目摄像头系统的产品化、小型化的难度较大
	双目视觉系统通过估计视差来测距，而视差是通过立体匹配算法得来的，立体匹配是计算机视觉典型的难题
	双目摄像头测距原理对两个镜头的安装位置和距离要求较多，标定难度大

3．三目摄像头

三目摄像头诞生的目的是解决汽车前向测距的问题。三目摄像头其实就是 3 个不同焦距单目摄像头的组合，用于对 3 个不同距离范围的障碍物进行摄影成像。例如特斯拉安装在风窗玻璃下方的三目摄像头，3 个摄像头的感知范围由远及近，分别为：前视窄视野摄像头，其视场角为 35°，探测距离为 250m（约等于 820ft 即 820 英尺）；前视主视野摄像头，其视场角为 50°，探测距离为 150m（约等于 490ft）；前视宽视野摄像头，其视场角为 120°，探测距离为 60m（约等于 195ft），如图 2.10 所示。三目摄像头测距方案的优劣势如表 2.4 所示。

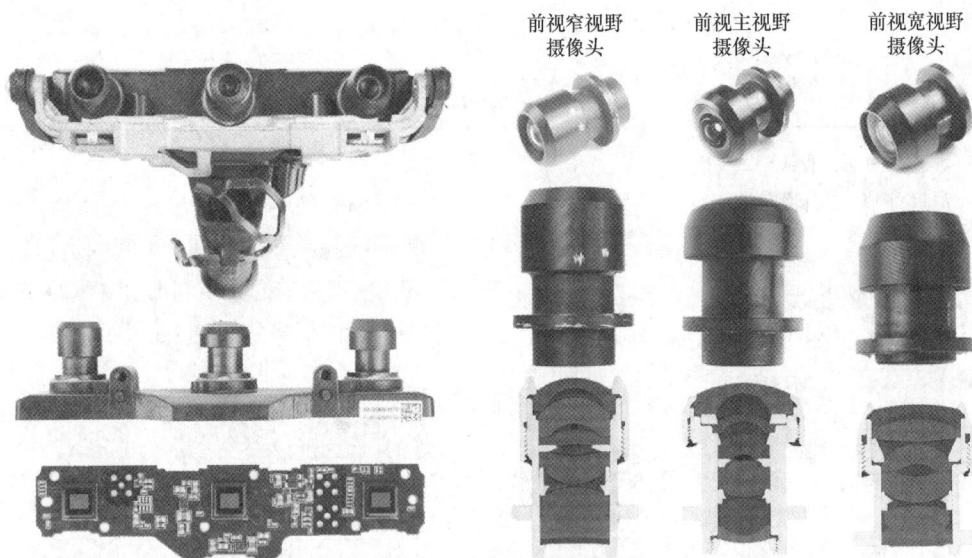

图 2.10 特斯拉车载三目摄像头

表 2.4 三目摄像头测距方案的优劣势

优势	三目摄像头中每个摄像头的视野不同，每个摄像头都能发挥其最大优势，在定位测距方面感知范围更大，也更准确
劣势	需要同时标定 3 个摄像头，工作量更大
	软件部分需要关联 3 个摄像头的数据，对算法要求很高

4．红外夜视摄像头

汽车夜视系统是一种利用红外线技术辅助驾驶员在黑夜中看清道路的系统，可以提高行驶安全性，由于其核心部件价格高昂，因此目前尚未大规模普及，仅搭载于部分高端豪华品牌车型。按技术分类，红外夜视可分为近红外夜视和远红外热成像，其分类及对比如表 2.5 所示。红外夜视方案的优劣势如表 2.6 所示。

表 2.5　　　　　　　　　　　　　　红外夜视分类及对比

技术分类	主动式（近红外夜视）	被动式（远红外热成像）
工作原理	采用红外光源发出的近红外线照射目标，依靠多套照射系统和摄像头来识别红外反射光线，红外探测器接收目标反射的红外光线，通过电子控制单元处理后输出到显示装置上	利用物体本身各部位的温差及物体与背景间的温差来成像
光源	需要主动光源补光	不需要光源
可视距离	400～500m	＞500m
成像效果	（1）图像质量稳定 （2）较冷的物体也可以看到 （3）通过图像处理提高了清晰度 （4）道路标志清晰可见	（1）画面辨识度较低，道路标志很难看到或看不到 （2）图像清晰度变化较大（取决于天气和时间段） （3）图像与实际景象不完全符合
成本	中等	较高
体积	中等	大
应用车型	奔驰 S 级、红旗 H7 等	宝马 7 系、奥迪 A6/A8/Q7 等

表 2.6　　　　　　　　　　　　　　红外夜视方案的优劣势

优势	具有全天候工作的能力，不依赖场景的光照条件，凡是温度高于绝对零度的物体都会辐射红外线，可显著降低夜间驾驶风险
	可以穿过烟雾且作用距离远
	能够显示物体温度场
劣势	分辨细节能力差，成像无颜色，单色深浅度区别很小，不利于开发以颜色信息为基础的二维图像平面算法，且不能透过透明的障碍物
	大多硬件系统功耗和成本较高
	无法测得目标物体深度距离和速度信息

2.4.2　按安装位置分类

摄像头按其安装位置不同，可分为前视摄像头、侧视摄像头、后视摄像头、内置摄像头和环视摄像头 5 种类型。

1．前视摄像头

前视摄像头一般简称为前摄像头，通常安装在风窗玻璃、内后视镜处，如图 2.11 所示。前视摄像头是 ADAS 的核心摄像头，用于测距、物体识别、道路标线等。前视摄像头的摄像头数量并不固定，常见的是单目摄像头和双目摄像头，现在像特斯拉等车企使用的是三目摄像头。

2．侧视摄像头

侧视摄像头通常安装在左、右后视镜处或下方车身处，如图2.12所示。侧视摄像头主要用于盲点监测（Blind Spot Detection，BSD），根据安装位置又分为侧前视摄像头和侧后视摄像头。目前大部分主机厂商会选择将侧视摄像头安装在汽车两侧的后视镜下方的位置，未来可能取代后视镜。

图2.11　前视摄像头的安装位置　　　　图2.12　侧视摄像头的安装位置

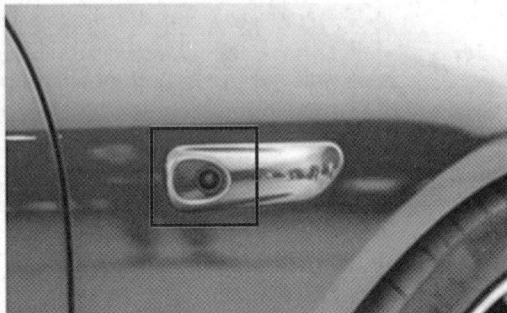

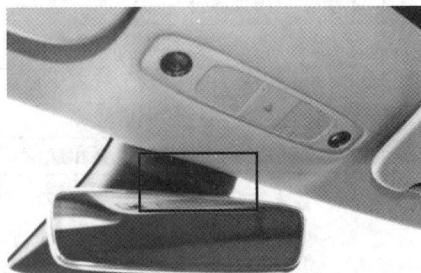

3．后视摄像头

后视摄像头一般安装在行李舱或后窗玻璃上，如图2.13所示，主要用于倒车过程中，便于驾驶员对车尾后面影像进行捕捉，实现泊车辅助功能。

4．内置摄像头

内置摄像头无固定安装位置，通常转向盘、内后视镜上方（见图2.14）、A柱或仪表显示屏处均有。由于现有自动驾驶大多为L2级和L3级，因此需要驾驶员干预。这时就需要使用内置摄像头监测驾驶员驾驶状态，实现驾驶员监控系统（Driver Monitoring System，DMS）功能。现有的DMS解决方案主要采用近红外摄像头的AI（Artificial Intelligence，人工智能）识别来完成。此外，还有部分厂商从DMS扩展到乘员监控系统（Occupant Monitoring System，OMS），可以有效避免后排儿童被遗忘在车内。

图2.13　后视摄像头的安装位置　　　　图2.14　内置摄像头的安装位置

5．环视摄像头

环视摄像头通常是车辆前、后车标或格栅以及集成于左、右后视镜上的一组摄像头，其监控范围如图2.15所示。环视摄像头应用于全景式影像监控系统，可以识别停车通道标识以及监测道路情况和周围车辆状况。环视摄像头在图像处理器中进行以下流程：畸变还原→视角转化→图像拼接→图像增强，最终形成一幅无缝隙的车辆360°全景俯视图。

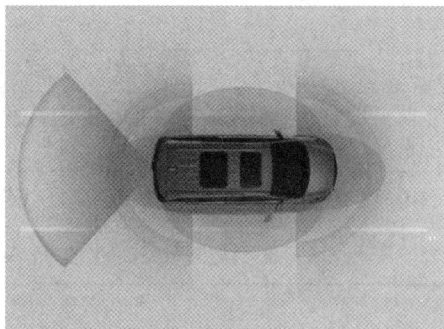

图 2.15　环视摄像头的监控范围

彩图 2.15

|2.5　车载摄像头的特点及应用|

随着电子信息技术与人工智能技术的发展，小型化和嵌入式的视觉传感器得到了广泛应用，人们可以从车载摄像头中获得更智能的体验，即通过摄像头的视场感知驾驶环境。

1．车载摄像头的优点

（1）信息量极为丰富，可获取物体颜色、距离、纹理、深度、形状等信息。

（2）获取范围广，可实现道路检测、车辆检测、行人检测、交通标志检测等。

（3）制作工艺简单，相比于雷达，摄像头的本体结构和测试的复杂度都比较小，设计开发周期和成本都相对较低。

（4）应用广泛，在智能网联汽车中可以分为前视摄像头、后视摄像头、侧视摄像头、内置摄像头和环视摄像头，各自实现其功能。

2．车载摄像头的缺点和局限性

（1）车载摄像头受天气、光照变化的影响大，极端恶劣天气下摄像头的检测功能会失效。

（2）相比于激光雷达和毫米波雷达，摄像头的测距和测速性能较差。

（3）摄像头采集到的数据需要与样本进行匹配来完成识别，难以摆脱样本限制。

车载摄像头的特点使其成为智能网联汽车实现众多预警、识别类 ADAS 功能的基础，广泛应用于 ADAS 中，其主要的应用及功能介绍如表 2.7 所示。

表 2.7　　　　　　　　　　　车载摄像头主要的应用及功能介绍

ADAS	摄像头类型	功能介绍
车道偏离预警系统	前视	当前视摄像头检测到车辆即将偏离车道线时发出警报
盲区监测系统	侧视	利用侧视摄像头将后视镜盲区的影像显示在后视镜或驾驶舱内
自动泊车辅助系统	后视	利用后视摄像头将车尾影像显示在驾驶舱内
全景泊车系统	环视	利用图像拼接技术将摄像头采集的影像组成 360°全景俯视图
驾驶员疲劳预警系统	内置	利用内置摄像头检测驾驶员是否疲劳、闭眼等
行人碰撞预警系统	前视	当前视摄像头检测到车辆与前方行人可能发生碰撞时发出警报

续表

ADAS	摄像头类型	具体功能介绍
车道保持辅助系统	前视	当前视摄像头检测到车辆即将偏离车道线时通知控制中心发出指示，纠正行驶方向
交通标志识别系统	前视、侧视	利用前视摄像头、侧视摄像头识别前方和两侧的交通标志
前向碰撞预警系统	前视	当前视摄像头检测到与前车距离小于安全车距时发出警报

|2.6 车载摄像头的技术参数|

车载摄像头的技术参数包括镜头的光学参数和图像传感器关键参数（如感光度、灵敏度和信噪比等）。

2.6.1 镜头的光学参数

1. 有效焦距

有效焦距（Effective Focal Length，EFL）是指镜头中心到焦点的距离，如图 2.16 所示。对于厚度不可忽略的透镜，或者是由多片透镜组成的系统（如照相机或望远镜的镜头），焦距通常以 EFL 表示。它反映了一个光学系统对物体聚焦的能力。EFL 的大小决定着视场角的大小，EFL 数值越小，视场角越大，所观察的范围也就越大，但对距离远的物体分辨得不是很清楚。

2. 光学后焦距

光学后焦距（Back Focal Length，BFL）是指光学系统中镜片的最后一面到焦平面的距离，如图 2.16 所示。

3. 法兰距

法兰距（Mechanical BFL）是指法兰平面（用于安装镜头）到成像面（CCD 等感光元件所在的平面）的距离，如图 2.17 所示。

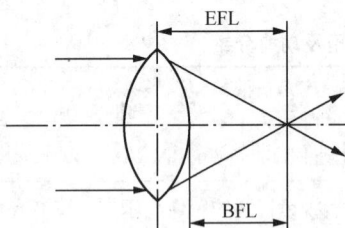

图 2.16 镜头光学参数示意

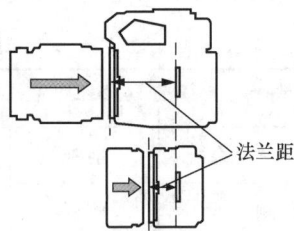

图 2.17 不同摄像头的法兰距

4. 镜头总长

镜头总长（Total Track Length，TTL）分为光学总长与结构总长，光学总长是指由镜头中镜片的第一面到成像面的距离，机构总长是指由镜筒端面到成像面的距离。

5. 景深

景深是指被拍摄的景物对人眼来说能够清晰成像的范围，图 2.18 所示为镜头景深示意，图中景深是前景深和后景深的和。拍摄距离越远，景深越大；焦距越小，景深越大。

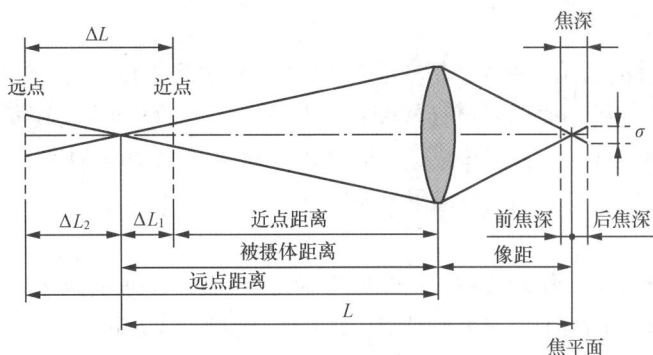

σ—弥散圆直径；L—对焦距离；ΔL₁—前景深；ΔL₂—后景深；ΔL—景深

图 2.18　镜头景深示意

6．相对孔径(F—Number 或 F/No.)与光圈系数 (F)

镜头进光量需要由镜头的"光阑"（Diaphragm）来控制，如图 2.19 所示。光阑由多片可活动的薄金属叶片组成，俗称"光圈"，通过控制金属叶片的位置可以改变光阑中间孔径（也称为入射瞳直径）的大小，从而控制进光量。对于不同的镜头而言，光阑的位置不同，焦距不同，入射瞳直径也不相同，因此为了方便在实际应用中计算曝光量和用统一的标准来衡量不同镜头的孔径光阑实际作用，采用了"相对孔径"的概念，其计算公式为

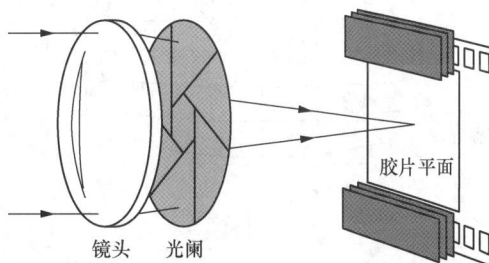

图 2.19　镜头中的光阑

$$相对孔径 = 镜头焦距/入射瞳直径 = f/D$$

比如某个镜头的焦距为 50mm，入射瞳直径为 25mm，那么该镜头的相对孔径就是 50/25=2。通常表示相对孔径的办法是在相对孔径前面加入"F"，比如 F/1.4、F/2、F/2.8 等，也有用 1：2 来表示 F/2 的。

在实际使用中，很少使用"相对孔径"的称呼，通常都是用"光圈系数（F）"来称呼，简称"光圈"或者"F 系数"。光通量与 F 系数值的平方成反比关系，F 系数值越小，光通量越大。不同 F 系数的镜头成像效果对比如图 2.20 所示。

（a）F/1.4 镜头　　　（b）F/3 镜头　　　（c）F/1.4 镜头成像效果　　　（d）F/3 镜头成像效果

图 2.20　不同 F 系数的镜头成像效果对比

7. 视场角

视场角（Field of View，FOV）是指镜头能拍摄到的最大视场范围，角度越大，则成像范围越宽。视场角可分为对角线视场角（FOV-D）、水平视场角（FOV-H）及垂直视场角（FOV-V）。通常我们所讲的视场角一般是指车载摄像头的水平视场角。视场角的大小影响摄像头探测的距离，因此需要根据摄像头的实际应用来选择视场角的大小。

8. 畸变

畸变是指光学系统对物体所成的像相对于物体本身而言的失真程度，它只引起像的变形，不影响像的清晰度。畸变通常有两种计算方法：光学畸变（Optical Distortion）和 TV 畸变（Transverse Vertical Distortion）。光学畸变是指光学理论上计算所得到的变形度，如图 2.21（a）所示。TV 畸变则是指实际拍摄图像时的变形程度，如图 2.21（b）所示。对具有校正能力的芯片来说，光学畸变不等于 TV 畸变。

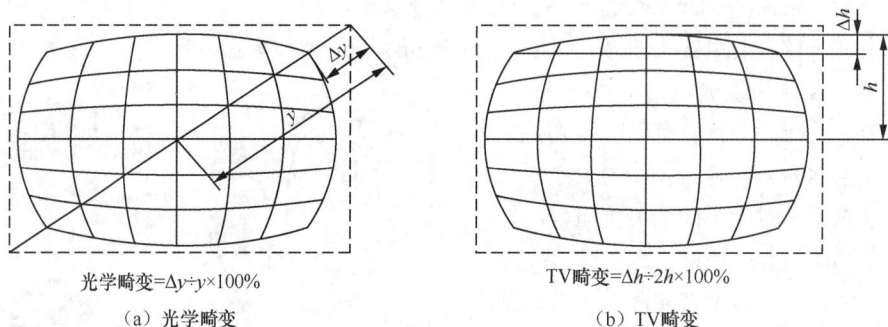

光学畸变=$\Delta y \div y \times 100\%$　　　　　　　TV畸变=$\Delta h \div 2h \times 100\%$

（a）光学畸变　　　　　　　　　　　　（b）TV 畸变

图 2.21　畸变的两种计算方法

通常来说畸变分为两种：枕形畸变和桶形畸变。

枕形畸变：又称枕形失真，是指光学系统引起的成像画面向中间收缩的失真现象，如图 2.22（a）所示。枕形畸变在长焦镜头成像时较常见，使人像变瘦、变高的哈哈镜成像产生的畸变属于枕形畸变。

桶形畸变：又称桶形失真，是指光学系统引起的成像画面呈桶形、膨胀状的失真现象，如图 2.22（b）所示。桶形畸变在摄影镜头成像尤其是广角镜头成像时较常见，使人像变矮、变胖的哈哈镜成像产生的畸变是桶形畸变的一个比较形象的例子。

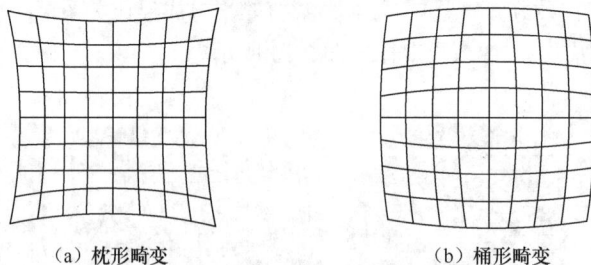

（a）枕形畸变　　　　　　　　　　　　（b）桶形畸变

图 2.22　枕形畸变和桶形畸变

9. 相对照度

相对照度（Relative Illumination，RI）是指一个光学系统所成像在边缘处的亮度与中心区域亮度的比值。RI 不仅和光学系统本身有关，也与所使用的感光片有关。当使用的镜头相同而芯片不同时，RI 会有所不同。当 RI＜50%时人眼是能分辨的，严重时会出现画面四角全黑的"缺角"现象。因此 RI 的基本要求为：RI≥50%。

10．光学调制传递函数

光学调制传递函数（Modulation Transfer Function，MTF）指在一定程度上反映一个光学系统对物体成像的分辨能力的参数值。一般来说，MTF 越高，其分辨力越强。它既与光学系统的像差有关，又与光学系统的衍射效果有关。

2.6.2　图像传感器关键参数

图像传感器的关键参数主要有像素、分辨率、芯片尺寸、单像素尺寸、感光度、灵敏度和信噪比等。

1．像素

像素越多，拍摄画面幅面就越大，可拍摄的画面的细节就越多，不同像素画面对比如图 2.23 所示。有些摄像头参数给出的是图像传感器水平方向和垂直方向的像素数，如 1920×1080 像素；有些则直接给出了两者的积，如 200 万像素。

彩图 2.23

（a）2560×1440像素　　（b）3840×2160像素

图 2.23　不同像素画面对比

2．分辨率

分辨率是指单位长度上的像素点数，它是用于度量图像内数据量多少的一个参数，单位为 ppi（Pixels Per Inch，每英寸像素）或 dpi（Dots Per Inch，每英寸点数）。图 2.24 所示为 640×480 的像素分布，其横向分辨率是 640/9 ≈ 71ppi，纵向分辨率是 480/6.7≈72ppi。

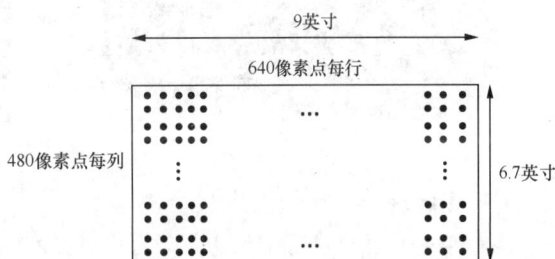

图 2.24　640×480 的像素分布

3．芯片尺寸

芯片尺寸（见图 2.25）是指感光区域对角线距离，它是影响成像表现的硬指标之一。芯片尺寸的大小是由分辨率和像素决定的，通常以英制单位表示，比如 1/4 英寸（1 英寸＝25.4mm），1/3 英寸，1/2.3 英寸等。芯片尺寸越大，材料成本越高。

4．单像素尺寸

单像素尺寸（Pixel Size）指单个感光元件的长宽尺寸，也称单像素的开口尺寸，比如 1.1μm、1.4μm 和 2μm 等，如图 2.26 所示。假设在图 2.25 的传感器尺寸下，能容纳 1300 万个、尺寸为 1.1μm 的单像素，也就是 13MP（百万像素），那么在相同的面积下，单像素尺寸为 1.4μm 的有 8MP，而 2μm 的就只有 4MP 了，即单像素尺寸越小，则可以在相同的面积上排列得更密集，从而增加总的像素数量。另外，随着单像素尺寸的增大，光电二极管可接收光线的区域变多，单位时间内进入的光能量变大，这样有利于图像传感器光灵敏度的提高。

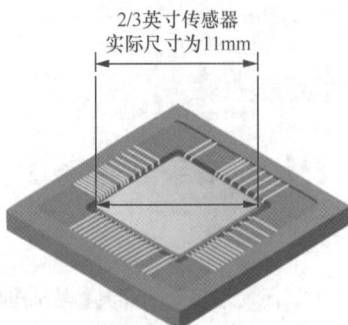

图 2.25　芯片尺寸

图 2.26　单像素尺寸

5．感光度

感光度（ISO）代表通过 CCD 图像传感器或 CMOS 图像传感器以及相关电子线路感应入射光线的强弱。ISO 的数值越高，传感器记录的光信息就越多，相当于提升了曝光度。不同感光度成像对比如图 2.27 所示。感光能力强的图像传感器能够在夜间等低照度的环境下，识别对象的颜色、形状等，可以确保汽车在夜间行驶时准确判断路况信息，规避行车风险。

图 2.27　不同感光度成像对比

6．灵敏度

灵敏度是指在标准摄像状态下，摄像机光圈的数值。标准摄像状态指的是，灵敏度开关设置在 0dB 位置，反射率为 89.9％的白纸，在 2000lx 的照度、标准白光（碘钨灯）的照明条件下，图像信号达到标准输出幅度时的状态，此状态下光圈的数值称为摄像机的灵敏度。

灵敏度是衡量图像传感器光电性能的重要指标，高灵敏度意味着可以在光照较暗或曝光时间较短的情况下得到清晰的图像，所以在微光成像、高速成像等应用中，应选取具有高灵敏度的图像传感器芯片。

7．信噪比

在摄像机的成像过程中，除了真实的信号，还会引入一系列的不确定性（如光信号本身的不确定性，材料热运动、电子学噪声引起的不确定性等），这些不确定性称为噪声。而信号与噪声的比值被定义为信噪比（Signal-to-Noise Ratio，SNR），单位为 dB。

当摄像头摄取较亮的场景时，拍摄的画面通常比较明亮，观察者不易看出画面中的干扰噪声（即噪点），而当摄像头摄取较暗的场景时，拍摄的画面就比较昏暗，观察者此时很容易看到画面中雪花状的噪点。摄像头的信噪比越高，噪点对画面的影响就越小，成像效果越好，如图 2.28 所示。

(a)　10dB　　　　　　　　　　(b)　90dB

图 2.28　不同信噪比画面对比

车载摄像头需要在光线较暗时有效地抑制噪点，要求摄像头在晚上也能清楚地捕捉影像，特别是侧视摄像头和后视摄像头。车载摄像头可以接受的信噪比是 40dB，当信噪比达到55dB 的时候，噪点基本看不出来。

|2.7　车载摄像头的选用标准及性能要求|

车载摄像头在制造工艺及可靠性方面要求要高于工业摄像头和商用摄像头，由于汽车可能需长期工作在恶劣环境中，因此车载摄像头需要在高低温、强振动、高湿热等复杂工况环境下稳定工作。在选择车载摄像头的镜头时，通常通过一些因素确定摄像头参数标准。

2.7.1　车载摄像头的选用标准

1．摄像头镜头

对摄像头镜头进行选择主要是对其镜片材料和镜片形状进行选择。

（1）镜片材料的选择。摄像头镜头一般由玻璃镜片和塑料镜片两种材料组成，如图 2.29和图 2.30 所示。塑料镜片成本和工艺难度都较低，适合大批量生产。但受限于本身材质，塑料镜片的透光率、折射率、色散等比玻璃镜片的差，无法满足车规级要求。因此车载镜头大多采用性能更好、量产难度更大的玻璃镜片。

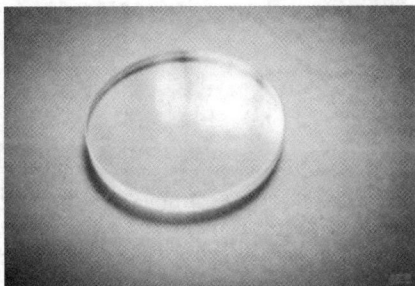

图 2.29　玻璃镜片　　　　　　　　　图 2.30　塑料镜片

车载摄像头在可靠性和环测要求上会比较高。除了玻璃镜片和塑料镜片，市面上还出现了结合了玻璃镜片成像质量高、温漂低、稳定性强和塑料镜片易量产、耐冲击、成本低等优势的玻塑混合镜片，这种镜片逐渐成为车载摄像头镜头的主流。

拓展知识：不同材料的镜片的特性及应用领域

（2）镜片形状的选择。球面镜片因为镜面曲线形状单一，当光线通过球面镜片时，光线通过镜片的位置不同，产生的折射率也不同，会造成光线无法成像于一点，容易导致影像不清、视界歪曲、视野狭小等现象，图 2.31 所示为球面镜片的球面像差。而非球面镜片可以使焦点一致，能够使多角度入射的光线理想地集中于一点，从而尽量减小镜片所产生的像差，如图 2.32 所示。

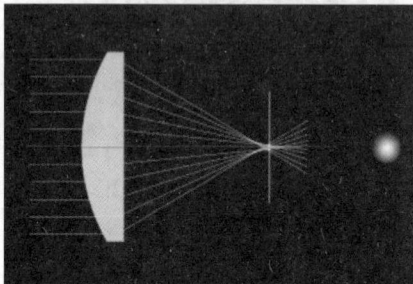

图 2.31　球面镜片的球面像差

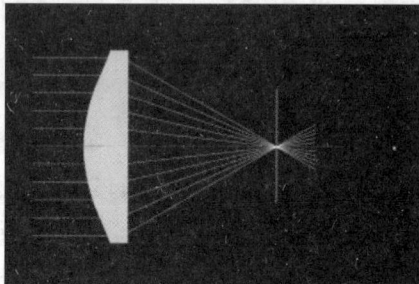

图 2.32　非球面镜片焦点一致

非球面镜片对提高成像质量、扩大视场范围以及减小光学镜头的外形尺寸和重量等起着积极作用，使用球面镜片拍摄的图片和使用非球面镜片拍摄的图片如图 2.33 和图 2.34 所示。

图 2.33　使用球面镜片拍摄的图片

图 2.34　使用非球面镜片拍摄的图片

彩图 2.33 和彩图 2.34

2．图像传感器

一般市场上的图像传感器分为 CCD 图像传感器和 CMOS 图像传感器两种。前一种的优点是成像层次好，清晰度及色彩还原度高，但其存在价格昂贵、功耗高和芯片体积大等缺点。随着 CMOS 技术的迅速发展，CMOS

彩图 2.35

图像传感器成像的效果越来越好，具有低成本、低功耗及高整合度的特点。而车载摄像头的功能诉求为收集数据，对图像的要求并非很高，因此车载摄像头一般选用 CMOS 图像传感器。两者成像效果对比如图 2.35 所示，可以看出 CCD 图像传感器成像效果要好一些。

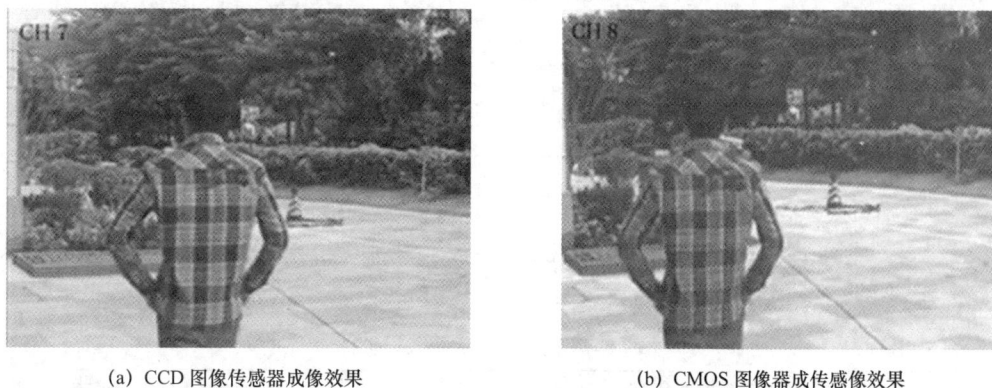

(a) CCD 图像传感器成像效果　　　　　　　　(b) CMOS 图像传感器成像效果

图 2.35　成像效果对比

2.7.2　车载摄像头车规级性能要求

车载摄像头车规级性能要求如表 2.8 所示。

表 2.8　　　　　　　　　　　　　　车载摄像头车规级性能要求

性能	要求
耐高、低温	需在-40～85℃范围内都能正常工作，且能适应温度的剧烈变化
抗振	车辆在不太平坦的路面行驶会产生较强的振动，因此必须能抗各种强度的振动
低噪点	在光线较暗时能有效抑制噪点，特别是要求侧视摄像头和后视摄像头即使在晚上也能清楚地捕捉影像
防磁	车辆启动时会产生极高的电磁脉冲，需要极高的防磁性能
防水	车载摄像头密封要非常严实，满足在雨水中浸泡数日仍可正常使用
使用寿命	使用寿命与车辆寿命匹配，至少为 8～10 年才能满足需求

2.7.3　不同应用位置的车规级摄像头

带有 ADAS 功能的感知摄像头，除了需要具备基本的拍照功能，还需要具有准确捕捉图像、对目标物体进行精准测距的能力。例如，识别障碍物是什么以及测量本车与前方障碍物距离，因此对摄像头的抗振性、持续聚焦特性、对杂光强光的抗干扰性、工作时间和使用寿命等都有较高的要求。而在不同应用场景下，车规级摄像头的性能存在一定差异。

1. 前视摄像头

前视摄像头的水平视场角通常在 30°～60°范围内，以确保正确覆盖车道正前方的车道标记和障碍物。前视摄像头主要的功能有如下两个。

（1）中长距离（50m 以上）识别障碍物。需要长焦距、窄视野的摄像头，且要求对远方物体的清晰度和识别度必须很高，因此对其摄影有效距离（焦距）要求很高。中长距离前视摄像头技术参数样例如表2.9所示。

表2.9　　　　　　　　　　中长距离前视摄像头技术参数样例

像素	传感器类型	接口类型	视场角/（°）			尺寸/mm		
			对角线视场角	水平视场角	垂直视场角	长度	宽度	高度
1 280×960	AR0132AT	串行接口	66	52	38	34.5	16	23.5

注：AR0132AT是一种CMOS数字图像传感器，用于高动态范围成像场景和低光环境。

（2）短距离内（50m以下）识别交通标志及行人等障碍物。需要中短焦距（40～80mm），即接近人眼的标准摄像头，需要对近处的目标清晰度、识别度及视野范围有一个较佳的结合。短距离前视摄像头技术参数样例如表2.10所示。

表2.10　　　　　　　　　短距离前视摄像头技术参数样例

摄像头尺寸	图像传感器尺寸	像素	水平视场角	有效探测距离
45mm×22mm×16mm	1/3英寸	1 280×960	45°	20m

对摄像头的光学性能要求有以下4点。

①持续稳定的聚焦特性和热补偿特性，能在不同温度工况下保持稳定性。

②高通光特性，保证低照明条件下的良好成像效果。

③清晰成像效果，能够有效捕捉和分辨物体细节。

④杂光、鬼影控制，要能够改善车辆前照灯等正面强光干扰。

2．后摄像头和环视摄像头

后视摄像头应用于泊车辅助、自动泊车等场景中。环视摄像头通过将4个高清影像进行畸变校正、无缝拼接后，实时渲染三维场景塑造行车的真实场景。环视摄像头技术参数样例如表2.11所示。环视摄像头和后视摄像头一般采用135°以上的广角（指水平视场角）镜头，探测距离在10m以内。

表2.11　　　　　　　　　环视摄像头技术参数样例

水平视场角	垂直视场角	像素	工作电压	工作温度	工作电流	畸变程度
190°	130°	1 280×720	8～32V	-40～85℃	2A	26.8%

后视摄像头与环视摄像头对镜头特性的要求类似，大致分为以下几点：好的防水性能；优秀的温度特性，以保证高清晰度效果；光畸变校正，提供较真实的场景影像。

3．内置摄像头

小型私家车的车内空间长度一般不超过4m或5m，因此内置摄像头一般采用小焦距（定焦）的广角镜头，且物焦在4m以内，镜头焦距多在13～39mm，光圈值和景深相对较小。像素可以为800×600～1 280×960。内置摄像头主要应用于手势识别、人机交互、面部表情识别（疲劳监测）以及乘客身份识别等场景中。另外由于车内光线较暗，并且乘客的衣服颜色多种多样，内置摄像头会涉及不同波段的问题。针对不同的识别，波段选择不同，需要增加滤光片将一定的光过滤掉。

|2.8　实训任务必要知识准备|

本项目实训任务一览表如表 2.12 所示。

表 2.12　　　　　　　　　　　　　本项目实训任务一览表

项目任务	简要实训步骤	目标
任务 2.1　拆装与调试鱼眼摄像头	（1）规范地安装摄像头； （2）规范地拆除摄像头； （3）正确调试出摄像头影像； （4）进行简单的排故	培养学生拆装过程中规范操作的意识，能正确做好防护工作，正确使用工具等；通过任务，学生能独立完成摄像头的装调工作
任务 2.2　标定与调试 360°全景环视功能	（1）摄像头标定； （2）俯视图变换； （3）图像裁剪； （4）图像拼接与盲区选择	通过任务，让学生熟悉 360°全景环视功能，并能独立完成摄像机标定工作，以及图像的变换、裁剪和拼接工作
任务 2.3　基于智能摄像头实现自动限速识别功能	（1）限速标志图片采集； （2）选择标注软件； （3）限速标志图片数据标注（也就是通过人工的方式找到限速标志，并用矩形框框出来，手动标记相应的限速值），形成用于机器学习的数据集； （4）生成标注信息对应的文件目录； （5）生成数据集； （6）调节参数； （7）模型训练； （8）限速标志识别准确率验证； （9）将训练好的模型应用于真实路况的限速标志识别	针对本任务，学生最好有一定的编程语言（如 Python）的背景知识，熟悉 Ubuntu 环境。通过任务，学生能较好地完成数据标注工作，能按照本书步骤，利用相关命令完成模型的训练，实现限速标志检测
任务 2.4　基于视觉传感器实现车道线检测	（1）数据集预处理； （2）训练与测试模型； （3）图片预处理与视频格式转换	针对本任务，学生最好有一定的编程语言（如 Python）的背景知识，熟悉 Ubuntu 环境。通过任务，学生能较好地理解机器学习/深度学习的相关知识，熟悉车道线检测用的数据集，会使用相关命令完成预处理、训练与测试、视频格式转换等操作

2.8.1　拆装与调试鱼眼摄像头知识准备

本书配套的实训平台采用的鱼眼摄像头的镜头型号是 G200 鱼眼镜头 1080P，其采用全波镜头，超高清广角（对角 150°）；配备 3m 长的全铜 USB（Universal Serial Bus，通用串行总线），可实现即插即用；配备可拆卸 360°旋转底座。其外观构造及外观尺寸参数分别如图 2.36 和图 2.37 所示。

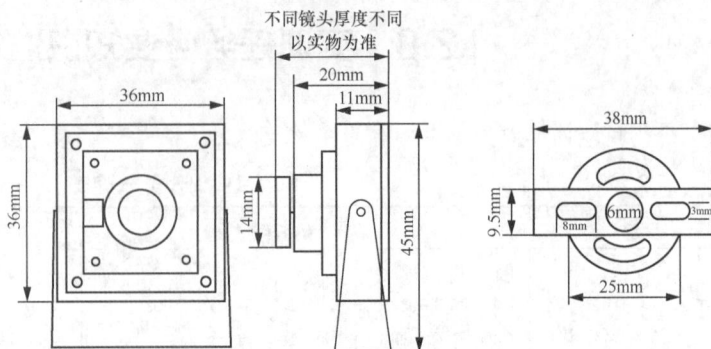

图 2.36　外观构造　　　　　　　　　　图 2.37　外观尺寸参数

2.8.2　标定与调试 360°全景环视功能知识准备

360°全景环视系统，通过在汽车周围架设能覆盖车辆周边所有视场范围的 4～8 个鱼眼摄像头，将同一时刻采集到的多路视频影像处理成一幅车辆周边 360°的车身俯视图，最后在中控台的屏幕上显示。

360°全景环视系统能有效消除盲点，让驾驶员清楚地查看车辆周边是否存在障碍物或了解障碍物的相对方位与距离，帮助驾驶员轻松停泊车辆或通过复杂路面，有效减少剐蹭、碰撞、陷落等事故的发生。

如图 2.38 所示，分别在该车前后左右共安装 4 个 180°的鱼眼摄像头，同时拍摄汽车前后左右的图像，利用图像合成技术，消除广角畸变，按照人眼的视觉习惯，将 4 个摄像头采集到的画面，经过无缝拼接合成一幅 360°全景图像，最后展示出来。

针对"任务 2.2　标定与调试 360°全景环视功能"，本书配套的实训平台上配备有 4 个 180°的鱼眼摄像头，它们是任务 2.1 安装调试好的 4 个鱼眼摄像头，在此基础上，利用标定板和相应的软件完成标定和调试工作。

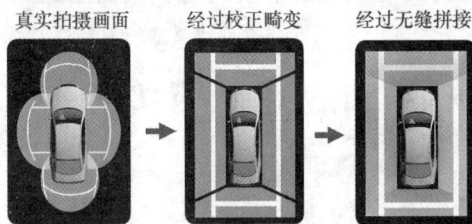

真实拍摄画面　　　经过校正畸变　　　经过无缝拼接

图 2.38　360°全景环视系统工作原理

2.8.3　基于智能摄像头实现自动限速识别功能知识准备

交通标志一般置于道路的上方或两侧，由于驾驶员在驾驶过程中阅读路牌信息需要"一心二用"，并且由于车速、天气、路况等原因，驾驶员可获取信息的时间较短，在不熟悉道路的情况下需要将车辆减速以阅读信息，由此带来安全隐患。因此，基于智能识别的实时交通导航系统是未来导航的发展方向，其核心就是道路交通标志的识别。

另外，超速是最容易发生的交通违法行为之一，而自动限速识别（Automatic Speed Limiter, ASL）功能可以在一定程度上避免超速的发生。该系统通过智能摄像头与导航地图识别道路限速标志，即使车辆处于信号较弱的隧道中，也可以高效识别车辆行驶路段的限速要求。

1．交通标志的识别方法

（1）基于颜色特征的交通标志识别。颜色分割就是利用交通标志特有的颜色特征，将交通标志与背景分离。颜色特征具有旋转不变性，即颜色特征不会随着图像的旋转、倾斜而发生变化，与几何、纹理等特征相比，基于颜色特征设计的交通标志识别算法对图像旋转、倾斜的情况都有较好的适应性，具有较好的识别效果。

（2）基于形状特征的交通标志识别。除颜色特征外，形状特征也是交通标志的显著特征之一。我国交通标志有警告标志（23 种）、指示标志（11 种）、禁令标志（29 种）和其他标志共 97 种，其中除了个别标志，其余都由规则的形状（如圆形、矩形、正三角形、倒三角形以及正八边形）所组成。将形状特征和颜色特征结合进行检测是交通标志识别中的重要内容，通常以颜色分割为粗检测，排除大部分的背景干扰，再提取二值图像各连通域的轮廓，进行形状特征的分析，进而确定交通标志候选区域并完成定位。

（3）基于显著性的交通标志识别。显著性作为从人类生物视觉中引入的概念，用来度量场景中具有显眼的特征、容易吸引人优先看到的区域。由于交通标志被设计成具有显眼的颜色和特定的形状，是显著的视觉特征，在一定程度上满足了显著性的要求，因此可以采用相关的显著性模型和显著性算法来检测交通标志。

（4）基于特征提取和机器学习的交通标志识别。无论是基于颜色特征和形状特征的算法，还是基于显著性的算法，由于其所包含的信息的局限性，在背景复杂或者出现与目标物十分相似的干扰物时，都不能很好地去除这些干扰。因此，可通过合适的特征描述符更充分地表示交通标志，再通过机器学习方法区分出交通标志和障碍物。

"任务 2.3 基于智能摄像头实现自动限速识别功能"将采用基于特征提取和机器学习实现交通标志（限速标志）的识别功能。

2．交通标志识别的一般流程

利用视觉传感器进行交通标志识别的流程主要是：原始图像采集→图像预处理→图像分割检测→图像特征提取和交通标志识别。

（1）原始图像采集。由视觉传感器（摄像头）采集的、未经处理的原始图像。

（2）图像预处理。在实际的交通场景中，由于自然光、天气条件等各种因素的影响，摄像头采集的图像不可避免地存在一定程度的干扰和噪点，所以需要对图像进行一些预处理，如图像均衡、图像增强和图像去噪等，从而将图像变得清晰、易辨认，为进一步的处理做好数据准备，如图 2.39 所示。如果采用机器学习技术，则还需要进行标注工作。

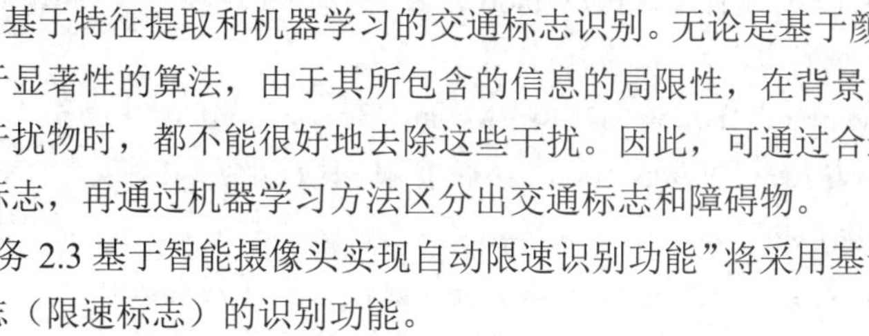

彩图 2.39

(a) 原图　　　　　(b) 预处理后的图

图 2.39　原图与预处理后的图

（3）图像分割检测。预处理后的图像仍然包含很多信息，交通标志在其中只占很小的一片区域，但是由于交通标志在颜色和形状上都有一定的特殊性，同时为了减少处理的数据量，加快处理速度，图像分割检测一般分两步。首先，通过颜色分割快速检测到交通标志牌；其次，通过形状分割最终确定交通标志牌的区域，如图 2.40 所示。

（4）图像特征提取和交通标志识别。在图像检测完成以后，需要进一步对这些图像特征进行提取和比对，得出具体的交通标志牌含义。通过提取采集到的图像的颜色特征、线条变化特征、矩特征、灰度直方图统计特征等，与数据库中的数据进行比对，即可判断出该交通标志的实际意义。但是在实际使用场景中，采用这种方式识别的成功率和准确度并不是特别高，而机器学习技术的应用大大提升了识别的准确度和灵活性，图像识别成功率和准确率显著提高。交通标志识别结果如图 2.41 所示。

图 2.40　通过图像分割检测后得到的交通标志牌区域

图 2.41　交通标志识别结果

3. 自动限速识别项目的环境配置准备

（1）基本配置。对于本实训平台，环境已经配置好，但是对于没有本实训平台的读者，需要一些基本设备，如配置比较新的计算机（Windows10 操作系统，64 位）和 Ubuntu 操作系统才能够进一步完成接下来的实训。

①在计算机上（Windows 10 操作系统）安装 VMware Workstation Pro 虚拟机（具体步骤参考相关材料），安装好的 WMware Workstation Pro 虚拟机图标如图 2.42 所示，单击图标进入 VMware Workstation Pro 虚拟机界面，单击菜单栏"文件"→"打开"，导入本书配套提供的 Ubuntu 镜像（随本书提供，读者也可自行下载，具体操作查看配套资料）。

②启动虚拟机，首先安装 Anaconda，它是大型的科学计算平台，是 Python 集成开发环境，包含了大量的与科学有关的包，能够方便、快捷地对程序包进行管理和部署，后面很多工具和软件都可以通过它完成下载、安装，且为"一站式"完成，比较便捷。在 Ubuntu 环境下到 Anaconda 的官网下载对应的 Linux 操作系统的安装包，并完成安装（具体操作查看配套资料）。

③将 YOLOv5 项目（用于交通标志识别，随本书提供）下载到虚拟机"文件"→"Home"目录下，如图 2.43 所示的 yolov5_project 文件夹。

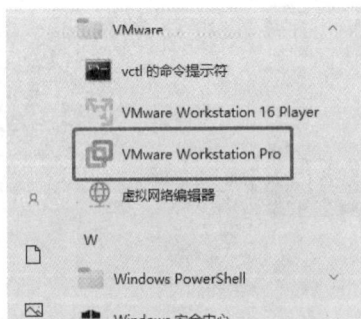

图 2.42　安装好的 VMware Workstation Pro 虚拟机图标

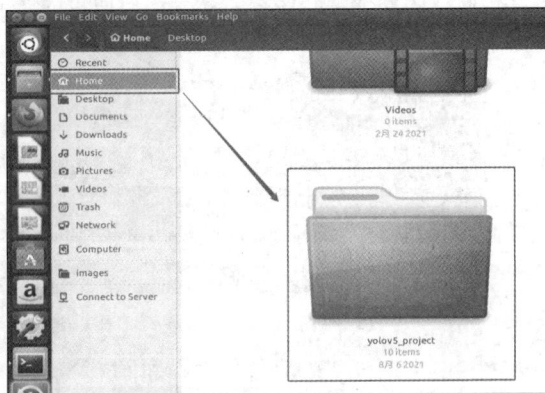

图 2.43　yolov5_project 文件夹

（2）创建并激活虚拟环境。在"Home"目录下空白处单击鼠标右键打开一个终端，通过以下命令创建一个名字为"yolov5"的虚拟环境并激活它，这样后面和 YOLOv5 项目有关的操作就在这个虚拟环境中完成。

```
conda create -n yolov5 python==3.8    #创建环境，采用的 Python 版本是 3.8
conda activate yolov5                 #激活环境
```

（3）在该虚拟环境中下载并安装必要的工具和软件，包括 PyTorch（PyTorch 是 Facebook 团队于 2017 年初在机器学习和科学计算工具 Torch 的基础上，针对 Python 语言发布的一个全新的机器学习工具包）和 TorchVision（独立于 PyTorch 的关于图像操作的方便的工具库），但是在安装两者之前，需要有 CUDA 平台（Compute Unified Device Architecture，统一计算设备架构）作为支撑，同时硬件方面需要一个支持 CUDA 的 GPU（Graphics Processing Unit，图形处理单元）（如果没

基于智能摄像头
实现自动限速
(ASL) 功能环境
配置

有，可以考虑云平台上提供的产品，其中许多云平台都提供预装 PyTorch 的、支持 GPU 的命令交互工具 Jupyter Notebook，且通常提供一定的免费配额）。CUDA 的安装参考配套资料，此处不展开介绍。

（4）安装好 CUDA 后，安装 PyTorch 和 TorchVision，这里使用 pip 命令完成。

```
pip install torch==1.8.0+cpu torchvision==0.9.0+cpu torchaudio==0.8.0 -f https://
                                    ① #从官网下载和安装，其中对应的版本（"=="号后面是
版本号）根据实际进行选择
```

> **注　意**
>
> 建议先下载相关的安装包到本地再进行安装，防止网速不稳定出现安装错误。

（5）安装依赖。因为我们建立的环境需引用别人的项目，因此该项目会包含很多第三方模块的包，必须同时完成安装才能运行该项目，这时候如果一个一个下载和安装，则会费时费力，此时可以通过项目提供的 requirements.txt 一次完成全部第三方模块的包的下载和安装，方便快捷，输入命令如下。

```
pip install -r requirements. txt -i https://                    /simple②
```

（6）安装 pycocotools，即 python api tools of COCO。COCO 是一个大型的图像数据集，用于目标检测、分割、人的关键点检测、素材分割和标题生成。在第（2）步创建的虚拟环境中，输入下列命令安装 pycocotools。

```
sudo apt-get install cython        #以管理员身份下载并安装 Cython
git clone https://              /cocodataset/cocoapi③    #下载 cocoapi，会下载到 Ubuntu 系
                                                         统的主文件夹 "Home" 中
cd ~/cocoapi/PythonAPI             #进入 cocoapi 目录下的 PythonAPI 文件夹内
pip install pycocotools            #安装 pycocotools
```

其中，sudo 是 Linux 操作系统管理指令，是允许系统管理员让普通用户执行一些或者全部的 root 命令的一个工具；apt-get 是一条 Linux 命令，适用于 deb 包管理式的操作系统，主要用于自动从互联网的软件仓库中搜索、安装、升级、卸载软件或操作系统。Cython 是让 Python 脚本支持 C 语言扩展的编译器，Cython 能够将 Python+C 混合编码的.pyx 脚本转换为 C 代码，主要用于优化 Python 脚本性能或 Python 调用 C 函数库。

---

①②③ 完整的网址请登录人邮教育社区（www.ryjiaoyu.com），搜索本书，进入页面获取。

2.8.4　基于视觉传感器实现车道线检测知识准备

车道线检测属于计算机视觉图像处理类任务中的分割任务，以下分别介绍语义分割和实例分割、车道线检测常用数据集以及车道线检测算法。

1．语义分割和实例分割

众所周知，图像在计算机中是像素的集合。图像分割是对图像中属于特定类别的像素进行分类的过程。传统的图像分割算法是基于灰度值的不连续和相似的性质，而基于深度学习的图像分割技术是利用卷积神经网络，来理解图像中的每个像素所代表的真实世界的物体。

基于深度学习的图像分割技术主要分为两类：语义分割和实例分割。

语义分割是对每个像素打上类别的标签，同一类别的所有像素都用一种颜色标识，但是对同一类别的对象不做区分，如图 2.44 所示，人、地面、树木和天空各自用一种颜色标识。语义分割不能对每个个体进行区分，而实例分割只对特定的物体进行分类，图 2.45 所示为只对人进行个体分割。实例分割可以看作目标检测与语义分割的结合，是检测任务的拓展，在能够准确识别每个目标的基础之上，以像素为单位分割每个实例。

彩图 2.44

图 2.44　语义分割

彩图 2.45

图 2.45　实例分割

2．车道线检测常用数据集

车道线检测大多采用深度学习的算法实现，为了让算法更好地实现其功能，需要给算法足够多的数据，这些数据被分为训练集、验证集和测试集。训练集用来拟合模型，通过设置分类器的参数，训练分类模型；当通过训练集训练出多个模型后，为了找出效果最佳的模型，使用各个模型对验证集数据进行预测，并记录模型准确率，选出效果最佳的模型所对应的参数，即验证集被用来调整模型参数。在通过训练集和验证集得出最优模型后，测试集被用于模型预测，用来衡量该最优模型的性能和分类能力。车道线检测常用数

拓展知识：深度学习

据集包括 CULane 数据集和 TuSimple 数据集。

（1）CULane 数据集。CULane 数据集是用于车道线检测学术研究的大规模、具有挑战性的数据集。整个数据集的采集过程是通过 6 辆出租车上的视觉传感器完成的。它收集了超过 55h 的视频，并提取了 133 235 帧。我们将数据集分为训练集（包含 88 880 张图片）、验证集（包含 9 675 张图片）和测试集（34 680 张图片），包含正常、拥挤、黑夜、无线、阴影、快速移动、炫目的光、弯道和十字路口等 9 种难以检测的情况，对应数据示例如图 2.46 所示，也就是说通过 CULane 数据集训练出来的模型能够兼顾复杂的环境。对于每帧，CULane 数据集用 3 次样条曲线手动注释行车道。对于车道标记被车辆遮挡或看不见的情况，该数据集仍会根据上下文注释车道。

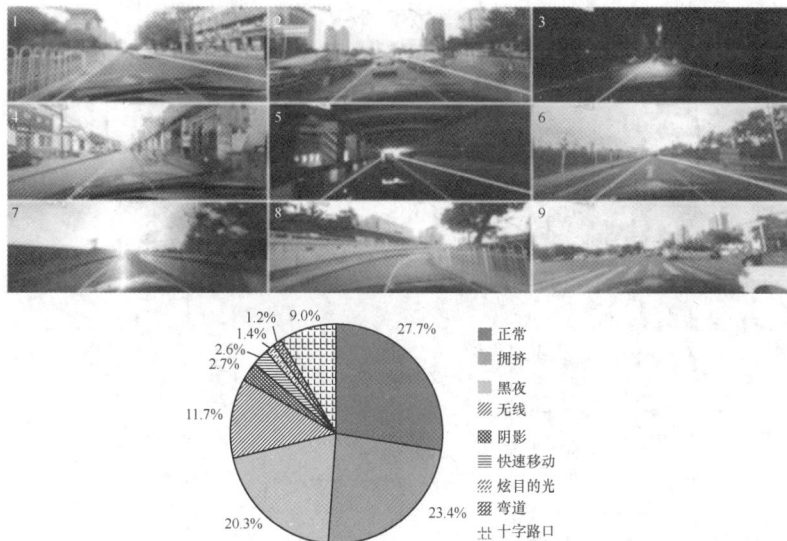

图 2.46　CULane 数据集示例

（2）TuSimple 数据集为车道线检测任务提供了约 7 000 个时长为 1s 的视频片段，每个片段 20 帧，每个片段的最后一帧包含有标签的车道。视频片段可以帮助算法推断出更好的车道线检测结果。整个 TuSimple 数据集的复杂度并不是很高。该数据集在较好或中等的天气条件下，对两车道及以上的高速公路车道进行数据采集。其中包含 3 626 个用于训练的视频片段以及 2 782 个用于测试的视频片段。TuSimple 数据集示例如图 2.47 所示。虽然 TuSimple 数据集的数据采集的时间较早，数据是"过时的数据"，并且路况不太符合目前我国的路况环境，但是目前世界范围内的大多数车道线检测算法都是基于 TuSimple 数据集的，包括本节我们将介绍到的 LaneNet 算法以及 LaneATT 算法。

彩图 2.47

图 2.47　TuSimple 数据集示例

3．车道线检测算法

这里主要介绍两种算法模型，第一种是 LaneNet+H-Net，第二种是 LaneATT。

（1）LaneNet+H-Net 算法模型。LaneNet 是一种将语义分割和对像素进行向量表示结合起来的多任务模型，负责对图片中的车道线进行实例分割；H-Net 是由卷积层和全连接层组成的网络模型，负责预测转换矩阵 **H**，使用转换矩阵 **H** 对属于同一车道线的像素点进行回归，能够对车道线进行良好的拟合。LaneNet 算法原理及整体网络结构如图 2.48 所示。

①LaneNet 对输入图像进行实例分割，其中网络结构分为两个方向，一个是语义分割，另一个是对像素进行向量表示，最后将两个分支的结果进行聚类，得到实例分割的结果。LaneNet 输出实例分割的结果，为每个车道线像素分配一个车道线 ID。

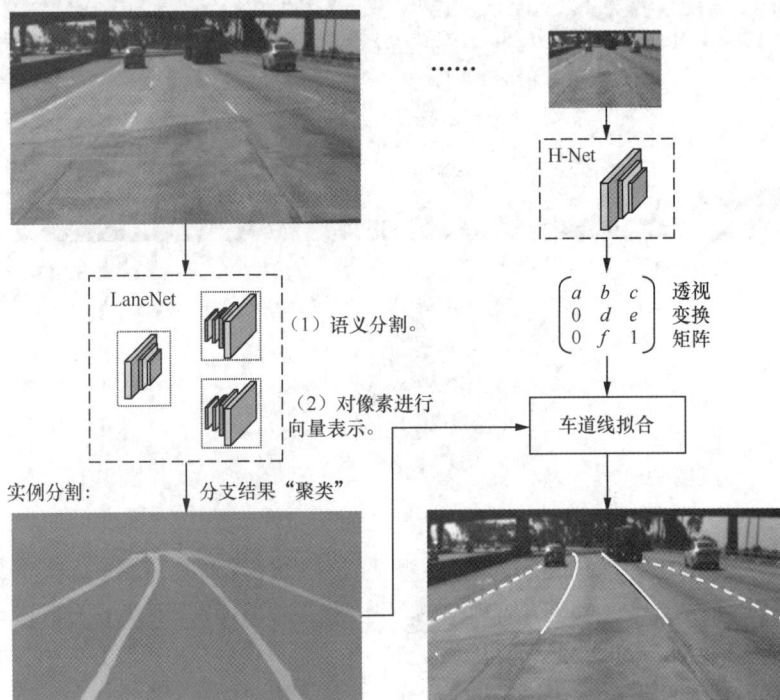

图 2.48　LaneNet 算法原理及整体网络结构

②H-Net 模型。目前所使用的透视变换矩阵的参数通常是预先设定、不会被改变的，在面对水平线波动的影响（如上、下坡）等情况下的车道线拟合并不准确，鲁棒性不强。而 H-Net 模型可以用来学习透视变换矩阵 **H** 的参数，如图 2.49 所示，可以看出，矩阵 **H** 只有 6 个参数，因此 H-Net 模型的输出是一个 6 维的向量，置零是为了强制约束，即在变换下水平线保持水平。H-Net 模型的网络体系结构较小，由 6 层普通卷积网络和一层全连接网络构成，其网络结构如图 2.50 所示。

（2）LaneATT 是基于 PyTorch 框架的车道线检测算法。PyTorch 是一个开源的 Python 机器学习库，PyTorch 的前身是 Torch，其底层和 Torch 框架的一样，不同的是其使用 Python 重新写了很多内容，不仅更加灵活、支持动态图，而且提供 Python 接口。PyTorch 是一个基于 Python 的科学计算包，是一个包含自动求导系统的深度神经网络，且具有强大的 GPU 加速的张量计算（如 NumPy）。

$$H = \begin{bmatrix} a & b & c \\ 0 & d & e \\ 0 & f & 1 \end{bmatrix}$$

图 2.49　**H** 参数

类型	过滤器（每一层的过滤器个数）	尺寸/像素	输出/像素
Conv+BN+ReLU	16	3×3	128×64
Conv+BN+ReLU	16	3×3	128×64
Maxpool		2×2(步幅为2)	64×32
Conv+BN+ReLU	32	3×3	64×32
Conv+BN+ReLU	32	3×3	64×32
Maxpool		2×2(步幅为2)	32×16
Conv+BN+ReLU	64	3×3	32×16
Conv+BN+ReLU	64	3×3	32×16
Maxpool		2×2(步幅为2)	16×8
Linear+BN+ReLU		1×1	1 024
Linear		1×1	6

图 2.50　H-Net 模型网络结构

LaneATT 在 CULane 数据集上有着相当不错的表现，同时支持其他的数据集。它的优点具体表现为：第一，比现有的实时处理模型都要准确，在较大和复杂的 CULane 数据集上有更好的表现；第二，训练和推断速度比较快（250fps）；第三，基于锚框（Anchor Box）（在图像中指示感兴趣的目标的边界框称为锚框）的注意力机制，可使检测对象更精准。

LaneATT 使用从安装在车辆中的前置摄像头拍摄的 RGB 图像作为输入，把车道线作为输出。为了生成这些输出，卷积神经网络（称为主干）会生成一个特征图，然后将其汇总以提取每个锚的特征。这些特征与注意力模块生成的一组全局特征结合在一起，通过组合局部特征和全局特征，该模型可以更轻松地使用来自其他车道的信息，这在有遮挡或没有可见车道标记的情况下可能是必需的。最后，将合并的特征传递到全连接层以预测最终的输出通道。

【项目实施】

| 任务 2.1　拆装与调试鱼眼摄像头 |

一、实施准备

（1）防护用品：安全帽、工作手套。

（2）台架总成：实训平台（参见项目 1 项目实施的任务）等。

（3）工具及设备：4 个鱼眼摄像头（后文简称摄像头）及支架，万用表，USB 扩展槽及常用工具。

（4）辅助材料：绝缘垫、无纺布。

任务 2.1 实施准备

二、工具及设备检查

1. 安装前检查

戴好工作手套和安全帽，将摄像头、USB 扩展槽和工具等摆放在绝缘垫上，并进行安装前检查。

任务 2.1 工具及设备检查

2．螺栓、工具检查

（1）螺栓、工具外观结构完整，表面不应有破损、变形、裂痕、生锈等问题。

（2）8颗内六角螺栓螺纹无滑牙或变形，螺栓内六角无损坏或变形。

（3）工具箱一套，完整无缺。

3．摄像头及连接线检查

（1）摄像头及支架、USB扩展槽外观检查，如图2.51所示。

①摄像头外观应整洁，表面不应有凹痕、划痕、裂缝、变形、毛刺等问题。

②摄像头表面层不应起泡、龟裂、脱落。

③镜头不应有气泡、划痕、裂纹、污物等缺陷。

④金属件不应有锈蚀及其他机械损伤。

⑤USB接头无损坏、变形或生锈。

（2）USB扩展槽主要解决USB接口不够的问题，进行如下检查。

①USB扩展槽外观结构完整，表面不应有破损、变形、裂痕等问题。

②USB扩展槽连接处不应有脏污及破损。

③USB接口处连接针脚应无脱落、变形及损坏。

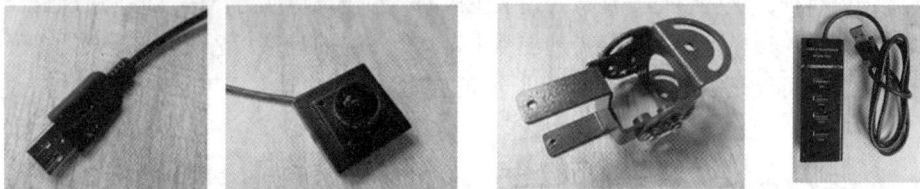

(a) 摄像头及其USB数据线接口　　　　(b) 支架　　(c) USB扩展槽

图2.51　摄像头及支架、USB扩展槽外观检查

三、摄像头的安装与拆卸

1．将摄像头安装到支架上并拧紧固定螺栓，分两次拧紧（见图2.52）

（1）在安装过程中需要注意不要把镜头倒置，或碰到操作台，避免刮花镜头。

（2）安装镜头时需要注意方向，USB数据线朝向台架下方。

（3）安装完成之后，使镜头与支架成90°。依次完成4个摄像头的安装。

图2.52　摄像头安装

视觉传感器的安装

2．把摄像头与支架安装到实训平台上

（1）实训平台台架上方中心有4个孔位，分别对应实训平台的前、后、左、右，把4个摄像头的USB数据线分别从4个孔位插入台架里面，如图2.53所示。

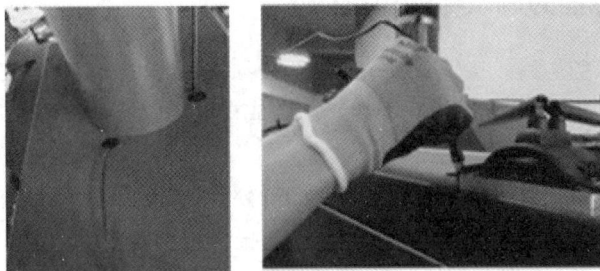

图 2.53　数据线安装

（2）分别把摄像头与支架固定到前、后、左、右的台架支架上，如图 2.54 所示。

（3）分两次将固定螺栓拧紧，如图 2.55 所示。

图 2.54　固定摄像头与支架

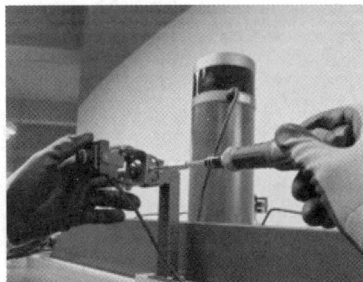

图 2.55　拧紧固定螺栓

说　明

（1）安装时，注意把 4 个摄像头的数据线理顺，做好记号，避免造成混乱。

（2）拧紧固定螺栓的时候，预留一点松紧度，方便对摄像头方向进行调节，如图 2.56 所示。

3．把摄像头安装到实训平台计算机上

（1）把 4 个摄像头的 4 条 USB 数据线按顺序连接到 USB 扩展槽上，如图 2.57 所示，通过后面的调试确定 4 个摄像头对应的位置，此处不赘述。

（2）将 USB 扩展槽的 USB 数据线连接到实训平台计算机主机的 USB 接口上。

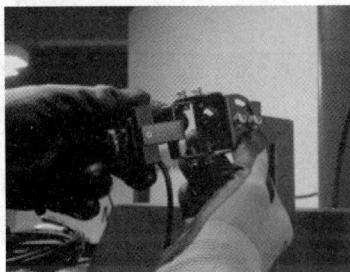

图 2.56　摄像头方向调节

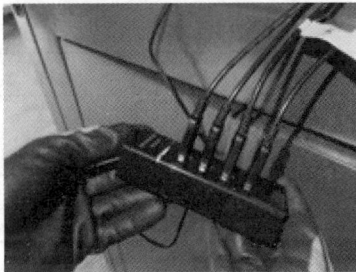

图 2.57　安装摄像头 USB 数据线

视觉传感器拆卸
及整理清洁

4．拆卸

拆卸过程按照安装步骤反序操作即可。

四、视觉传感器的调试与简单排故

安装好鱼眼摄像头之后，接下来就需要进行视觉传感器调试实验。实验共有 3 个步骤，接下来，我们会根据下述步骤完成视觉传感器调试实验。

1. 检查是否有清晰图像

（1）打开实训平台计算机，在桌面上找到 360 软件图标（用于摄像头的调试、标定和 360°环视系统功能的实现，随本书提供给读者），如图 2.58 所示，双击打开。

（2）如果一切正常，软件界面会显示有摄像头的清晰图像，如图 2.59 所示，单击界面中"摄像头 1（前）"等字样的按钮，可以看到 4 个摄像头的实时画面。

（3）若无图像显示，请尝试关闭软件，重新插拔摄像头的 USB 数据线，然后再次启动软件。如果经过以上步骤，图像仍没有出现，应考虑摄像头本身的问题，请更换摄像头试一试。

图 2.58　360 软件图标

图 2.59　运行 360 软件

2. 检查图像是否颠倒

观察出现的图像画面，不应出现图像颠倒的情况，若有，请关闭 360 软件，调整摄像头安装方向，之后重新打开软件查看画面。

3. 检查摄像头与实训平台方向是否一一对应

（1）确定摄像头与实训平台方向对应关系，如表 2.13 和图 2.60 所示。

表 2.13　　　　　　　　　摄像头与实训平台方向对应关系

摄像头序号	对应方向
1	前
2	右
3	后
4	左

（2）单击摄像头 1，观察出现的画面是不是正前方，图像显示为正前方画面，说明摄像头与实训平台方向对应正确，做好接口的对应记号，方便后续装调。

（3）若出现的画面不是正前方，则关闭 360 软件，切换摄像头与计算机主机的 USB 数据线，再次运行 360 软件，观察画面，若仍未对应，重复本步骤，直到正确对应。

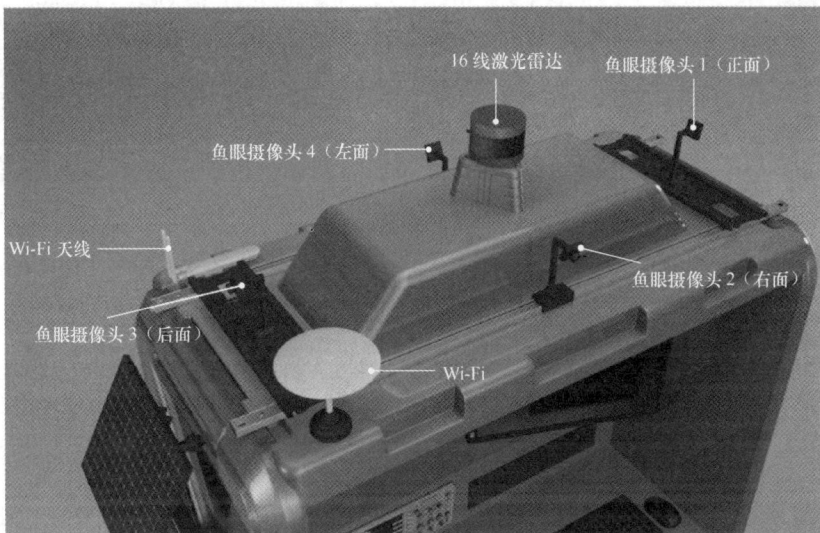

图 2.60　摄像头前、后、左、右对应关系

（4）依次单击摄像头 2～4，重复以上步骤，直至全部摄像头与实训平台方向完全对应。

4．视觉传感器电源故障排除

（1）参见项目 1 中项目实施的任务，正确连接实训平台与故障诊断台，打开电源和计算机，在计算机桌面上找到并打开智能网联汽车三维数字化仿真教学软件，完成对视觉传感器的故障设置，其中，电源故障的故障类型为"正极断路"，如图 2.61 所示。

图 2.61　设置视觉传感器故障类型

（2）在智能网联汽车三维数字化仿真教学软件的"故障诊断"界面单击"刷新"按钮◎，读取相应的故障码，如图 2.62 所示。

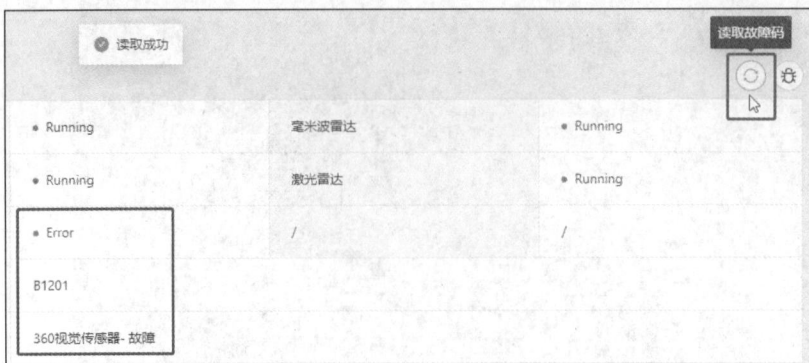

图 2.62　视觉传感器故障码及故障描述

（3）打开 360 软件（见图 2.58），发现摄像头故障，如图 2.63 所示。

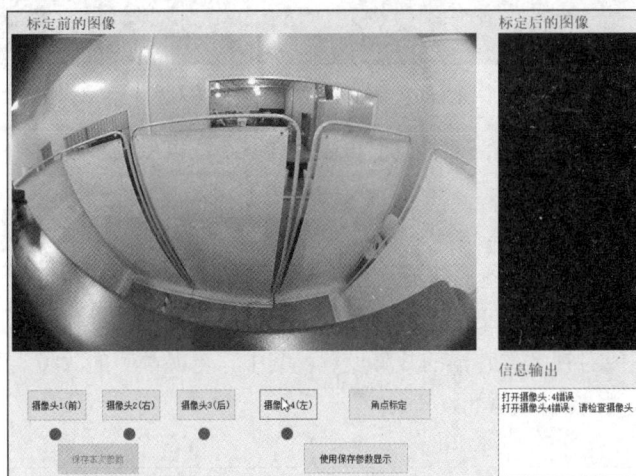

图 2.63　在 360 软件中查看故障现象

（4）利用万用表直流电压挡检查远离摄像头的电源正、负极检测孔，此时发现电源端有输出电压 5V，电源本身没问题；然后检测摄像头输入电压，发现为 0V，怀疑线束有问题，如图 2.64 所示。

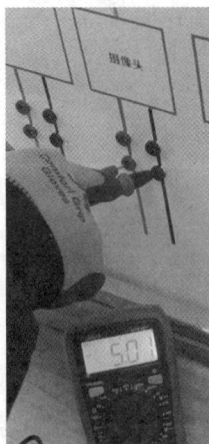

(a) 电源端有输出电压　　　　　　(b) 摄像头输入电压

图 2.64　检测摄像头输入、输出电压

（5）利用万用表蜂鸣挡，检查电源正极和负极的输入端、输出端是否导通，此时发现电源端正极输入端、输出端异常，无蜂鸣，数值无变化（阻值无穷大）；电源端负极输入端、输出端正常，有蜂鸣，有数值变化，如图 2.65 所示，因此判断摄像头电源正极断路，更换线束即可。

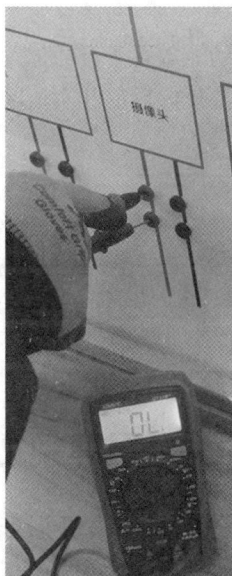

(a)　电源正极输入端、输出端测量　　　　　(b)　电源负极输入端、输出端测量

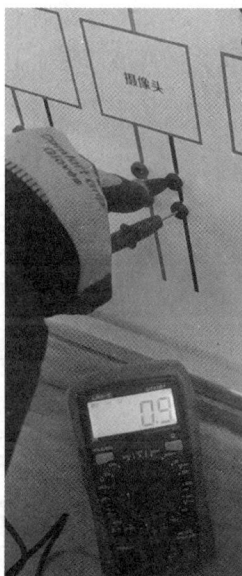

图 2.65　检查电源正极和负极的输入端、输出端导通情况

（6）故障清除与确认。

①如果学生能正确找到故障并能正确描述故障现象和故障原因，则由老师在智能网联汽车三维数字化仿真教学软件中清除故障码，否则让学生继续查找问题。

②在软件中清除故障码后，让学生重新读取故障码，确认是否成功清除故障。

视觉传感器电源
故障清除与确认

③确认清除故障。打开 360 软件查看画面，画面正常且无故障提示即可。

五、清洁和整理

1. 清洁摄像头

（1）使用干净无纺布清洁摄像头插接口。

（2）使用干净无纺布清洁摄像头表面并把摄像头放置于清洁的工作台上。

系统复原与整理
清洁

（3）清洁螺栓盒。

（4）清洁摄像头固定螺栓并放置于螺栓盒内。

2. 整理线束

（1）使用干净无纺布分别清洁摄像头 USB 数据线与 USB 扩展槽数据线两端插接口。

（2）使用干净无纺布清洁摄像头 USB 数据线与 USB 扩展槽数据线线束表面。

（3）捆绑好摄像头 USB 数据线和 USB 扩展槽数据线并放置于清洁的工作台上。

3. 清洁工具并整理

（1）使用干净无纺布分别清洁使用过的拆卸装调工具。

（2）将工具归位到工具盒内。

4. 清洁实训平台与实训工作台

（1）使用干净无纺布清洁实训平台。

（2）使用干净无纺布清洁实训工作台，并叠好无纺布放置于合适位置。

（3）清洁和整理流程完毕，卸下安全防护用品并整理好后离开实训区域。

说　明

在后续的所有实训实操任务的最后都涉及清洁和整理工作，为了避免重复，后续任务中以"5S"代替所有清洁和整理工作。"5S"是整理（Seiri）、整顿（Seiton）、清扫（Seiso）、清洁（Seiketsu）和素养（Shitsuke）这 5 个词的缩写，起源于日本，是指在生产现场对人员、机器、材料、方法等生产要素进行有效管理。

｜任务 2.2　标定与调试 360°全景环视功能｜

一、实施准备

（1）防护用品：工作服、安全帽、工作手套等。

（2）台架总成：实训平台等。

（3）工具及设备：配套的 360 软件、鱼眼摄像头（后文简称摄像头）、黑白棋盘格标定板及常用工具等。

（4）辅助材料：绝缘垫、无纺布等。

标定与调试360°全景环视功能

二、360°全景环视功能调试与标定

360°全景环视功能调试与标定流程如图 2.66 所示。

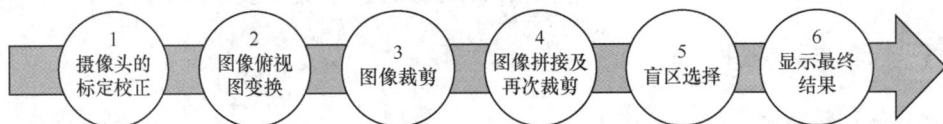

| 1 摄像头的标定校正 | 2 图像俯视图变换 | 3 图像裁剪 | 4 图像拼接及再次裁剪 | 5 盲区选择 | 6 显示最终结果 |

图 2.66　360°全景环视功能调试与标定流程

（1）准备黑白棋盘格标定板。摄像头的标定校正需要用到黑白棋盘格标定板，本实训采用图 2.67 所示的黑白棋盘格标定板（后文简称标定板），总体尺寸长、宽分别约为 50cm 和 40cm，黑格和白格都是正方形，边长为 3.6cm，一共有 108 个，四周留有一定的空白。

（2）把标定板置于摄像头前，单击"角点标定"按钮，程序会自动进行摄像头的标定校正，如图 2.68 所示。若效果不理想，请调整标定板的位置，重复本步骤直到效果满意为止。

图 2.67　黑白棋盘格标定板

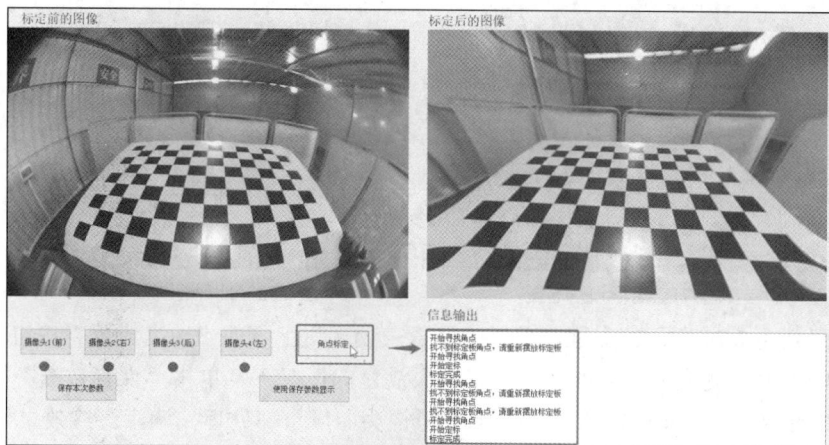

图 2.68　通过标定板进行角点标定

（3）保存数据。当效果满意后，单击"保存本次数据"按钮保存校正数据，然后切换到摄像头，重复步骤（2）和本步骤，直到 4 个摄像头的校正数据保存完毕。

（4）单击"下一步"按钮，进入图 2.69 所示界面，单击"使用保存参数显示"按钮查看效果，第一行图像是 4 个摄像头实时画面，第二行是经过步骤（3）校正后的图像。

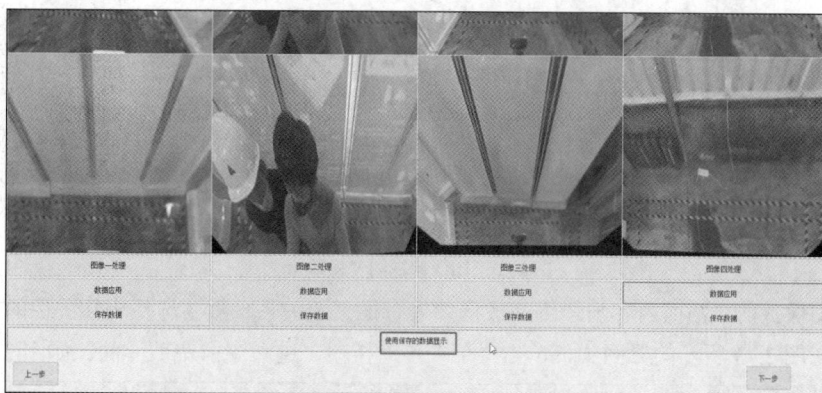

图 2.69　角点标定后查看摄像头

（5）图像俯视图变换。这需要图像中的地平面上有矩形的存在来进行辅助，把实训平台架移动到合适的场地，如图 2.70 所示，4 个摄像头能看到有相应的矩形。

图 2.70　移动到合适的场地

（6）单击"图—处理"按钮，弹出新的窗口，显示的是前摄像头的图像（此时的图像是非实时的画面），如图 2.71 所示，选择地平面上的矩形进行校正，按住 Ctrl 键，然后按图中所示顺序依次用鼠标左键单击矩形的 4 个顶点；选择完毕后，松开 Ctrl 键，在画面中双击，得到处理后的效果，如图 2.72 所示。如果不满意，可以关掉该窗口后，尝试重复本步骤。

图 2.71　矩形顶点选择

图 2.72　处理后效果显示

（7）回到图 2.70 所示的界面，单击"图像—处理"下方的"数据应用"按钮，第二行原本空白的图像会变成处理后的图像，在效果满意的情况下，单击"保存数据"按钮保存数据。重复步骤（6）和本步骤，直到 4 个摄像头图像全部处理完毕，最终效果如图 2.73 所示。"使用保存的数据显示"按钮是当已经有保存数据的时候，可以不经过上述步骤，直接显示处理结果。

图 2.73　图像俯视图变换效果

（8）图像裁剪。裁剪内容与最终的成像效果有很大的关系，需要选择相邻图像的重合点进行裁剪。在图 2.73 所示的界面中，单击"下一步"按钮，进入图像裁剪界面，如图 2.74 所示。

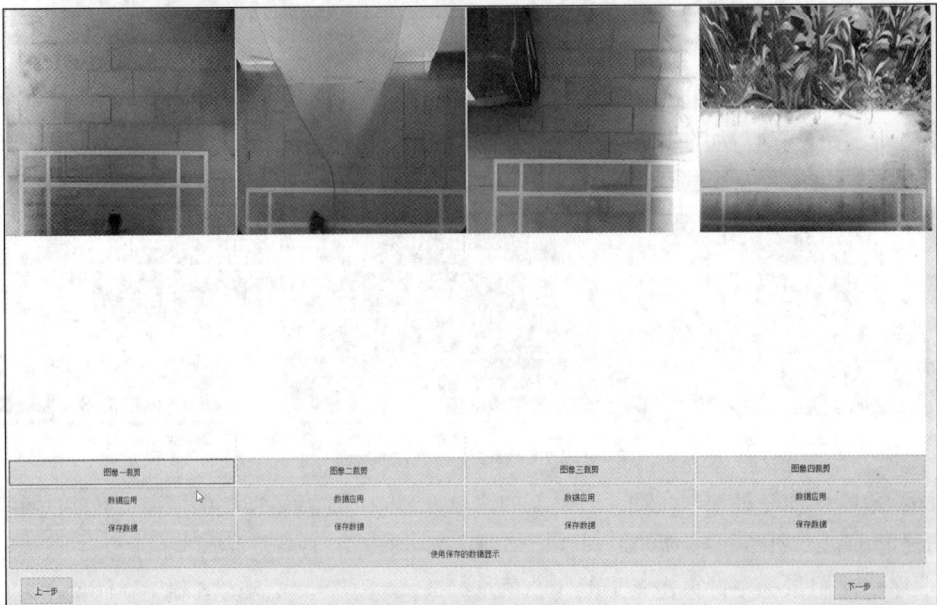

图 2.74　图像裁剪界面

（9）选择图像裁剪区域。单击"图像— 裁剪"按钮，弹出显示前摄像头图像的新窗口；在新窗口合适的位置选择矩形裁剪区域的左上顶点位置，按住 Ctrl 键，单击鼠标左键并选择合适的位置，如图 2.75 所示，本步骤单击的是图像左上角的位置，为矩形裁剪区的左上顶点，单击后松开 Ctrl 键，在图像其他区域按住鼠标左键并拖动，此时出现一个蓝色矩形，在合适的位置松开鼠标左键，矩形里面的内容就是裁剪剩下的内容；双击鼠标左键可以显示裁剪后的效果，如图 2.76 所示，如果不满意可以图像裁剪界面，重复本步骤直到满意为止。

彩图 2.75

图 2.75　裁剪选择

图 2.76　裁剪效果显示

（10）回到图 2.73 所示的界面，单击"图像—裁剪"下方的"数据应用"按钮，第二行原本空白的图像会变成处理后的图像，在效果满意的情况下，单击"保存数据"按钮保存数据。重复步骤（9）和本步骤，直到 4 个摄像头图像全部处理完毕，最终效果如图 2.77 所示。

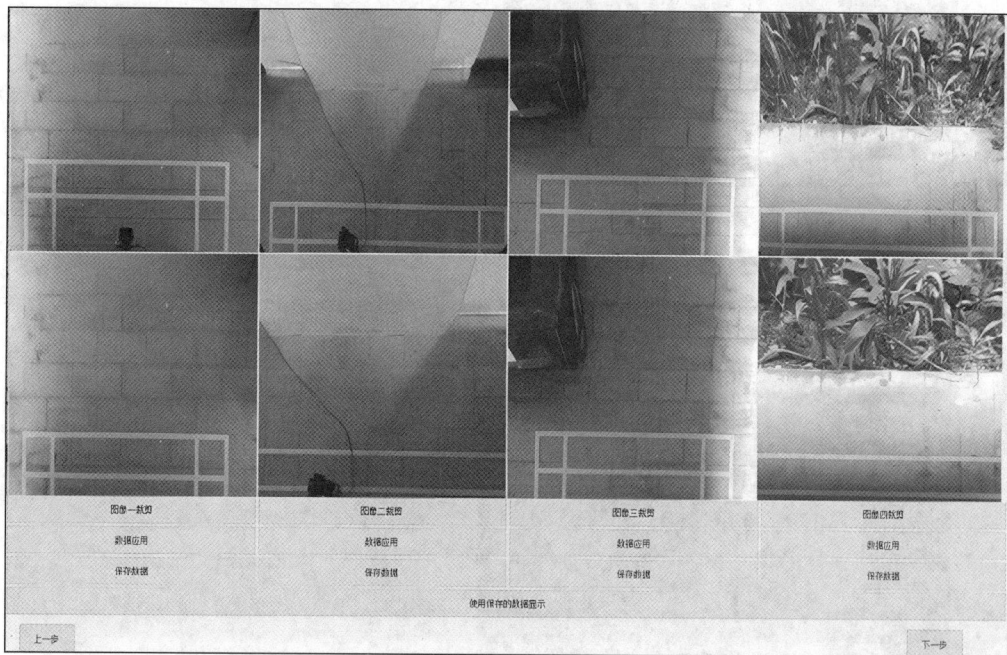

图 2.77　裁剪效果显示

（11）图像拼接及再次裁剪。在图 2.77 所示效果的界面，单击"下一步"按钮，进入图像拼接界面，如图 2.78 所示，左侧是 4 个摄像头对应的画面，右侧是调整按钮，首先选择调整哪个图像，可以通过单击"选择图像一"到"选择图像四"按钮来选择，同时界面会提示当前调整的图像，默认当前调整图像是图像一。利用"上""下""左""右"4 个按钮可以调整当前图像使其上、下、左、右移动，移动步长可以通过在"加减距离（单位：像素）："后面的文本框内输入数值实现；利用"图像加宽""图像减宽""图像加高""图像四减高"4 个按钮可以调整当前图像的高和宽，加减高和宽的步长可以通过在"改变大小："后面的文本框内输入数值实现。通过使用上述按钮，使 4 个图像拼接成为一幅完整的图像，拼接完毕的效果如图 2.79 所示。

（12）单击"裁剪图像"，弹出新的窗口进行裁剪，新窗口显示的就是拼接完成后的效果图，但是为非实时（静止）的画面；与步骤（9）类似，需要按住 Ctrl 键，选择合适的位置并单击鼠标左键，单击后松开 Ctrl 键，在图像其他区域按住鼠标左键并拖动，此时出现一个蓝色矩形，在合适的位置松开鼠标左键，矩形里面的内容就是裁剪剩下的内容；双击画面，即可把矩形区域的图像显示出来，回到主界面，如图 2.80 所示，左下方显示裁剪后的画面（是实时的）。

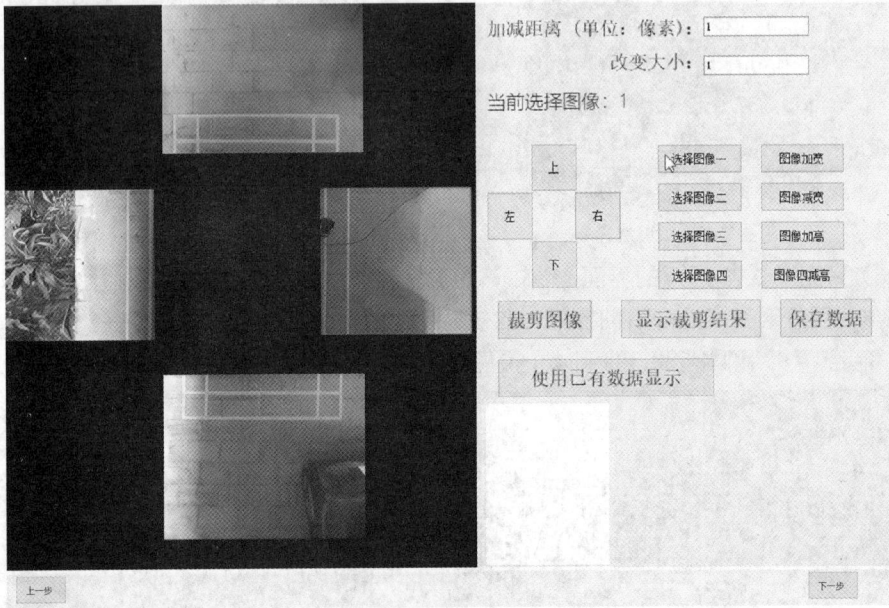

图 2.78　图像拼接界面

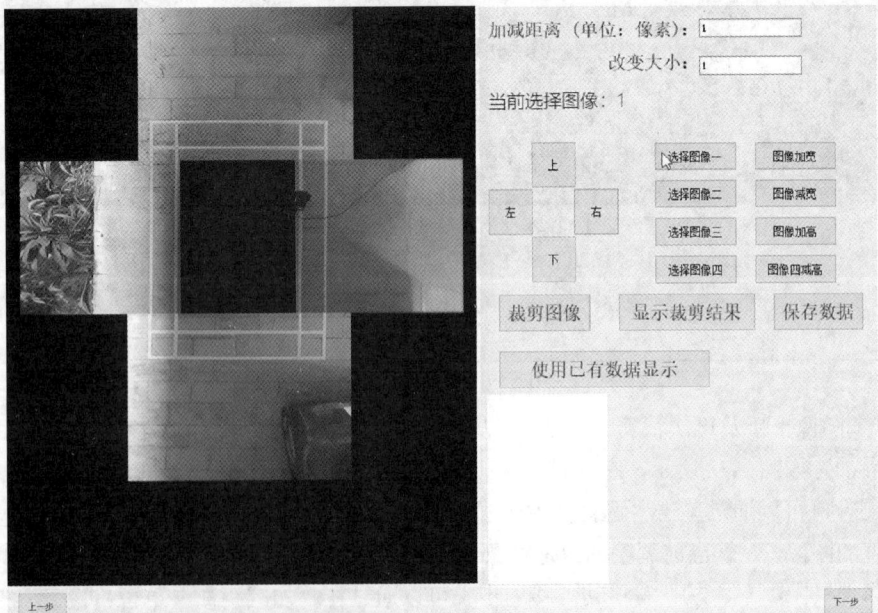

图 2.79　拼接完毕的效果

（13）单击"保存数据"按钮保存数据，然后单击"下一步"进入盲区选择主界面，如图 2.81 所示，单击"选择盲区"按钮，弹出新的窗口，新窗口显示的是拼接完成后的图像，是非实时（静止）画面；与步骤（9）类似，按住 Ctrl 键，使用鼠标左键单击图像黑色区域左上角的位置，松开 Ctrl 键，按住鼠标左键并拖动，覆盖整个黑色区域，松开鼠标左键，然后在画面中双击，盲区被一张汽车的图片替代，回到盲区选择主界面，效果如图 2.82 所示，单击"保存数据"按钮后单击"下一步"。

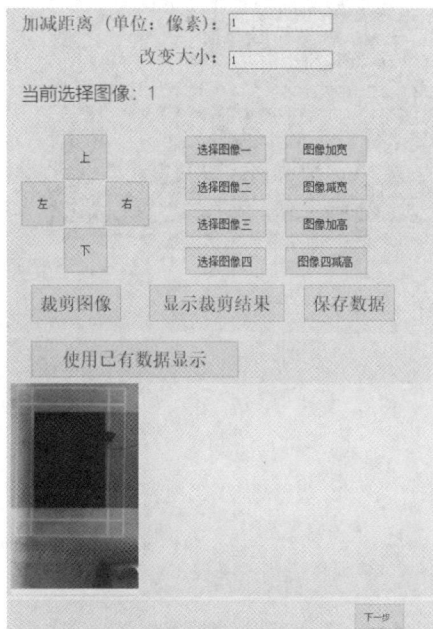

图 2.80　图像拼接及再次裁剪完成

图 2.81　盲区选择主界面

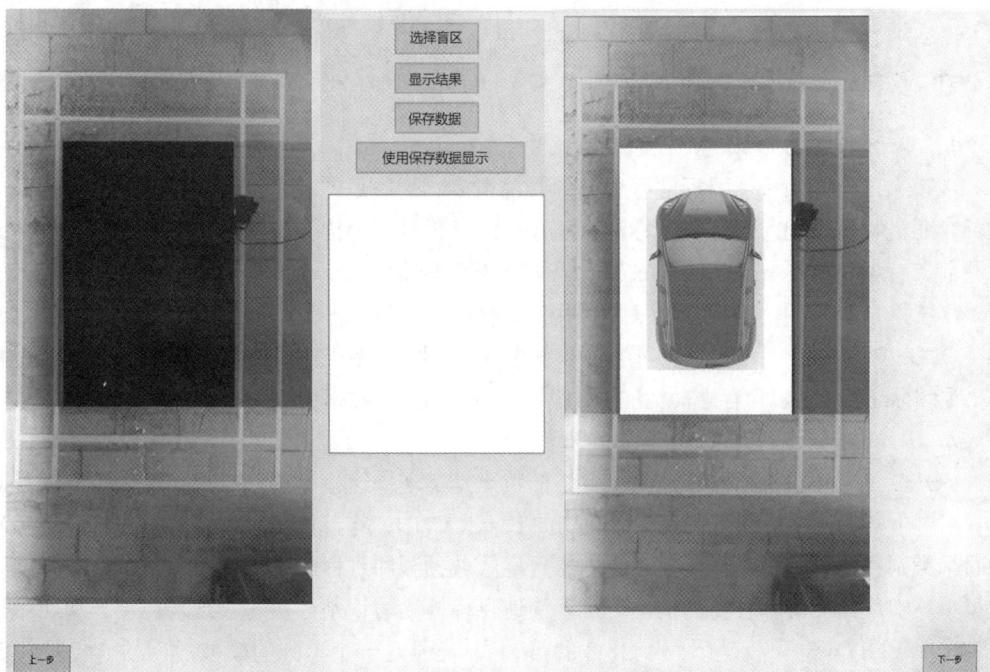

图 2.82　盲区被汽车图片替代

（14）最后一个界面是用于最终效果显示的，如图 2.83 所示，左侧画面是最终效果图，右侧画面是只能显示 4 个摄像头中某一个的原始画面（就是没有经过标定板校正的画面）。使用左侧"前""后""左""右"的按钮可以选择右侧画面显示的是哪一个摄像头的画面。

（15）完成 5S（参考任务 2.1 中的"五、清洁和整理"）。

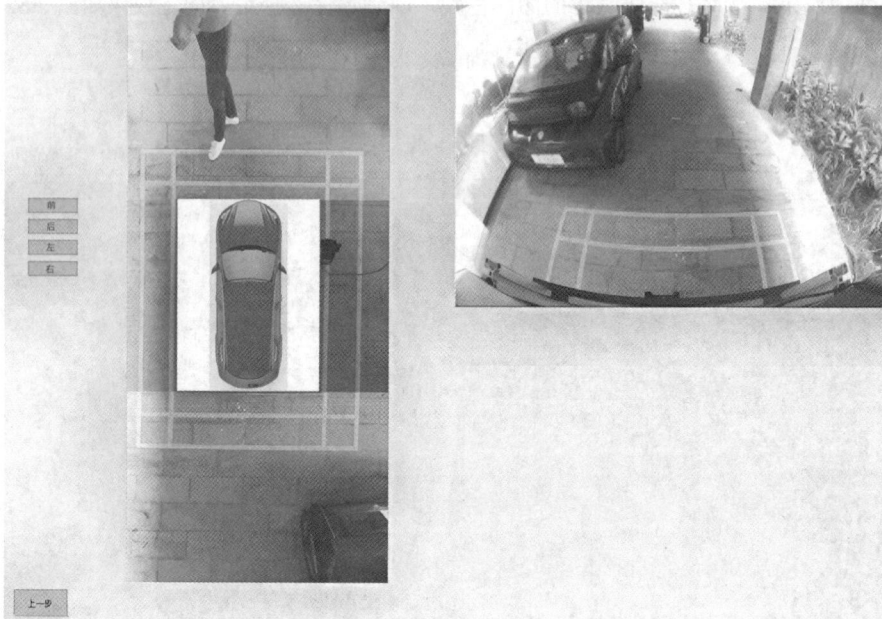

图 2.83　最终效果显示

|任务 2.3　基于智能摄像头实现自动限速识别功能|

一、准备工作

1. 认识精灵标注助手

现在人工智能领域需要标注好数据的情况很多，无论是图片、视频还是文本；无论是分类问题还是物体识别问题都需要标注，精灵标注助手是一个比较好用的小工具，精灵标注助手目前支持 Windows/macOS/Linux 平台（随本书配套提供）。

本任务的训练数据集为限速图片，将用精灵标注助手进行前期的标注工作，下载后放到后续的 YOLO 项目文件夹中。该工具不仅操作简单、上手快，除了支持图片标注外，还支持文本标注、视频标注，还可以保存之前标注的数据集，方便后续对数据集标注内容进行修改。

2. 认识目标检测与识别算法 YOLO

YOLO 是一种目标检测算法，该算法的特点是实现快速检测的同时还能达到较高的准确率。相对于其他目标检测与识别算法（比如 Fast R-CNN）将目标识别任务分为目标区域预测和目标类别预测等多个流程，YOLO 则将目标区域预测和目标类别预测整合于单个神经网络模型中，实现在准确率较高的情况下进行快速目标检测与识别，更适合现场应用环境。本次实训采用 YOLOv5（可以理解为 YOLO 的第 5 代，它不是一个单独的模型，而是一个模型"家族"，包括 YOLOv5s、YOLOv5m、YOLOv5l、YOLOv5x）进行交通标志的检测。

3．自动限速识别开发任务流程

（1）限速标志图片采集。

（2）选择标注软件。

（3）数据标注（限速图片标注）。

（4）生成标注信息对应的文件目录。

（5）数据集生成。

（6）调节参数。

（7）模型训练。

（8）限速标志识别准确率验证。

（9）将训练好的模型应用于真实路况的限速标志识别。

二、自动限速识别功能的开发实施

1．下载并部署 YOLO 项目

首先从 GitHub 平台上下载 YOLOv5，命名为 yolov5，并放在 yolo5_project 根目录下（可从本书配套资源中下载 YOLOv5）。其中，images 存放的是原始的图片数据集，Annotations 存放的是标记后生成的文件（XML 格式），ImageSets 存放的是训练数据集和测试数据集的分类情况，labels 存放的是保存标记内容的文件（TXT 格式），如图 2.84 所示。

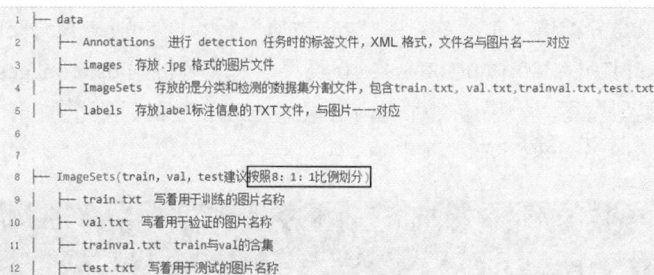

图 2.84　data 目录下的文件类型

2．标注前的准备工作

准备好需要标注的含有限速标志的原始图片数据集（随本书配套提供），放到 data/images 文件夹中，如图 2.85 所示。找到精灵标注助手软件图标，单击鼠标右键，在弹出的快捷菜单中选择"Run"，则运行该标注软件，如图 2.86 所示。

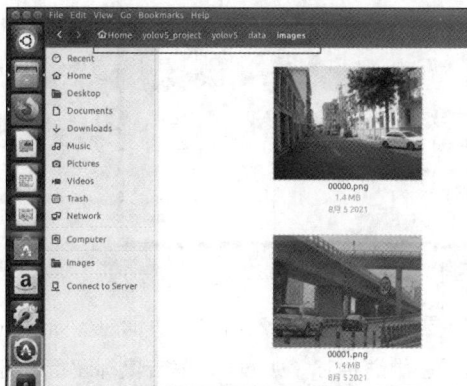

图 2.85　data/images 文件夹内的限速标志图片

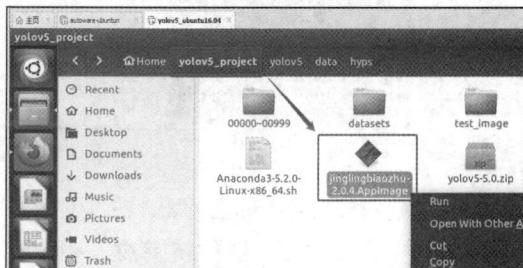

图 2.86　运行标注软件

3. 数据标注

（1）打开精灵标注助手后，单击"新建"，如图 2.87 所示，新建标注项目。

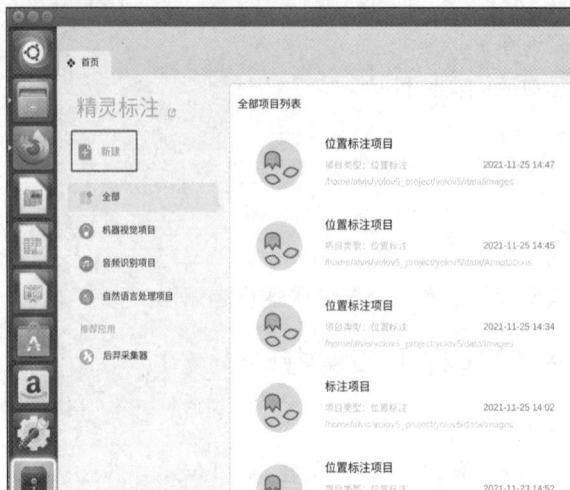

图 2.87　新建标注项目

（2）在弹出的"新建项目"对话框左侧选择"机器视觉"→"位置标注"，在右侧填入项目名称，选择"图片文件夹"右边的通过目录选择按钮，即选择第 2 步骤中准备好的图片所在目录，最后填写分类值用于标注，用"pl+数值"标识，分别是 pl5、pl15、pl20、pl30、pl40、pl50、pl60、pl70、pl80 和 pl100，共 10 类。该分类可根据 data/images 文件夹内的限速标志图片的限速类型填写，如果该文件夹内有限速 120km/h 的，则增加 pl120 即可，然后单击"创建"按钮，如图 2.88 所示。

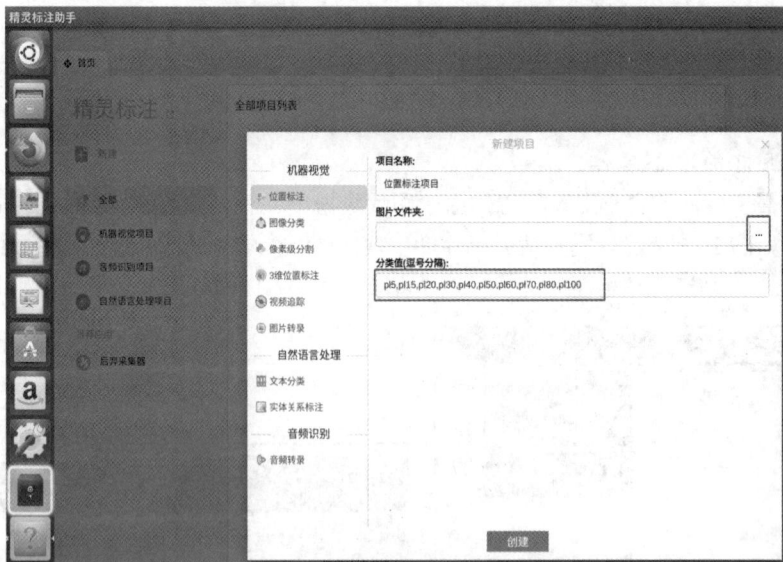

图 2.88　新建项目

（3）创建完毕后进入标注页面，在页面底部选择要标注的图片，然后单击页面左侧合适的工具在图片中标注，这里选择"矩形框"，用矩形框标注限速标志（如 60），单击鼠标左键并拖动矩形框到合适的位置后松开鼠标，此时矩形框内的内容即需要学习的区域，如图 2.89 所示。

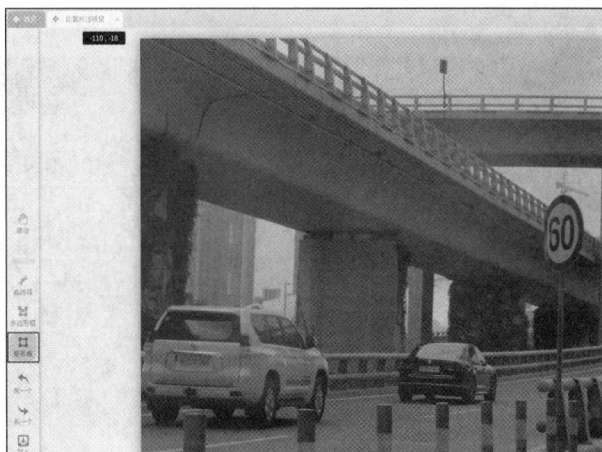

图 2.89　限速标志标注区域

（4）单击页面右侧自定义输入框，选择标注信息为 pl60，如图 2.90 所示。

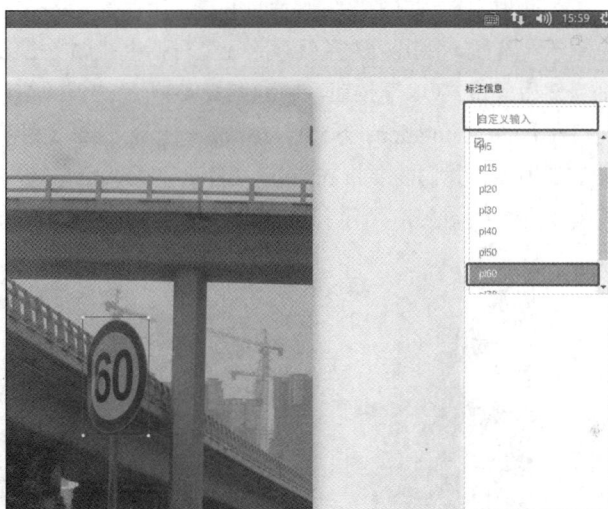

图 2.90　选择对应的标注信息

（5）单击下方"打钩"按钮，保存标注信息，显示保存成功，同时可以注意到左下侧有一栏信息显示已标注和总的图片数量，如图 2.91 所示。

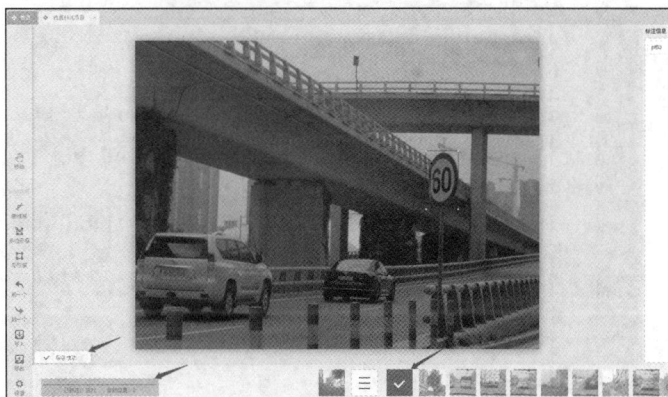

图 2.91　保存标注信息

（6）单击"后一个"，切换到下一张图片，重复步骤（3）～步骤（5），直到所有图片标注完毕，如图 2.92 所示，最后单击"导出"。

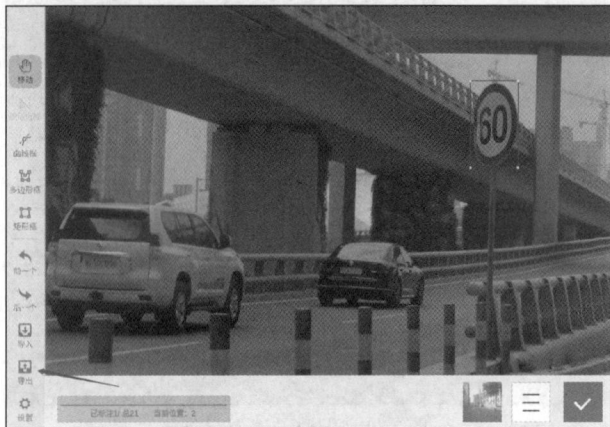

图 2.92　导出所有标注完成的图片

（7）导出格式选择 XML 格式，如图 2.93 所示，单击"保存到"路径方框右边的"…"（通过目录选择按钮）选择导出路径，弹出"选择保存路径"对话框，如图 2.94 所示，选择导出路径为 data/Annotations，然后单击"OK"按钮，回到图 2.93 所示的界面，单击"确定导出"导出标注文件。导出的路径 data/Annotations 下会自动生成一个 outputs 文件夹，里面存储标注完成的数据文件，如图 2.95 所示。我们需要将 outputs 文件夹下的数据剪切到 Annotations 文件夹的根目录下，才能被读取到，如图 2.96 所示。至此，数据标注准备工作完成。

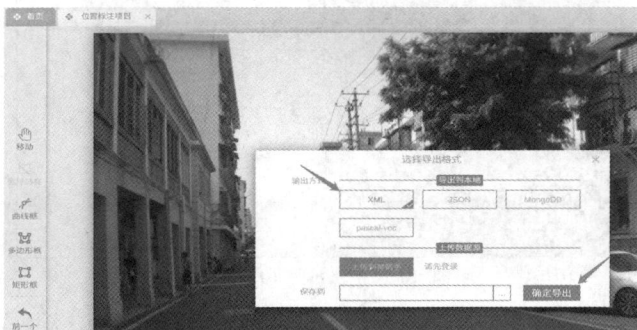

图 2.93　选择导出格式为 XML 格式

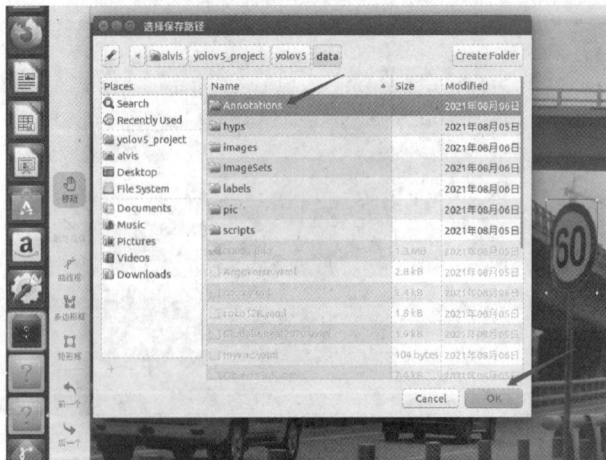

图 2.94　导出所有标注完成图片的路径选择

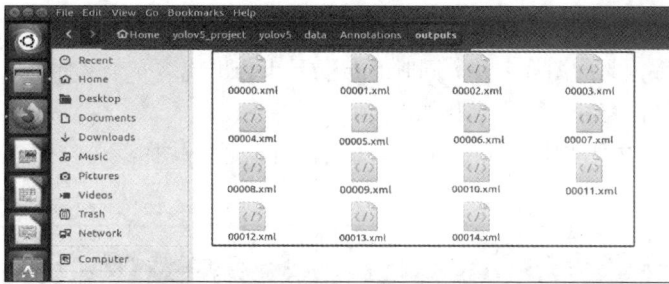

图 2.95　导出后 data/Annotations/outputs 文件夹下内容

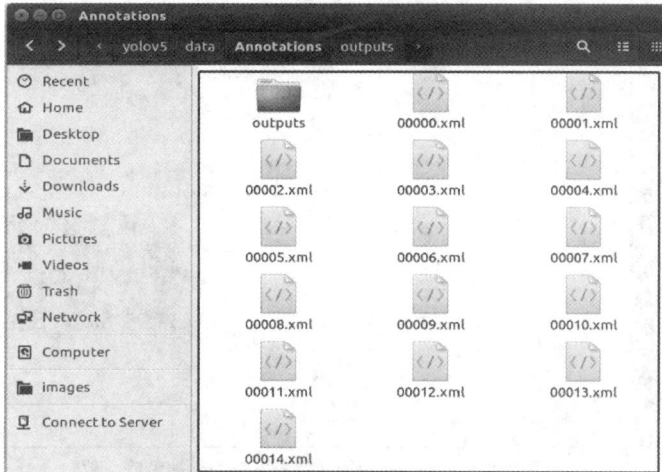

图 2.96　将 outputs 内的数据转移到 Annotations 根目录下

4．构建数据集

在 yolov5 的根目录下新建一个 makeTxt.py 文件和 voc_label.py 文件，本项目已备好这两个文件，如图 2.97 所示。

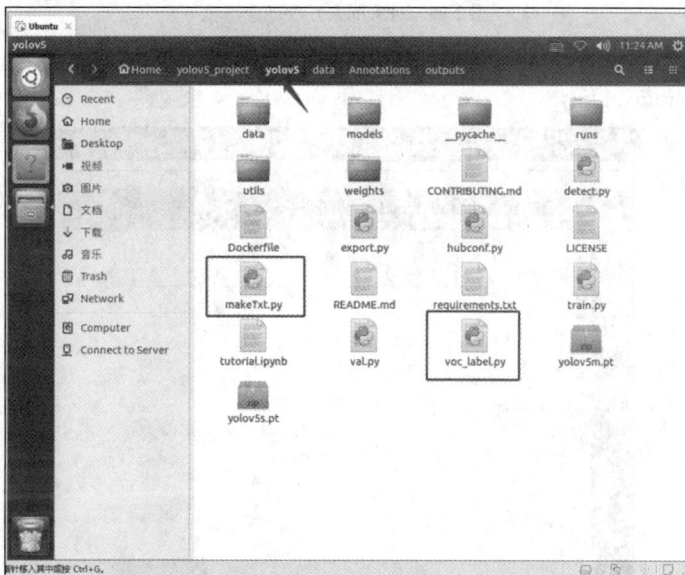

图 2.97　makeTxt.py 文件和 voc_label.py 文件

makeTxt.py 主要将数据集分为训练数据集和测试数据集，默认 train、val、test 按照

8∶1∶1 的比例进行随机分类，运行后 ImageSets 文件夹中会出现 4 个文件，主要是生成的训练数据集和测试数据集的图片名称。同时 data 目录下会出现这 4 个文件，内容是训练数据集和测试数据集的图片路径，操作步骤如下。

（1）在 yolov5 文件夹下，在空白处单击鼠标右键通过快捷菜单打开一个终端窗口，如图 2.98 所示。

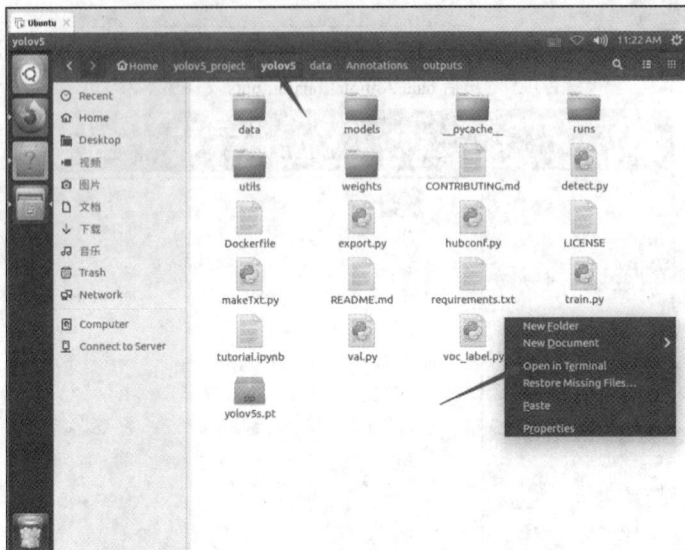

图 2.98　在 yolov5 文件夹下打开一个终端窗口

（2）输入命令 source activate yolov5 然后按 Enter 键，进入已经配置好的虚拟环境，如图 2.99 所示。

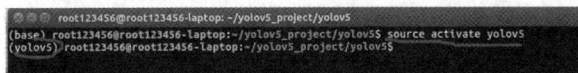

图 2.99　进入配置好的虚拟环境

（3）输入命令 python makeTxt.py，按 Enter 键，运行 makeTxt.py 文件，生成标注信息对应的文件目录，trainval.txt，test.txt，train.txt 和 val.txt 这 4 个文件，如图 2.100 所示。

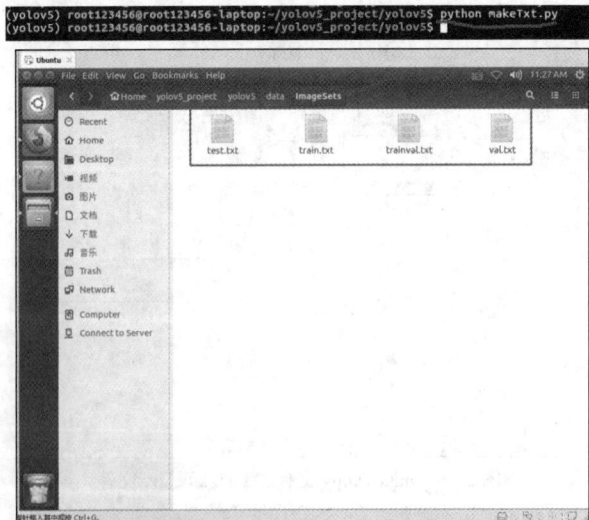

图 2.100　ImageSets 文件夹下生成的 4 个文件

（4）输入命令 python voc_label.py 运行 voc_label.py 文件。voc_label.py 主要将图片数据集标注后的 XML 文件中的标注信息读取出来并写入 TXT 文件，运行后在 labels 文件夹中会出现所有图片数据集的标注信息，如图 2.101 所示。

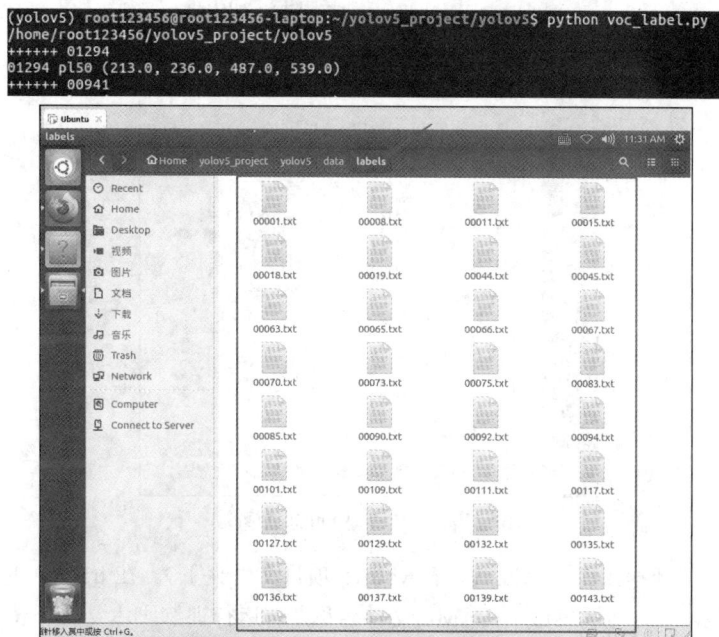

图 2.101　labels 文件夹下生成 TXT 文件

至此，本次训练所需的数据集已经全部准备好了。

5．文件修改

（1）数据集方面的 YAML 文件修改（YAML 是专门用来写配置文件的语言，是一种通用的数据串行化格式）。在 data 目录下，复制一份 coco.yaml 文件并将其重命名，例如本镜像中将其命名为 sign.yaml，放在 data 目录下，并对 sign.yaml 中的参数进行配置。如图 2.102 所示，修改 train、val、test 后面的路径为之前存放的路径，nc 为数据集的类别数，修改为 10，names 为类别名称的集合，和之前使用精灵标注助手标注图片的时候所设置的参数一致。

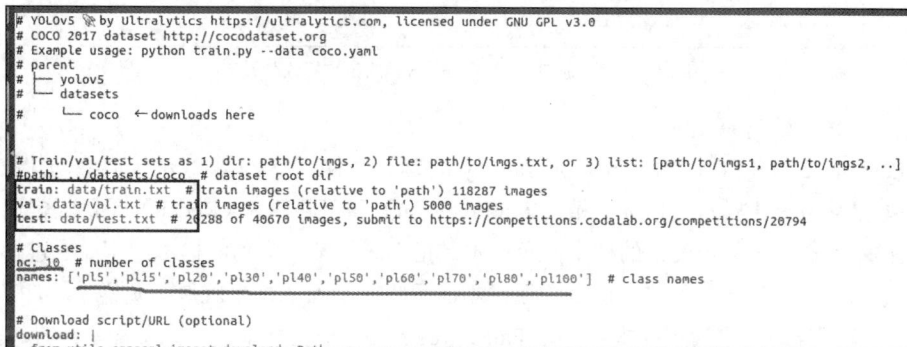

图 2.102　sign.yaml 文件修改

（2）网络参数方面的 YAML 文件修改。对 yolov5_project/models 目录下的 yolov5s.yaml 文件进行修改，即根据实际标注类别修改，如图 2.103 所示，把 nc 的参数改为 10。

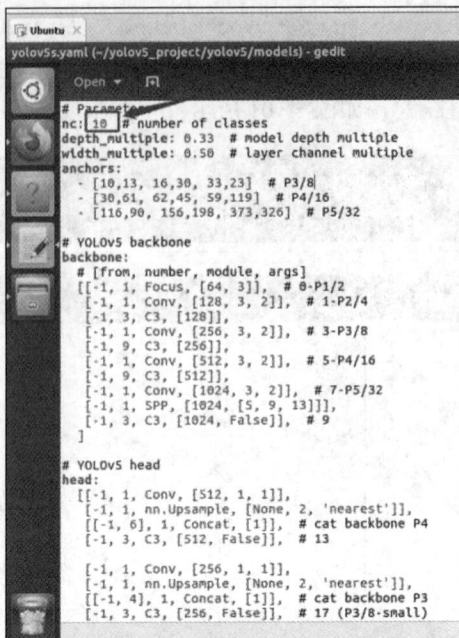

图 2.103　yolov5s.yaml 文件修改

（3）准备训练脚本文件（train.py，在 yolov5 项目文件夹下）。在 train.py 中找到图 2.104 的参数配置函数，改为前面修改的 YAML 文件名称。若运行训练脚本文件报错，可以尝试将 --batch-size 参数的值改小一些，该参数是指单次传递给程序用于训练的参数个数，数值小可以减少内存的使用，对于计算机内存不能满足一次性训练所有数据时比较有效，如图 2.104 所示，有时候甚至需要改成 1（特别是对于没有图形处理单元的计算机）。

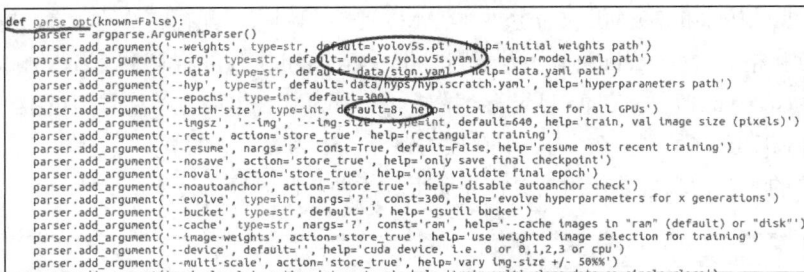

图 2.104　训练脚本文件（train.py）的参数修改与设置

6．开始模型训练

回到 yolov5 虚拟环境，输入 python train.py 并运行文件，以默认参数进行训练，如图 2.105 所示，如果只考虑正样本的指标，精度 P（Precision）和召回率 R（Recall）是比较常用的。

正样本是指属于某一类别的样本，负样本是指不属于某一类别的样本；例如在进行字母 A 的图像识别时，字母 A 的样本就属于正样本，不是字母 A 的样本就属于负样本。TP（True Positive）把正样本判定为正样本；FN（False Negative）把正样本判定为负样本；TN（True Negative）把负样本判定为负样本；FP（False Positive）把负样本判定为正样本。

正样本的精度 P：表示判定为正样本的样本中，真正的正样本比例有多少，$P=TP/(TP+FP)$。

召回率 R：是指针对所有正样本，有多少正样本被判定正确了，$R=TP/(TP+FN)$。

mAP（mean average precision，均值平均精度）：是一个平均值，常用作目标检测中的检测精度指标。mAP 通过一个平均目标来检测任务中多个目标所对应的不同 AP（average precision，平均精度）值。AP 判断的是学习出来的模型在一个类别上的好坏，而 mAP 判断学习出来的模型在所有类别上的好坏。

图 2.105 为采用默认参数进行训练的结果，但这样的结果往往不是最好的，通常我们需要调整某一个或几个参数来训练出更好的模型。在 yolov5 中我们通常需要调整 img_size、batch_size 以及 Epoch。

图 2.105　运行 python train.py

7．准备识别验证训练模型

训练完成后，会生成 exp 文件夹。具体名称以终端输出的为准。以 exp3 为例，在 exp3/weights 文件夹下，best.pt 为训练后的权重文件，是训练后得到的结果，如图 2.106 所示。

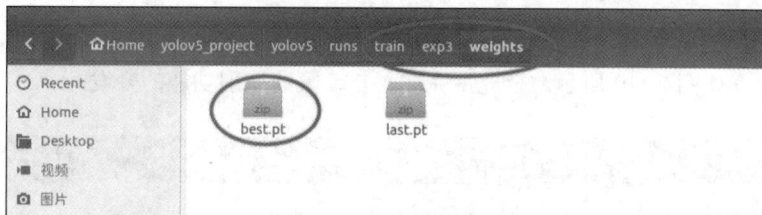

图 2.106　训练后的权重文件

回到 yolov5 项目文件夹，找到 detect.py 文件并打开，指定训练后的 best.pt 路径，以及要识别的图片路径，如图 2.107 所示。

图 2.107　指定模型所在位置

8．实现限速标志检测

回到 yolov5 虚拟环境（图 2.99），输入命令 python detect.py 开始识别，如图 2.108 所示。

图 2.108　识别过程

yolov 5 实现限速标志检测

通过输出信息找到识别结果路径 runs/detect/exp11，如图 2.109 所示。

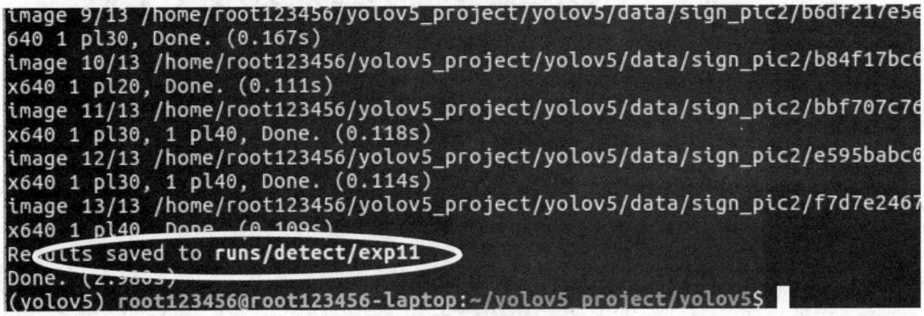

图 2.109　识别结果保存路径

打开 exp11 文件，查看识别后的图片，图片中会出现识别结果，其中 pl40 表示限速 40km/h，0.60 为识别率，如图 2.110 所示。至此，完成了自动限速识别功能的开发。

图 2.110　识别结果可视化

但是，其识别率不是很高，可能与训练样本基数大小有关。而且，识别后需要结合一些识别指标（如平均精度）判断训练的质量，并结合样本数量、图片质量、训练参数、模型选择等因素的影响来考虑，优化训练结果等，此处暂不展开讨论。

|任务 2.4　基于视觉传感器实现车道线检测|

一、利用 LaneNet 算法预测样例数据

1．创建虚拟环境与环境配置

（1）在 Ubuntu 系统中的桌面单击鼠标右键，通过快捷菜单命令打开终端，创建 LaneNet 虚拟环境，输入命令：

```
conda create -n lanenet python=3.7   #创建 LaneNet 虚拟环境，Python 版本是 3.7
```

（2）激活并进入 LaneNet 虚拟环境，输入命令：

```
conda activate lanenet
```

（3）进入项目文件夹（随教材配套提供，具体位置以实际为准），输入命令：

```
cd lanenet-lane-detection-master   #进入到项目文件夹
```

（4）安装项目所需 Python 包，输入命令：

```
pip install -r requirements.Txt -I https://▨▨▨▨▨▨▨▨/simple①
```

（5）安装 protobuf 包，输入命令：

```
pip install protobuf==3.19.0
```

2．启动车道线识别程序

（1）输入命令，对单张图片进行检测：

```
python test_lanenet.py
```

（2）不同阶段的图像处理结果如图 2.111 所示，图 2.111（a）～（d）分别是车道的二值化分割图像（黑色背景白色车道线图）、像素嵌入表示图像（灰色背景对应不同颜色的向量距离图）、车道的实例分割图像（不同车道对应不同颜色的车道线图）、预测结果图像（以点的形式重叠原图车道线图）。

（3）对多张图片进行检测（可指定真实数据所在的文件夹），输入命令：

```
python tools/evaluate_lanenet_on_tusimple.py --image_path ./data/test_set/clips
--save_dir . /data/test_set/test_output
```

其中，--image_path 为需要预测的图片路径，--save_dir 为结果图片保存位置，这两项可以根据需要修改。

预测真实数据时，需要利用我们提供的 resize.py 将图片分辨率调整为和 TuSimple 数据集一致的 1280×720 像素；进入 resize.py 修改需要调整分辨率的图片文件夹路径与结果保存路径，再在终端运行 python resize.py 即可。

由于本模型基于 TuSimple 数据集训练，因此预测自己拍摄的道路图片时可能效果较差，这个是正常情况。比如我们用 LaneNet 对 CULane 数据集的图片的数据进行预测时，由于拍摄角度以及镜头畸变的情况，识别效果就不够理想。不过这个问题会在 LaneATT 算法中得到解决。

---

① 完整的网址可登录人邮教育社区（www.ryjiaoyu.com），搜索本书，进入相应页面获取。

图 2.111　不同阶段的图像处理结果

二、利用 LaneATT 算法进行车道线识别测试

1. 环境配置

（1）进入项目文件夹，打开终端，创建 LaneATT 虚拟环境，输入命令：

```
conda create -n laneatt python=3.8
```

指令意义为在 Linux 系统中创建名字为"laneatt"的虚拟环境，Python 版本为 3.8。

💡 **注　意**

项目文件夹的位置仅供参考，具体以自己计算机的文件夹位置为准。

（2）激活 LaneATT 虚拟环境，输入命令：

```
conda activate laneatt
```

（3）安装 pytorch 和 torchvision，输入命令：

```
conda install pytorch==1.6 torchvision -c pytorch
```

（4）使用 pip 命令安装依赖包 requirements.txt，输入命令：

```
pip install -r requirements.txt -I https://▮▮▮▮▮▮▮▮▮/simple①
```

requirements.txt 文件：记录了当前程序的所有依赖包及其精确版本号，其作用是在另一台计算机上重新构建项目所需要的运行环境依赖。

（5）切换当前工作目录至 setup.py 文件所在目录 lib/nms，输入命令：

```
cd lib/nms
```

---

① 完整的网址可登录人邮教育社区（www.ryjiaoyu.com），搜索本书，进入相应页面获取。

（6）使用 setup.py 文件安装 python 模块，输入命令：

```
python setup.py install
```

（7）返回进入此目录之前所在目录，输入命令：

```
cd -
```

（8）安装 python ujson 模块，输入命令：

```
pip install ujson
```

UltraJSON 是一个超快速的 JSON 编码器和解码器。

（9）安装低版本的 Protobuf（3.20 以及之后的版本可能会导致报错），输入命令：

```
pip install protobuf==3.19.0 -I https://▓▓▓▓▓▓▓▓▓▓▓▓▓▓/simple①
```

2．车道线识别测试

运行官方车道线识别样例 demo.py 文件，输入命令：

```
python demo.py
```

查看车道线识别效果，如图 2.112 所示。

图 2.112　车道线识别效果

彩图 2.112

【项目小结】

根据本项目的要求，首先学习了视觉传感器的发展历史，车载摄像头的基本概念、车载摄像头的工作原理、结构组成、类型、特点、应用、选用标准以及车规级摄像头的性能要求等基础知识，然后学习了智能汽车传感与感知实训系统鱼眼摄像头以及 360°全景环视系统的基本组成与原理，最后学习了交通标志识别、车道线检测以及机器学习的相关知识。

在掌握了这些基础知识之后，首先完成了鱼眼摄像头的拆装与调试、鱼眼摄像头的故障诊断与排除、标定与调试 360°全景环视功能，然后完成了基于智能摄像头实现自动限速识别功能以及基于视觉传感器实现车道线检测。

本项目涉及的编程知识包括 Python 等，还涉及机器学习方面的知识，对于没有基础的读者建议补充这方面的知识，再重新来理解本项目实操。

【知识巩固】

1．单选题

（1）在使用（　　　）时，容易出现桶形失真现象。

---

① 完整的网址可登录人邮教育社区（www.ryjiaoyu.com），搜索本书，进入相应页面获取。

A．广角镜头　　　B．标准镜头　　　C．鱼眼镜头　　　D．远摄镜头

（2）智能汽车传感与感知实训系统平台"360°视觉传感器-故障"对应的故障码是（　　）。

A．B1102　　　　B．B1200　　　　C．B1201　　　　D．B2101

（3）内置摄像头一般采用（　　）镜头。

A．标准　　　　B．远摄　　　　C．广角　　　　D．鱼眼

（4）G200鱼眼镜头的工作电压为（　　）。

A．3V　　　　　B．5V　　　　　C．12V　　　　D．24V

（5）目前世界范围内的大多数车道线检测算法都是基于（　　）的。

A．LaneNet　　　B．LaneATT　　　C．TuSimple　　　D．以上都不对

2．判断题

（1）鱼眼镜头是一种焦距为16mm或更短的并且视角在180°左右的视觉传感器。（　　）

（2）双目摄像头的测距原理是先通过图像匹配进行目标识别，再通过目标在图像中的大小去估算目标距离。（　　）

（3）车载摄像头一般选用CMOS图像传感器。（　　）

（4）当使用360软件测试视觉传感器时，若无画面显示，可以确定传感器故障。（　　）

（5）LaneNet是一种基于TensorFlow框架的车道线检测算法。（　　）

3．简答题

（1）简述汽车360°全景环视系统工作原理。

（2）简述视觉传感器在汽车上的应用及实现的具体功能。

【拓展任务】

查找并对比一下，奥迪A8、小鹏P7及特斯拉Model S的360°全景环视功能的区别。

项目3
超声波雷达的认识、装调与故障诊断

【学习目标】

知识目标

1. 了解超声波雷达基本概念及其性能特点。
2. 熟悉超声波雷达的分类及其特点。
3. 掌握超声波雷达系统的结构组成及工作原理。
4. 掌握超声波雷达常见故障与检修方法。

技能目标

1. 具备识别不同类型超声波雷达及其特点的能力，能对超声波雷达方案的优劣进行对比。
2. 掌握安装与调试超声波雷达的操作技能。
3. 具备检修超声波雷达故障的能力。

素养目标

1. 培养独立思考的能力和科学精神。
2. 培养学生解决问题的能力。
3. 加强学生的质量意识、安全意识、服务意识和环保意识教育。

【项目导入】

特斯拉 Model S 的车主手册是这样描述的："摄像头会监控你正在行驶的车道上的标记，超声波传感器会监控周围的区域，以及是否有车辆或其他物体存在的盲点"。某特斯拉 Model S 车主提车后开了十几千米就直接去洗车店里贴了约 0.25mm 厚的隐形车衣，贴完之后出现倒车雷达误报，中控屏幕显示"驻车传感器可能受阻，清理传感器或确保安装妥当"。洗车店工作人员说："过几天，等水干了就好了。"但是事情并没有这么简单。在车辆行驶过程中右后没有东西却显示有东西、前面近距离处有障碍物时也不提示，正常倒车时故障提示偶尔出现，小部分时间又消失，车主为此感到头痛。

请读者结合本项目学习内容，如超声波雷达相关概念、原理、技术参数、性能指标、拆装与调试、常见故障诊断与处理等，指导该车主正确、规范使用超声波雷达系统功能，向该车主解释超声波雷达系统具体工作原理并分析其误报原因，并能在实训台架上独立完成超声波雷达系统拆装与调试以及故障诊断处理工作。

【学习路线】

```
                                                            ┌─ 超声波雷达概述
                                                            ├─ 超声波雷达系统的组成
拆装与调试超声波雷达 ─┐                                      ├─ 超声波雷达的类型
                    ├─ 超声波雷达的认识、装调与故障诊断 ─┼─ 超声波雷达的性能评价参数及特点
超声波雷达的故障诊断与排除 ─┘                                ├─ 超声波雷达控制器接口定义
                                                            └─ 超声波雷达的常见故障原因分析
```

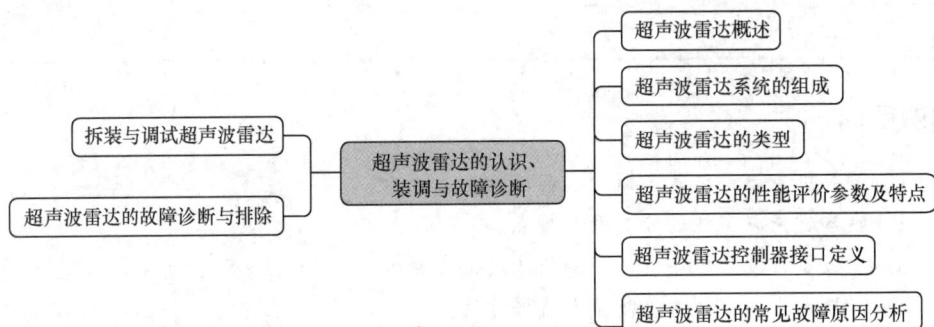

【科学思维：蝙蝠、超声波和雷达】

提起超声波和雷达，很多人会想起一篇科普文章——《蝙蝠和雷达》。文中提到科学家经过反复研究，终于揭开了蝙蝠能在夜里飞行的秘密，并发现了超声波，于是"科学家模仿蝙蝠探路的办法，给飞机装上了雷达"。具有科学思维的人应如何思考呢？

首先，区分事实和观点。发现蝙蝠能发出超声波是事实，给飞机装上雷达也是事实，而"科学家模仿蝙蝠探路的办法，给飞机装上了雷达"只是观点。

其次，查看事实能否支撑观点。事实上，首次发现蝙蝠可以发出超声波是在1938年，这种现象在1944年被命名为"回声定位"。而"雷达"主要是指发射和接收电磁波的装置，并早在20世纪20年代就被应用于定位船舶，在20世纪30年代首次定位到飞机，直到在20世纪40年代中期，雷达（Radar）这一名称才正式出现，由Radio Detection And Ranging的首字母组成。

由此可见，蝙蝠回声定位的发现和雷达的发明是两个独立事件。我们在学习过程中一定要不断地锻炼自己的科学思维。

【课前自测】

1. 声波可分为次声波、＿＿＿＿＿＿、＿＿＿＿＿＿和＿＿＿＿＿＿。

2. 超声波雷达是通过发射和接收超声波，根据＿＿＿＿＿＿＿＿测算出障碍物距离的安全辅助装置。

3. 按照传感器类型分类，超声波雷达可分为＿＿＿＿＿＿＿＿和＿＿＿＿＿＿＿＿。

4. 按照探测区域大小分类，超声波雷达可分为＿＿＿＿＿＿＿＿和＿＿＿＿＿＿＿＿。

5. 超声波雷达系统一般由＿＿＿＿＿＿＿＿、＿＿＿＿＿＿＿＿和显示部分组成。

【知识准备】

在车载传感器中，超声波雷达是目前最常见的类型之一，短距离测量中，超声波测距传感器具有非常大的优势，在许多车辆的前后两侧都能发现它们的应用。本项目围绕超声波雷达展开，介绍超声波雷达的基本概念、结构组成、工作原理、类型、性能特点等基础知识，并以智能汽车传感与感知实训系统为例介绍超声波雷达常见故障与检修处理方法。

| 3.1　超声波雷达概述 |

超声波雷达是一种利用超声波测算距离的传感器，多应用于倒车、泊车和高速横向辅助等场景，以下介绍超声波的定义、特性，超声波雷达的概念及工作原理。

3.1.1　超声波的定义

超声波是人耳不能听到的一种声波，声波可分为次声波（低于 20Hz）、可闻波（20～2×10^4Hz）、超声波（2×10^4～10^8 Hz）和高频超声波（高于 10^8 Hz），如图 3.1 所示。超声波的频率大于 20kHz，对外界光线和电磁场不敏感，声波强度不受雨雪天气等恶劣环境的影响。

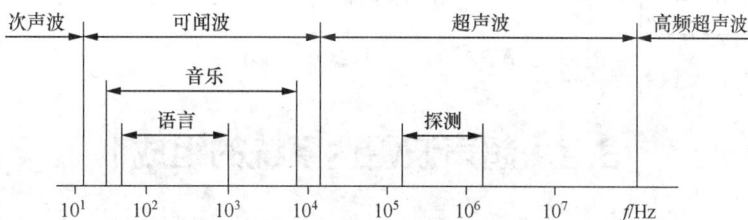

图 3.1　声波的频率界限

3.1.2　超声波的特性

（1）功率与声波的频率成正比。超声波频率高，与一般的声波相比，它的功率很大。

（2）传递能量能力强。超声波波长短、方向性强、能量易于集中。

（3）超声波传播方式为直线式传播，反射能力强，绕射能力弱。

（4）超声波在固体和液体中传播时，具有能量衰减小和穿透能力强的特点。而在空气中传播时的传播速度较慢，且受温度影响大。

3.1.3　超声波雷达的概念

超声波雷达是通过发射和接收频率为 40kHz、48kHz 或 58kHz 的超声波，根据时间差测算出障碍物距离的安全辅助装置，能以声音或者更直观的显示器告知驾驶员周围障碍物的情况，解除驾驶员驻车、倒车和启动车辆时对车辆前、后、左、右情况探视不明所引起的困扰，并帮助驾驶员扫除视野死角和视线模糊的缺陷。

3.1.4　超声波雷达的工作原理

超声波雷达由控制器控制脉冲调制电路产生一定频率的脉冲，脉冲调制电路驱动超声波雷达向一个方向发射超声波，在发射的同时计数器开始计数，超声波在空气中传播遇到障碍物时，撞击障碍物表面并反射回来。接收电路接收到超声波信号后将其转换成电信号并送至控制器进行数据处理，其工作原理如图 3.2 所示。根据以下公式计算检测距离：

$$L=vt/2$$

式中：v 为空气中的超声波传播速度；t 为发射到接收所需传播时间。

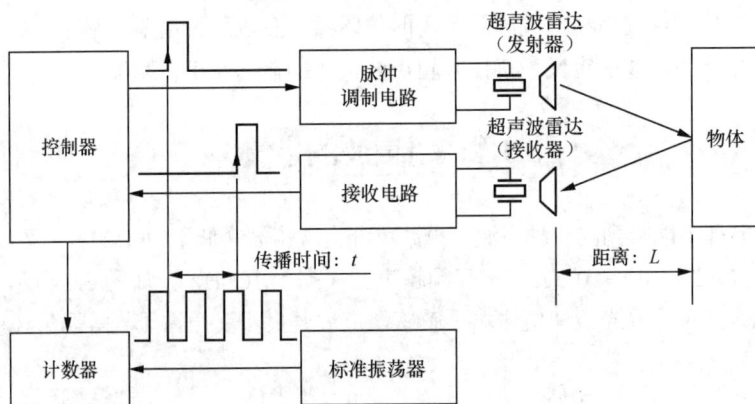

图 3.2　超声波雷达的工作原理

|3.2　超声波雷达系统的组成|

超声波雷达系统一般由超声波雷达、控制器和显示器 3 部分组成。

3.2.1　超声波雷达

超声波雷达也叫超声波传感器，是发射及接收超声波信号的装置，如图 3.3 所示，通过超声波雷达可以测量距离和探测位置。超声波雷达一般分为两大类，一类是用电气方式产生超声波，另一类是用机械方式产生超声波。用电气方式产生超声波的雷达主要由印制电路板（Printed Circuit Board Assembly, PCBA）、接插件、下盖、胶圈、上盖和探芯组成，如图 3.4 所示。

PCBA：用于放置 IC（Integrated Circuit, 集成电路）与中周变压器及周边电路的器件。

接插件：超声波雷达与外界环境直接接触，接插件的防护等级要满足 IP6K7。根据道路车辆防护等级的相关国际标准 ISO 20653—2023，IP（Ingress Protection）表示防护等级，6K 表示防尘，要求灰尘不得穿透，7 表示防水等级，要求外壳在规定的压力和时间条件下暂时浸入水中，水的渗透量不得造成有害影响。

上/下盖：用于连接固定及保护相关器件。

胶圈：用于吸收超声波雷达产生的多余振动，同时为超声波雷达与保险杠之间提供缓冲，防止其直接接触引发振动异常。

探芯：产生及接收超声波。

图 3.3　超声波雷达

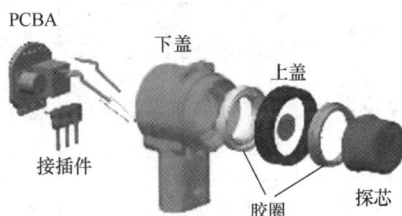

图 3.4　超声波雷达的结构

3.2.2　控制器

控制器是控制脉冲调制电路产生一定频率的脉冲，将接收电路送来的信号换算成距离值后，再与显示器或其他设备通信的装置，如图 3.5 所示。

3.2.3　显示器

显示器是接收主机传输的距离数据或报警信息，并根据设定的距离值提供不同级别的距离提示和报警信息的设备，如图 3.6 所示。

图 3.5　控制器

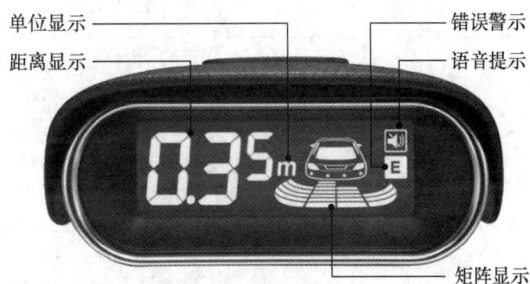

图 3.6　显示器

|3.3　超声波雷达的类型|

一般，超声波雷达可以按照传感器类型、技术路线及探测区域大小进行分类。

3.3.1 按照传感器类型分类

超声波雷达按照传感器类型可分为等方性传感器超声波雷达和异方性传感器超声波雷达，二者的区别在于水平探测角度与垂直探测角度是否相同。由于超声波发射器、接收器的材料特性，发射时在水平方向和垂直方向都有一定的探测角度范围，水平方向的叫水平探测角度，垂直方向的叫垂直探测角度。

两种雷达的特点和优缺点对比如表 3.1 所示。

表 3.1　　　　　　　等方性与异方性传感器超声波雷达的特点和优缺点对比

传感器种类	特点	优点	缺点
等方性传感器超声波雷达	水平探测角度与垂直探测角度相同	产生的超声波波形稳定	垂直探测角度过大，容易探测到地面，无法探测较远的距离
异方性传感器超声波雷达	水平探测角度与垂直探测角度不同	垂直探测角度小，因而探测距离远，探测范围大	产生的超声波波形不稳定，容易产生误报警的情况

3.3.2 按照技术路线分类

按照技术路线分类，超声波雷达可以分为模拟式、四线式数位、二线式数位和三线式主动数位，4 种技术路线超声波雷达详细介绍如表 3.2 所示。目前，市场上使用较多的是"模拟式"技术路线的超声波雷达。而在智能化的推动下，抗干扰性强的"数位式"技术路线的超声波雷达更受欢迎。但由于工艺水平的限制，现阶段大多采用"四线式数位"技术路线的超声波雷达。

表 3.2　　　　　　　　　　4 种技术路线超声波雷达详细介绍

技术路线	概述（特点）	优点	缺点
模拟式	传感器只负责发射信号和接收信号，并不进行太多的信号处理	成本低	抗干扰性差，损耗大，信噪比低
四线式数位	将信号的发射信号、接收信号、传感器的工作电源、电源/信号分别单独传输到传感器内部	数字化处理，抗干扰性好	车身线束复杂，售后装配难度大
二线式数位	集供电、发射信号、接收信号于一体，共用一条传输线，将信号在传感器内部转换为数字信号	线束减少，成本比"四线式数位"技术路线的超声波雷达低	信号传输存在干扰的可能性
三线式主动数位	每个传感器内部带有独自完成信号的发射、接收及数据处理的中央处理器（CPU）	信号判断精准	成本高

3.3.3 按照用途分类

超声波雷达主要用于停车辅助和自动泊车，按照用途不同可以分为超声波驻车辅助（Ultrasonic Parking Assistant，UPA）雷达和自动泊车辅助（Automatic Parking Assistant，APA）雷达两种类型。

（1）UPA 雷达：频率较高，为 58kHz，感测距离较短，感测范围约为 15~250cm，安装在车辆前、后保险杠上，用于测量车辆前、后障碍物与车辆的距离，一般前、后保险杠各装配 4 个 UPA 雷达，如图 3.7 所示。

（2）APA 雷达：频率较低，为 40kHz，但感测距离较长，感测范围为 30~500cm，覆盖范围较广，方向性强，传播性能优于 UPA 雷达，不易受到其他超声波雷达的干扰，用于测量侧方障碍物与车辆的距离，一般车辆左、右侧面各安装 2 个 APA 雷达，如图 3.8 所示。

一套倒车雷达系统需要在汽车后保险杠内配备 4 个 UPA 雷达，自动泊车系统需要在倒车雷达系统基础上，增加 4 个 UPA 雷达和 4 个 APA 雷达，构成前 4（UPA）、侧 4（APA）、后 4（UPA）的布置格局。

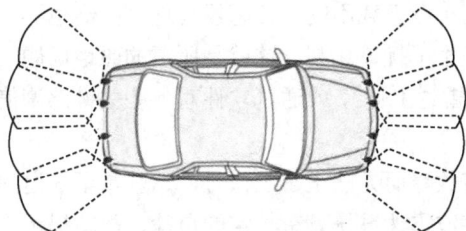

图 3.7 UPA 雷达感测范围

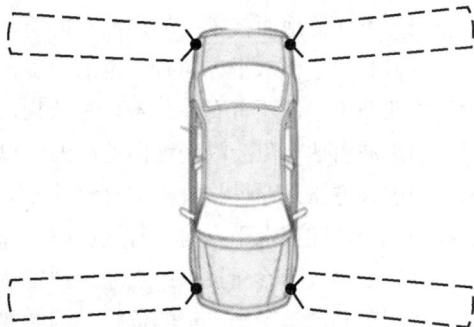

图 3.8 APA 雷达感测范围

3.4 超声波雷达的性能评价参数及特点

超声波雷达的性能评价参数主要包括技术参数和技术要求。

3.4.1 技术参数

（1）测量距离：波长越长，频率越小，最大测量距离越远。

（2）测量精度：传感器测量值与真实值的偏差。

（3）探测角度：水平探测角度和垂直探测角度。

（4）工作频率：发射频率要求是（40±2）kHz。

（5）工作温度：工作温度一般要求在-40~+85℃。

某品牌超声波雷达产品的主要技术参数如表 3.3 所示。

表 3.3　　　　　　　　　　某品牌超声波雷达产品的主要技术参数

最小测量距离①	最大测量距离	测量精度	水平探测角度	垂直探测角度	工作温度	工作频率
0.15m	5.5m	±3cm	±70°@35dB	±35°@35dB	−40～+85℃	40kHz±2kHz

注：①由于距离太近，超声波雷达无法及时处理反射波信号，低于最小测量距离的测量误差显著增加，因此超声波雷达的产品一般都会设置最小测量距离。

3.4.2　技术要求

抗同频干扰技术、不侦测地面技术、自动故障诊断技术、抗共振技术、防水技术、耐候性技术、侦测范围等指标是影响超声波雷达性能的决定性因素。

（1）抗同频干扰技术：在超声波雷达实际工作过程中，可能会存在与超声波雷达工作频率差不多频率（同频）或倍频的信号，如果不做处理，则可能导致误判，超声波雷达系统的可靠性会降低。因此需要采取抗同频干扰技术去除上述干扰信号，常采用的技术是硬件滤波和软件滤波。

（2）不侦测地面技术：超声波发射器、接收器是由压电陶瓷片材料制成的，由于材料特性，发射时除了在水平方向有一定的角度范围外，在垂直方向也有一定的角度范围。因为路面可能凹凸不平，还有石头、木块等杂物，而且因车身负载不同，传感器与地面距离也不一样，超声波雷达难免会收到地面的回波，以至于产生干扰、误判，这就是所谓的照地问题。通常的解决方法是通过与机构配合设计（如超声波雷达上仰），或通过软件对一些关键感度值的控制使超声波在水平方向上有效地解决照地问题。

（3）自动故障诊断技术：当超声波雷达系统有故障而无法正常工作时，驾驶员不知道的话会对行车和泊车带来一定的危险，因此要求超声波雷达系统具有一定的自检、故障提示、故障定位功能，可减少因传感器失效带来危险的问题。

（4）抗共振技术：需使用吸振材料防止与保险杠形成共振，保证超声波的稳定性。

（5）防水技术：传感器长期露于车体外，需采用硅填充胶防水技术以起到防水作用。

（6）耐候性技术：汽车工作环境经常是日晒雨淋、高低温差较大，为了提高产品使用寿命，所选元器件和塑料外壳可承受温度范围应为-40～85℃。

3.4.3　超声波雷达的特点

超声波雷达具有结构简单，体积小，信息处理简单、可靠，成本低，灵敏度高，技术成熟度高，已具有大量测试验证其安全性等优点。但也有一定的局限性，主要表现在以下几个方面。

（1）探测距离短。探测距离一般为 1.5～5m，因此应用范围受到限制。

（2）高速情况下测距误差大。在不同的天气情况下，超声波的传输速度不同，且相比激光和毫米波而言，其传播速度较慢，在高速状态下，使用超声波测距无法跟上汽车车距实时的变化。

（3）测量精度易受影响。超声波散射角大，在测量较远距离的目标时，其回波信号会比较弱，影响测量精度。

（4）探测物体有局限性。对于低矮、圆锥形、过细的障碍物或者沟坎，超声波雷达不容易探测到。

（5）有探测盲区。超声波的发射信号和余振信号都会对回波信号造成覆盖或者干扰，在低于某一距离后超声波雷达会丧失探测功能。

|3.5　实训任务必要知识准备|

本项目实训任务一览表如表 3.4 所示。

表 3.4　　　　　　　　　　　　　　　本项目实训任务一览表

项目任务	简要实训步骤	目标
任务 3.1　拆装与调试超声波雷达	（1）实施准备与工具准备； （2）规范地安装与拆卸超声波雷达； （3）正确调试超声波雷达； （4）整理清洁	培养学生拆装过程中规范操作的意识，能正确做好防护工作，正确使用工具等；通过任务，学生能独立完成超声波雷达的装调工作
任务 3.2　超声波雷达的故障诊断与排除	（1）实施准备与工具准备； （2）超声波雷达故障原因分析； （3）超声波雷达排故实施； （4）整理清洁	通过任务，学生能了解超声波雷达常见的故障原因，并能通过软件以及万用表等工具排除故障

3.5.1　超声波雷达控制器接口定义

一辆车配备的超声波雷达数量一般为 8~12 个，典型的是 8 个。所有超声波雷达的信号都被接收到控制器中进行处理，本书采用的超声波雷达控制器接插件如图 3.9 所示，其共有 13 个接口，左侧有 12 个端子，每个端子有 2 个引脚接口，分别是 S-和 S+，用于连接各超声波雷达；右侧只有 1 个端子是通信接口，有 4 个引脚接口，按从左到右的顺序编号是 1~4，对应接口及定义如表 3.5 与表 3.6 所示，使用时只需把传感器插入接插件内即可。使用 RS-485 或 RS-232 通信接口进行连接时，请参考表 3.6 和表 3.7 的说明。

图 3.9　超声波雷达控制器接插件实物

表 3.5　　　　　　　　　超声波雷达控制器接插件接口及定义（左侧）

端子	接口	定义	接口	定义
1	S-	1 号超声波雷达负极或电源地	S+	1 号超声波雷达正极
2	S-	2 号超声波雷达负极或电源地	S+	2 号超声波雷达正极

续表

端子	接口	定义	接口	定义
3	S-	3 号超声波雷达负极或电源地	S+	3 号超声波雷达正极
4	S-	4 号超声波雷达负极或电源地	S+	4 号超声波雷达正极
5	S-	5 号超声波雷达负极或电源地	S+	5 号超声波雷达正极
6	S-	6 号超声波雷达负极或电源地	S+	6 号超声波雷达正极
7	S-	7 号超声波雷达负极或电源地	S+	7 号超声波雷达正极
8	S-	8 号超声波雷达负极或电源地	S+	8 号超声波雷达正极
9	S-	9 号超声波雷达负极或电源地	S+	9 号超声波雷达正极
10	S-	10 号超声波雷达负极或电源地	S+	10 号超声波雷达正极
11	S-	11 号超声波雷达负极或电源地	S+	11 号超声波雷达正极
12	S-	12 号超声波雷达负极或电源地	S+	12 号超声波雷达正极

表 3.6 　　　　　　　　　　超声波雷达控制器接插件接口及定义（右侧）

端子	接线颜色	定义
1	红色	12V 电源+12V 输入
2	蓝色	电源负极和 RS-232 及 RS-485 地（RS-232 及 RS-485 通信时必须接该引脚）
3	绿色	PCW（RS-232 通信接口 TXD、RS-232 电平）或者 RS-485A
4	黄色	PCR（RS-232 通信接口 RXD、RS-232 电平）或者 RS-485B

表 3.7 　　　　　　　　　　　　两种通信类型及连接情况

通信类型	连接线	注意事项
RS-485	1（12V） 2（GND） 3（485A） 4（485B）	2（GND）是电源负极和 RS-485 的 GND 共用，需引 2 根线出来，一根接电源负极，另一根接 RS-485 的 GND。同时需要将两个"232/485/CAN 通信选择拨动开关"全部拨到 485 挡（PCB 上标明了 232/485/CAN 位置），如图 3.10 所示，注意拨动开关的选择
RS-232	1（12V） 2（GND） 3（TXD） 4（RXD）	2（GND）是电源负极和串口 GND 共用，需引 2 根线出来，一根接电源负极，另一根接串口 GND。同时需要将两个"232/485/CAN 通信选择拨动开关"全部拨到 232 挡（PCB 上标明了 232/485/CAN 位置），如图 3.10 所示，本实训台架默认为 RS-232 通信类型

注：（1）需把超声波雷达控制器接插件（见图 3.9）一侧面板拆除，取出电路板，才能看到拨动开关，如需更换通信类型，请拆卸图 3.9 中 4 个边角上的螺钉，取出电路板后进行拨动操作。

（2）为了与上位机（计算机）通信，采用 USB 转 RS-232 串口通信线连接通信端子和上位机，其连接原理如图 3.11 所示。

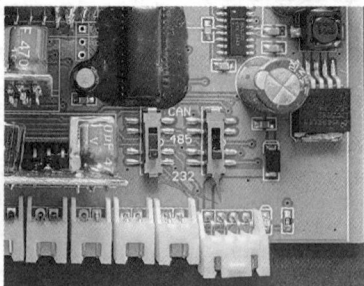

图 3.10　拨动开关的选择

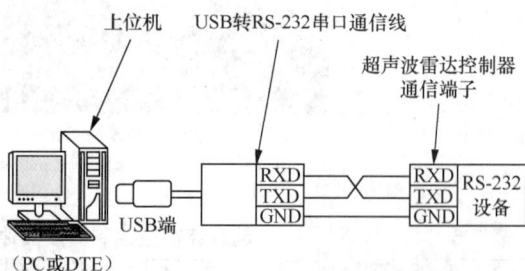

图 3.11　通信端子与上位机连接原理

3.5.2　超声波雷达的常见故障原因分析

超声波雷达的常见故障及故障原因如表 3.8 所示。

表 3.8　　　　　　　　超声波雷达的常见故障及故障原因

常见故障	故障原因
超声波雷达不工作	超声波雷达电源故障、超声波雷达连接线束损坏、连接线束与超声波雷达控制器接触不良、超声波雷达控制器损坏、超声波雷达损坏和超声波雷达控制器与上位机通信故障等
超声波雷达误报	装配歪斜和超声波雷达表面污浊等

对于电源故障，超声波雷达控制器控制超声波雷达通、断电，因此可以通过检测超声波雷达控制器电源线的通断来判断超声波雷达的电源通断情况。

对于通信故障，超声波雷达控制器通过 RS-232 串口与上位机进行通信，因此可以通过检测 RS-232 串口线 RX（接收端子）和 TX（发射端子）的信号波形来判断超声波雷达控制器与上位机的通信情况。

对于超声波雷达及其控制器本身的故障，则一般通过更换法来判断和排故，也就是把疑似有故障的超声波雷达或控制器单独拆卸下来，换上确认完好的超声波雷达或控制器，如果能正常工作则更换下来的部件是故障件，否则应排查其他原因才能进一步判断。

【项目实施】

|任务 3.1　拆装与调试超声波雷达|

一、实施准备

（1）防护用品：工作服、安全帽、工作手套。

（2）台架总成：实训平台。

（3）工具及设备：实训平台电源线、超声波雷达、超声波雷达控制器、超声波雷达线束、电源信号线。

（4）辅助材料：尼龙扎带。

任务 3.1　实施准备

二、工具及设备检查

（1）超声波雷达外观检查。超声波雷达表面应有光泽且平滑，为纯黑色，无油污、残留物，无刮伤、划痕、撞伤；四周应无损伤，无油漆及电镀层脱落，无毛刺，无毛边等。

（2）超声波雷达控制器外观检查。超声波雷达控制器表面应有光泽且平滑，无油污、残留物，无刮伤、划痕、撞伤；四周应无损伤，无油漆及

任务 3.1　工具及设备检查

电镀层脱落，无毛刺，无毛边等。

（3）针脚检查。超声波雷达和超声波雷达线束的插接口、超声波雷达控制器、电源信号线的针脚应无残留物、无变形。

三、超声波雷达安装与拆卸

（1）安装前需穿戴好工作服、工作手套和安全帽。

（2）检查并将 8 组超声波雷达和超声波雷达线束插接好。本实训平台搭载 8 个超声波雷达，如图 3.12 所示。

（3）使用尼龙扎带将超声波雷达控制器固定于实训平台内的合适位置，如图 3.13 所示。

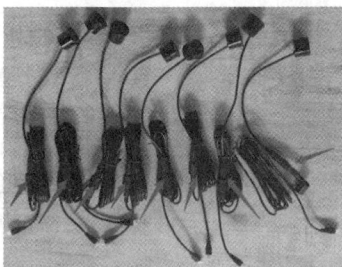

超声波雷达安装

图 3.12　插接超声波雷达线束

图 3.13　固定超声波雷达控制器

（4）分别将 8 个超声波雷达安装在实训平台对应的 8 个安装孔位上，注意"up"标识，按箭头方向朝台架顶部方向安装，如图 3.14 所示。

图 3.14　安装超声波雷达

（5）分别将 8 个超声波雷达的线束和电源信号线插接在超声波雷达控制器上，在本书配套的实训平台架上实操时，参考图 3.15，把安装好的超声波雷达线束按顺序依次接入超声波雷达控制器。同时，超声波雷达控制器右侧通信端子通过 USB 转 RS-232 串口通信线连接到上位机。至此，超声波雷达安装完毕。

超声波雷达拆卸及整理清洁

（6）超声波雷达拆卸按上述步骤反序完成。

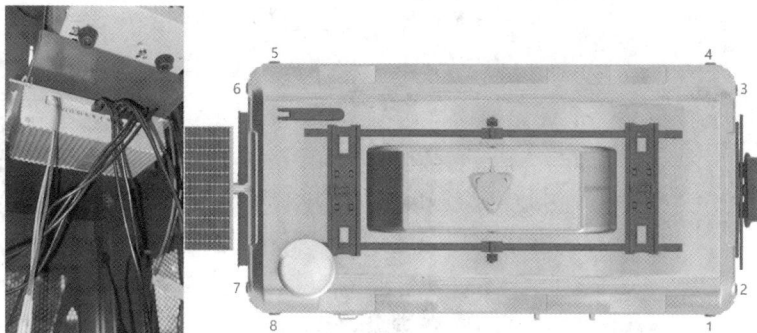

1～8—超声波雷达位置示意

图 3.15　插接线束

四、超声波雷达调试

（1）接通实训平台的 220V 电源，开启实训平台的电源开关，打开实训平台的计算机（Windows 10 操作系统），在计算机桌面双击打开超声波雷达测试软件"Ultrasonic radar-232.exe"（类似串口调试助手），如图 3.16 所示，其主要用于与超声波处理盒通信和故障调试。

（2）配置串口参数（上位机和超声波雷达通信串口参数）。选择对应 COM 端口（选择"我的计算机"→单击鼠标右键→"管理"→"设备管理器"→"端口"（COM 和 LPT），查看超声波雷达对应 COM 端口），如图 3.17 所示，此处是 COM6。

图 3.16　超声波雷达测试软件

图 3.17　查看对应 COM 端口

（3）选择超声波模块对应的 COM 端口，也就是 COM6。

（4）单击"开始"按钮，开始进行测试。

如图 3.18 所示，程序左边会显示超声波的状态，绿色状态为正常，同时会显示离障碍物的距离，单位为 cm；如果是红色，表示对应的超声波雷达可能出现短路、断路等故障，不在线。程序右边显示车辆图与相应的超声波雷达检测到的距离及对应的状态，不同超声波雷达状态对应的情况如表 3.9 所示。

（5）单击"停止"按钮，可以停止测试。

（6）系统复原与 5S。

①关闭超声波雷达测试软件 Ultrasonic radar-232.exe。

②关闭实训平台计算机。

③关闭实训平台电源开关并拔掉实训平台电源线。

④完成 5S。

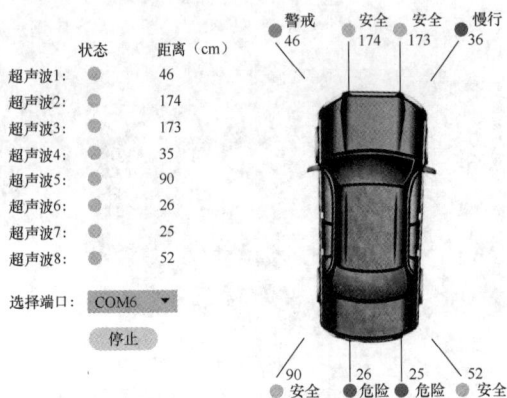

图 3.18　超声波雷达正常运行现象

表 3.9　　　　　　　　　　　　　不同超声波雷达状态对应的情况

离障碍物距离	颜色状态	是否显示距离	提示情况
小于 30cm	红色	是	危险提示，会发出急促声音警报
30～40cm	橙色	是	慢行提示，会发出较急促声音警报
40～50cm	黄色	是	警戒提示，会发出声音警报
大于 50cm	绿色	是	提示安全，不发声
没有检测到障碍物	绿色	否	无提示

|任务 3.2　超声波雷达的故障诊断与排除|

一、实施准备

（1）防护用品：工作服、安全帽、工作手套。

（2）台架总成：实训平台和故障诊断台。

（3）工具及设备：数字万用表、示波器。

（4）辅助材料：绝缘垫、无纺布。

任务 3.2　工具及
设备检查

二、工具及设备检查

（1）万用表的检查。打开万用表电源，检查电量是否足够；将挡位调至蜂鸣挡，短接两表笔，检查万用表是否正常。

（2）示波器的检查。打开示波器电源，将探头接到示波器的测试信号输出端，观察波形是否为 1V/1kHz 的方波信号；按自动测试按钮，观察屏幕上显示的波形是否为稳定的、规则的方波信号。

（3）线束的检查。

①实训平台电源线、智能汽车传感与感知实训系统和故障诊断台的航空接口（航空接口是应用于航空航天设备的电子连接器，也称作航空插头或航空连接器。其最开始应用于航空航天，目前已广泛应用于航海、国防等多个领域。它具有出色的机械性能、电气性能、环境性能。常见航空接口如图 3.19 所示）和通信线（OBD 接口）外观结构完整，表面不应有破损、变形、裂痕等。

②各接口的针脚无损坏、变形或生锈。

三、超声波雷达故障诊断

超声波雷达常见故障（含不工作和误报两种情况）主要来自 4 个方面，超声波雷达本身故障、线束故障、超声波雷达控制器故障以及其他故障。通过此处对设备的检查工作，可以排除其他故障，而超声波雷达和超声波雷达控制器本身的故障通过更换法（掌握拆装方法即可，见任务 3.2）排除，此处不赘述。

此处主要集中讲述线束故障诊断。线束故障又分为电源故障和通信故障。

航空母头

航空公头

图 3.19　常见航空接口

故障现象：接通实训台架电源，打开超声波雷达测试软件 Ultrasonic radar-232.exe，单击"开始"按钮后，软件界面不显示超声波探测到障碍物的距离，显示的障碍物距离也不会随着障碍物的远近变化而改变，蜂鸣器无提示声发出，如图 3.20 所示。

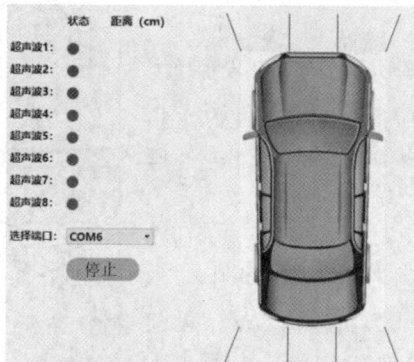

图 3.20　超声波雷达故障

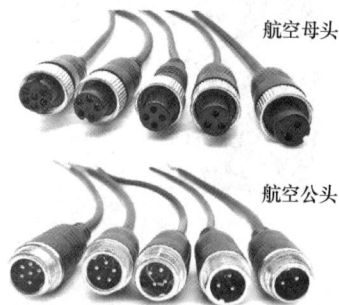

超声波雷达电源故障设置

超声波雷达通信故障设置

（1）准备工作（这一步可由老师提前完成）。

①参见项目 1 中项目实施的任务，正确连接实训平台与故障诊断台，打开电源和计算机，在计算机桌面上找到并打开智能网联汽车三维数字化仿真教学软件，完成对超声波雷达的故障设置，其中，"电源故障"的故障类型为"负极断路"，"串口通信 RX 故障"的故障类型为"对负极短路"，如图 3.21 所示。

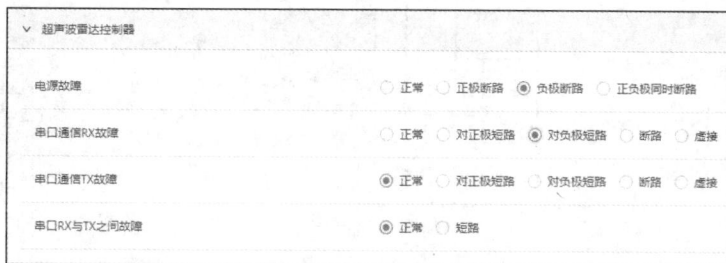

图 3.21　超声波雷达故障设置

②在智能网联汽车三维数字化仿真教学软件的"故障诊断"界面单击"刷新"按钮，显示相应的故障码，如图 3.22 所示。

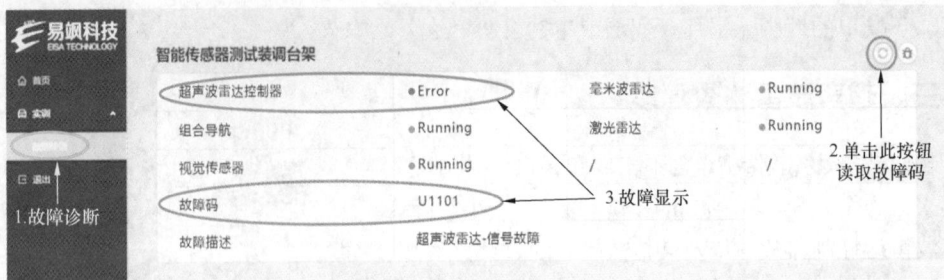

图 3.22　读取故障码

（2）故障确认（这一步可安排学生完成）。

①读取故障码。使用智能网联汽车三维数字化仿真教学软件读取故障码，单击"故障诊断"模块，再单击"刷新"按钮可以读到故障码，如图 3.22 所示。

②确认故障现象。打开超声波雷达测试软件 Ultrasonic radar- 232. exe，单击界面下方的"选择端口"按钮，设置参数后，单击"开始"按钮，界面无显示，如图 3.20 所示，确认故障现象。

（3）电源故障诊断。

①故障诊断台上的超声波雷达测试端口如图 3.23 所示，FT-232 表示超声波雷达通过 USB 转 RS-232 串口通信线与上位机通信，靠近超声波雷达控制器的两个测量孔为输出端，代表的是超声波输入、输出信号的测量孔，较远的一端为输入端，代表的是上位机接收到的信号的测量孔；另外，还有两个电源测量端子，靠近电源两极的测量孔可用于测量电源是否正常供电，而靠近超声波雷达控制器的输出端可用于测量超声波雷达控制器是否有电压。

②将数字万用表调至直流电压挡，测量电源正、负极输入端（见图 3.23），查看电源正极电压和负极电压是否正常，如图 3.24 所示，电源电压为 12.21V，电源供电正常；接着测量电源输出端，判断超声波雷达是否得电，发现电源电压为 0V，电压异常，判断电源电压没有正常供电，正、负极连接线有问题。

③将数字万用表调至蜂鸣挡，测量电源正极和负极的线束导通情况（见图 3.25），发现正极导通，负极断路，更换负极线束即可。具体故障原因对应的测量结果如表 3.10 所示。

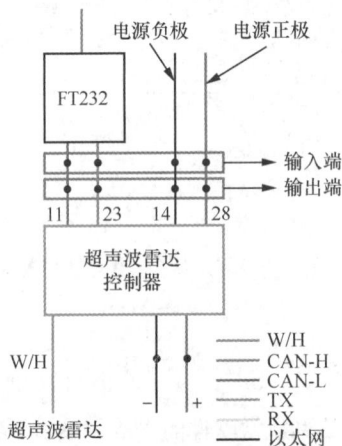

超声波雷达电源故障现象确认

超声波雷达通信故障现象确认

超声波雷达电源故障检诊

彩图 3.23～彩图 3.25

图 3.23　超声波雷达测试端口

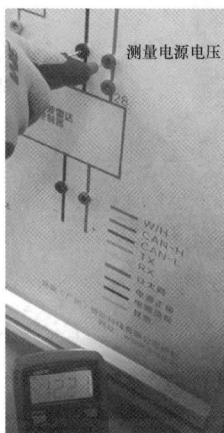

图 3.24　测量电源电压　　　　　图 3.25　测量线束导通情况

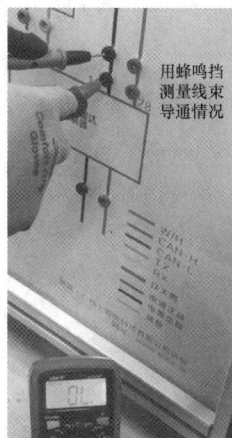

表 3.10　　　　　　　　　　故障原因对应的测量结果

序号	红表笔	黑表笔	导通情况	故障原因	排故措施
1	正极输入端	正极输出端	不导通	电源正极断路	更换电源正极线束
	负极输出端	负极输入端	导通		
2	正极输入端	正极输出端	导通	电源负极断路	更换电源负极线束
	负极输出端	负极输入端	不导通		
3	正极输入端	正极输出端	不导通	电源正极、负极同时断路	更换电源正负极线束
	负极输出端	负极输入端	不导通		

（4）通信故障诊断。

①在排除电源故障后，打开上位机的超声波雷达测试软件，单击"开始"按钮，发现提示"请检查串口有无错误"，如图 3.26 所示。

②故障诊断台上的测试孔说明如图 3.27 所示，用数字万用表蜂鸣挡分别测量 1 和 2 号端子、3 和 4 号端子，发现 1 和 2 号端子导通，3 和 4 号端子导通，排除线路断路的可能。

③利用示波器查看波形串口通信波形。把示波器的通道 1 和通道 2 的测试探头分别连接图 3.27 中的 1、2、3、4 号端子，如图 3.28 所示。其测量结果与对应的故障原因如表 3.11 所示。

④在无故障情况下，超声波雷达的通信波形测试中发现通道 1（1 号和 2 号端子）和通道 2（3 号和 4 号端子）均有方波信号出现，如图 3.29 所示。

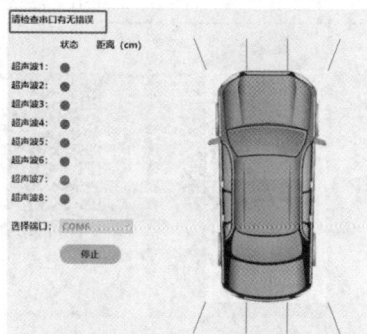

超声波雷达通信故障检诊

彩图 3.27

图 3.26　串口通信故障现象

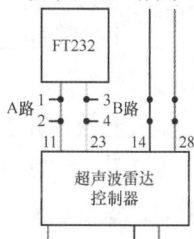

1—上位机 TX 端；　2—超声波雷达控制器 RX 端；
3—上位机 RX 端；　4—超声波雷达控制器 TX 端；
A 路—1 号与 2 号端子连线；B 路—3 号与 4 号端子连线

图 3.27　TX、RX 信号线端子定义

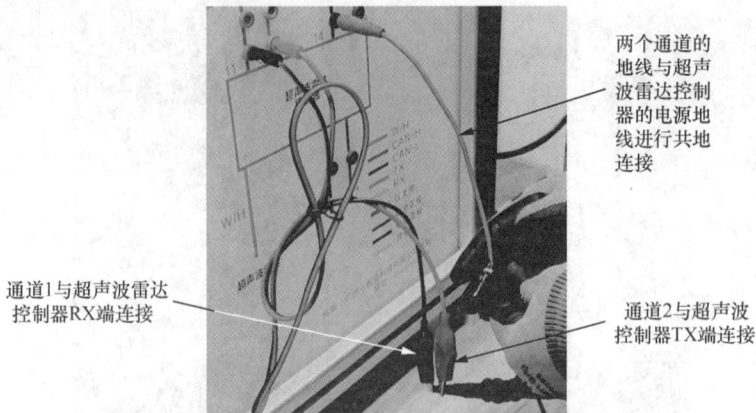

两个通道的地线与超声波雷达控制器的电源地线进行共地连接

通道1与超声波雷达控制器RX端连接

通道2与超声波控制器TX端连接

图 3.28　示波器探头与故障诊断台连接

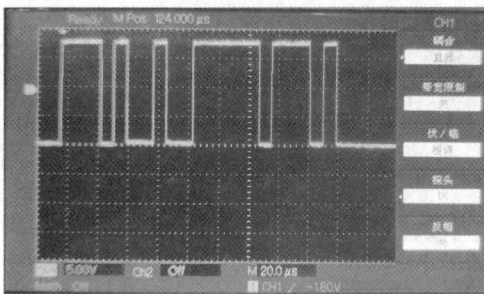

(a)　1、2号端子波形

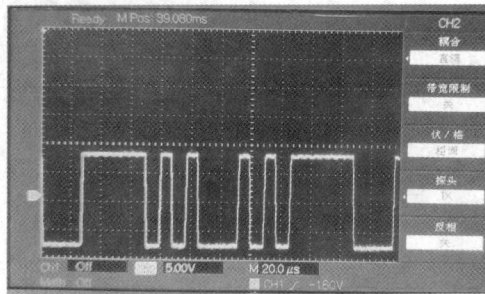

(b)　3、4号端子波形

图 3.29　超声波雷达正常通信波形

表 3.11　　　　　　　　　　　　测量结果与对应的故障原因

序号	可能的故障	测量端子	波形情况及故障原因	排故措施
1	A 路（1 号与 2 号端子连线）断路	1、2 号端子	1 号端子波形正常 2 号端子是一条直线（可能带有噪声）	更换 A 路连线
2	A 路对负极短路	1、2 号端子	1 号和 2 号端子一样都在 0V 附近形成一条直线	
3	B 路（3 号与 4 号端子连线）断路	3、4 号端子	首先排除 A 路故障，此时测量 3 号端子波形正常，4 号端子波形是一条直线	更换 B 路连线
4	B 路对负极短路	3、4 号端子	首先排除 A 路故障，此时测量 3 号和 4 号端子，都在 0V 附近形成一条直线	
5	A 路和 B 路短路	1、2、3、4 号端子	4 个端子都有一定的波形且波形一致	同时更换 A 路和 B 路连线

（5）故障清除与确认。

①如果学生能正确找到故障并能正确描述故障现象和故障原因，则由老师在智能网联汽车三维数字化仿真教学软件中清除故障码，否则让学生继续查找问题。

②清除故障码后，让学生重新读取故障码，确认是否清除故障码。

超声波雷达电源故障清除与确认

超声波雷达通信故障清除与确认

③确认消除故障。通过超声波雷达测试软件 Ultrasonic radar-232.exe 检查超声波雷达是否还存在故障（无故障现象：软件界面显示超声波雷达测到

障碍物的距离，显示的障碍物距离随着障碍物的远近变化而改变，蜂鸣器发出提示声）。

（6）系统复原与 5S。

系统复原与整理清洁

①关闭超声波雷达测试软件 Ultrasonic radar-232.exe 和智能网联汽车三维数字化仿真教学软件；关闭计算机和电源，并拔掉实训平台和故障诊断台连接线。

②完成 5S。

【项目小结】

根据本项目的要求，首先学习了超声波雷达的基本概念、结构组成、工作原理、类型、性能特点等基础知识，然后学习了智能汽车传感与感知实训系统超声波雷达系统的基本组成与原理，最后学习了超声波雷达常见故障与检修处理方法。

在掌握了这些基础知识之后，首先完成了超声波雷达的拆装与调试，然后完成了超声波雷达的电源和通信故障的诊断与排除。

【知识巩固】

1. 单选题

（1）本项目涉及的超声波雷达测试软件名称是（　　　）。

  A. Ultrasonic lidar-232.exe   B. Ultrasonic lidar-234.exe

  C. Ultrasonic radar-232.exe   D. Ultrasonic radar-234.exe

（2）短距超声波雷达检测范围约为（　　　）。

  A. 10~200cm   B. 15~250cm

  C. 15~300cm   D. 20~200cm

（3）故障诊断台上的超声波雷达信号线故障时，故障码为（　　　）。

  A. U1100   B. U1101

  C. U1102   D. U1202

（4）以下不是超声波雷达发射的超声波频率的是（　　　）。

  A. 20kHz   B. 40kHz   C. 48kHz   D. 58kHz

（5）长距超声波雷达的检测范围为（　　　）。

  A. 0~300cm   B. 10~350cm   C. 30~300cm   D. 30~500cm

2. 判断题

（1）智能汽车传感与感知实训系统平台与故障诊断台需要通过航空接口和 OBD 接口两个接口进行连接。（　　　）

（2）超声波雷达控制器通过 RS-232 串口与上位机进行通信。（　　　）

（3）当超声波雷达探测到障碍物的距离越接近时，蜂鸣器发出提示声的间歇越大。（　　　）

（4）58kHz 的声波频率属于超声波雷达的发射、接收频率范围。（　　　）

（5）超声波雷达按照传感器种类分类可分为等方性传感器超声波雷达和异方性传感器超声波雷达。（　　　）

3. 简答题

（1）请简述超声波雷达的特点。

（2）造成超声波雷达故障原因有哪些？

【拓展任务】

高配车辆至少配备 12 个超声波雷达，而低配车辆则没有配备那么多，查找课外知识，了解它们之间的区别。

项目 4
车载毫米波雷达的认识、装调与故障诊断

【学习目标】

知识目标

1. 掌握毫米波雷达的基本概念和类型。
2. 掌握毫米波雷达的系统组成及其工作原理。
3. 掌握毫米波雷达的技术参数和指标。
4. 了解毫米波雷达传感器芯片的技术参数。
5. 了解前方碰撞预警系统的定义和工作原理。
6. 了解预警模拟软件实现碰撞预警功能的原理。

技能目标

1. 掌握不同驾驶场景下毫米波雷达的选用要求。
2. 掌握拆装与调试毫米波雷达的具体步骤。
3. 掌握毫米波雷达的故障诊断方法及流程。
4. 掌握基于毫米波雷达前方碰撞预警功能的测试软件的使用步骤。

素养目标

1. 引导学生自主求索、敢于质疑，培养他们发现问题和解决问题的能力。
2. 培养学生实事求是、认真严谨、脚踏实地的作风，树立团结协作的优良品德。

【项目导入】

新手车主小林刚坐上爱车，就听到语音"检测到你的后毫米波雷达故障，请谨慎驾驶"，同时中控屏弹出提示。小林不清楚是什么原因，但因为赶时间就随手关闭了提醒，在正常驾驶过程中没有感到异常。没过多久，该车 4S 店的客服打电话过来，请求小林上传日志，经

过分析后，4S 店工作人员表示这个故障不会影响正常行驶，但会影响辅助驾驶。最后，小林到店完成了毫米波雷达的标定，清除了故障。

请读者结合本项目学习的内容，如毫米波雷达的基本概念和类型、系统组成、工作原理、技术参数和指标、传感器芯片的技术参数以及不同应用场景下毫米波雷达的选用标准等，帮助小林找出毫米波雷达故障的原因，并在实训平台上独立地完成毫米波雷达的故障诊断与排除。

【学习路线】

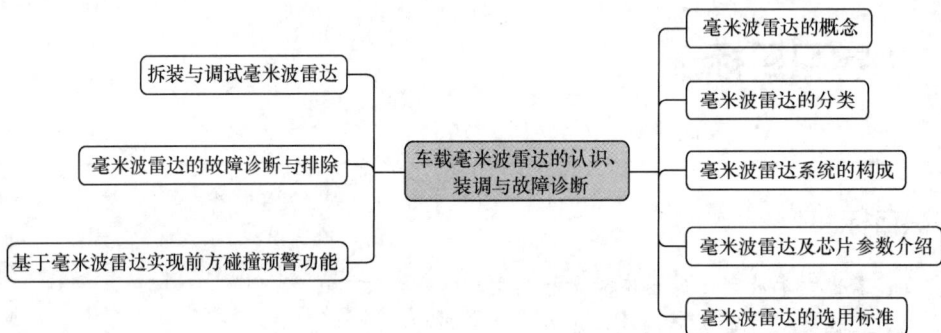

【课前自测】

1．毫米波雷达是工作在_____、_____频段的雷达。
2．毫米波雷达主要由_____、_____、信号处理模块以及控制电路等构成。
3．毫米波雷达具有很强的_____，在雨、雪、大雾等恶劣天气依然可以正常工作。
4．毫米波雷达可以快速地测量出目标的角度、_____、_____等信息。
5．根据毫米波雷达的波长及基于它的测量距离，市面上的车载毫米波雷达主要分为_____GHz 毫米波雷达和_____GHz 毫米波雷达。

【知识准备】

毫米波雷达是前方碰撞预警系统实现碰撞预警功能的基础。实际上，对于不同类型的毫米波雷达，其在探测时的测量分辨率和测量精度等相应的技术参数都不同，其性能要求也不同，需要根据具体的应用场景进行选用。当毫米波雷达发生故障时，会降低毫米波雷达的探测精度，严重时甚至会导致毫米波雷达失效，造成意外事故。本项目将介绍毫米波雷达的基本概念和类型；毫米波雷达的系统组成及其工作原理；毫米波雷达的技术参数和指标；毫米波雷达传感器芯片的技术参数；不同应用场景下毫米波雷达的选用标准；拆装与调试毫米波雷达的具体步骤；毫米波雷达的故障诊断方法及流程；前方碰撞预警系统的定义和工作原理；预警模拟软件实现碰撞预警功能的原理；基于毫米波雷达前方碰撞预警功能的测试软件的使用步骤等，认识并应用毫米波雷达。

| 4.1　毫米波雷达的概念 |

4.1.1　毫米波

毫米波，顾名思义，是波长为毫米级的电磁波，具体波长为 1~10mm，对应的频段是 30~300GHz。

毫米波的特点如下。

（1）频带宽度大，频带宽度高达 270GHz。

（2）波束窄。在相同天线尺寸下毫米波的波束要比微波的波束窄得多。

（3）穿透力强、抗干扰能力强。毫米波在大气中传播时的衰减小，受自然光和热辐射影响小，能顺利穿透等离子体（如烟尘、雾、粉尘等），实现良好的通信和制导功能。

拓展知识：无线电波

（4）受天气影响小。与激光相比，毫米波传播受气候的影响要小得多，在雨、雪、大雾等恶劣天气依然可以正常工作，可以认为具有全天候特性。

4.1.2　毫米波雷达的优缺点

毫米波雷达是工作在毫米波频段（30~300GHz）的雷达，毫米波位于微波与远红外波相交叠的波长范围，在实际应用中，车用毫米波雷达采用的频段与毫米波频段有些不同，例如 24GHz 的车用毫米波雷达，波长为12.5mm，不属于"毫米波频段"，但也大致算是车用毫米波雷达的频段范围（10~200GHz），如图 4.1 所示。

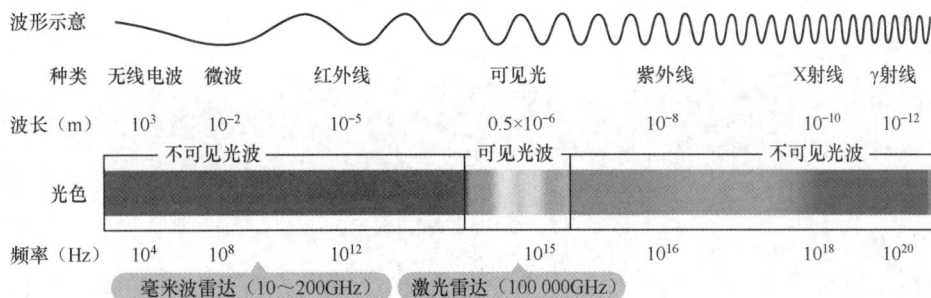

彩图 4.1

图 4.1　毫米波雷达波长在光谱中的位置

目前车上搭载的毫米波雷达能测量距离、速度以及方位角这 3 个维度的信息，也叫 3D 毫米波雷达，主要的优点有：探测距离远，响应速度快，目标跟踪能力和识别能力好，抗干扰能力强，可全天时全天候工作，尺寸小，重量轻等。

3D 毫米波雷达虽然具有上述优点被广泛应用于自动驾驶辅助系统，但它也存在一定的缺点和局限性。

（1）对物体识别度差。对障碍物细节识别程度不高，无法进行图像颜色识别，无法提供障碍物高度信息，几乎无法区分龙门架、道路侧面的金属标牌或道路上停放的静止汽车，因此在算法上通常忽略掉上述相对于路面静止的雷达回波以避免虚警现象，但这也带来一定隐患，如一辆开启自动辅助驾驶系统特斯拉 Model 3 在高速路上会无减速地直接撞上已经侧翻在地的、静止的白色货车。

（2）对金属敏感。由于毫米波雷达发出的电磁波对金属极为敏感，在实际测试过程中会发现近处路面上突然出现的钉子、远距离外的金属广告牌都会被认为是障碍物。一旦车辆高速行驶，被这些突然跳出的障碍物干扰时，会不断制动，从而导致汽车的舒适性下降。

（3）无色彩信息。

目前 4D 毫米波雷达是一个重要的方向，是在 3D 毫米波雷达的基础上增加了俯仰角的测量能力，即能够检测到障碍物的高度信息，不仅输出的信息更完整，而且能够识别静态障碍，在很大程度上解决了 3D 毫米波雷达对物体识别度差的问题。

|4.2 毫米波雷达的分类|

毫米波雷达可以按频段、探测距离和工作原理来分类。

4.2.1 按频段分类

目前世界各国对车载毫米波雷达分配频段各有不同，主要有 24GHz、60GHz、77GHz、79GHz 这几个频段。本书介绍目前主流的 24GHz 和 77GHz 这两种频段的毫米波雷达。两者的主要不同体现在探测距离和应用方向上，如图 4.2 所示，其具体对比如表 4.1 所示。

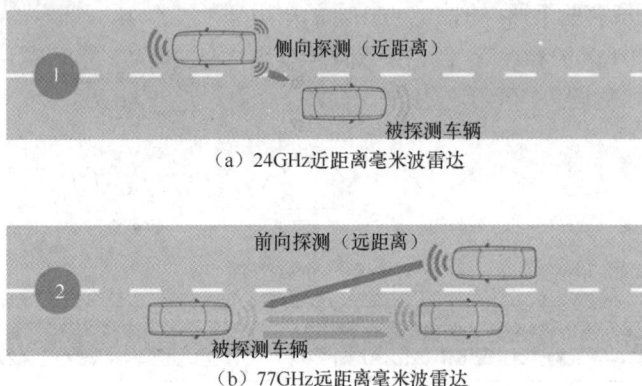

（a）24GHz近距离毫米波雷达

（b）77GHz远距离毫米波雷达

图 4.2 两类毫米波雷达探测距离示意

表 4.1　　　　　　　　　　24GHz 和 77GHz 毫米波雷达的对比

类型	特点	主要应用
24GHz 毫米波雷达	近距离（50~60m）、探测角度大	侧向探测，称为角雷达
77GHz 毫米波雷达	中距离和远距离（100~250m）、探测距离远	前向探测，称为中长距离雷达

77GHz 毫米波雷达由于其较小的体积更容易实现单芯片的集成，77GHz 毫米波雷达具备更高的识别精度、更高的信噪比以及更强的穿透能力等。

4.2.2　按探测距离分类

毫米波雷达按探测距离可分为近距离毫米波雷达（SRR）、中距离毫米波雷达（MRR）和远距离毫米波雷达（LRR），如表 4.2 所示。为了满足不同距离范围的探测需求，一辆汽车上会安装多个近距离、中距离和远距离毫米波雷达。其中 24GHz 毫米波雷达主要实现近距离探测，77GHz 毫米波雷达系统可以实现中距离和远距离探测。

表 4.2　　　　　　　　　　　　不同类型车载毫米波雷达的应用场景

毫米波雷达类型		近距离毫米波雷达	中距离毫米波雷达	远距离毫米波雷达
工作频段/GHz		24	77	77
探测距离/m		小于 60	100 左右	大于 200
应用场景及安装位置	自适应巡航控制系统		前方	前方
	前向碰撞预警系统		前方	前方
	自动紧急制动系统		前方	前方
	盲区监测系统	侧方	侧方	
	自动泊车辅助系统	前方后方	侧方	
	变道辅助系统	后方	后方	
	后碰撞预警系统	后方	后方	
	行人检测系统	前方	前方	
	驻车开门辅助系统	侧方		

4.2.3　按工作原理分类

毫米波雷达按工作原理的不同可以分为脉冲式毫米波雷达与调频连续波毫米波雷达两类。

（1）脉冲式毫米波雷达（Pulse Width Modulation Radar，PMWR）通过发射脉冲信号与接收脉冲信号之间的时间差来计算目标距离，如图 4.3 所示。脉冲式毫米波雷达可以使用单天线进行发射和接收，可以对远距离的目标进行检测，且具有较高的分辨率。

（2）目前车载毫米波雷达以调频连续波（Frequency Modulated Continuous Wave，FMCW）毫米波雷达（后续简称 FMCW 毫米波雷达）为主，FMCW 毫米波雷达是通过对连续波进行频率调制，根据发射信号和回波信号的频率差和相位差来获取目标信息的一种雷达体制，常用的 FMCW 毫米波雷达信号波形有三角波和锯齿波等。

FMCW 毫米波雷达主射频组件的简化框图如图 4.4 所示，其中，合成器生成一个线性调频脉冲，该线性调频脉冲由发射天线（TX 天线）发射，物体对该线性调频脉冲的反射生成一个由接收天线（RX 天线）捕捉的反射线性调频脉冲，混频器将 RX 信号和 TX 信号合并到一起，生成一个中频（IF）信号，通过对 IF 信号处理，从而获得目标距离和速度信息。

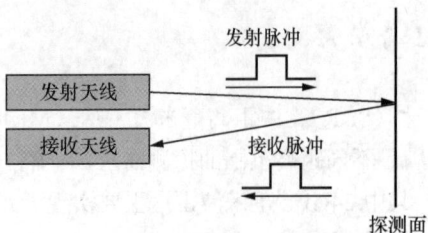

图 4.3 脉冲式毫米波雷达测距原理

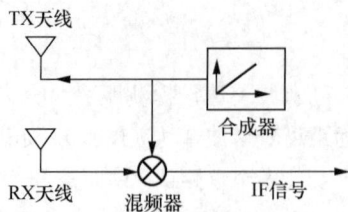

图 4.4 FMCW 毫米波雷达主射频组件的简化框图

下面以三角波调频连续波为例来简单介绍 FMCW 毫米波雷达的测距和测速原理。如图 4.5 所示，扫频周期为 T，发射波经过目标反射，反射波与发射波形状相同，但是存在一个时间差 Δt，还包括一个多普勒频移。发射信号与反射信号在某一时刻的频差即为混频输出的中频频率。相对运动物体反射信号由于多普勒效应产生频移，在三角波的上升沿与下降沿输出的中频频率（即频率差）分别为 Δf_1 和 Δf_2。

如果没有多普勒频率（即目标相对静止），上升沿期间的频率差值等于下降沿期间的频率差值（即 $\Delta f_1 = \Delta f_2$）。对于相对运动目标，则上升/下降沿期间的频率差不同（即 $\Delta f_1 \neq \Delta f_2$），我们可以通过这两个频率差来计算距离和速度。

拓展知识：FMCW 毫米波雷达测速、测距、测方位角原理

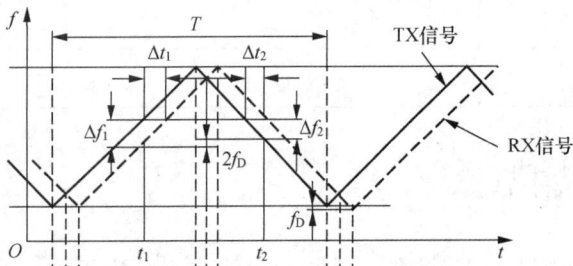

FMCW 毫米波雷达还可以测方位角。通过并列的接收天线接收到同一目标物体反射回来的电磁波之间的相位差计算得到目标的方位角，FMCW 毫米波雷达测方位角原理如图 4.6 所示。在测量物体方位角时，至少需要两组接收天线，两组接收天线的位置及之间的距离是已知的。计算出物体与两组接收天线的距离后，即可确定物体的方位角。

图 4.5 FMCW 毫米波雷达测距和测速原理

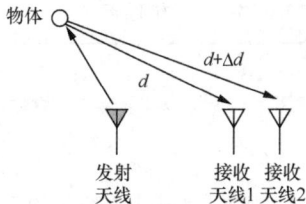

图 4.6 FMCW 毫米波雷达测方位角原理

与脉冲式毫米波雷达相比，FMCW 毫米波雷达具有以下优点。

a. 由雷达理论可知，距离分辨力是由雷达信号的带宽决定的，FMCW 毫米波雷达具有较大的带宽，因此具有较高的距离分辨力。毫米波雷达多普勒效应明显，具有良好的多普勒分辨率，测速精度高，因此毫米波雷达具有精度高的特点。

b. 由于 FMCW 毫米波雷达的回波信号延时远小于发射信号的时宽，所以雷达发射机和接收机可以同时工作，不存在距离盲区。

c. 在一定的噪声功率条件下，雷达的检测能力由雷达信号的能量决定。FMCW 毫米波雷达具有超大的时带积，远大于相同信号带宽和电平的脉冲雷达，所以在相同检测能力条件下，FMCW 毫米波雷达发射功率低，不易被截获。

d. 由于 FMCW 毫米波雷达具有超大的时带积，所以不需要较高的峰值功率，这样它的工作电压就比较低，不需要使用高功率、高电压器件，从而使得整个系统结构简单、体积较

小、重量较轻、成本较低。

|4.3　毫米波雷达系统的构成|

对汽车应用来说，毫米波雷达系统包括天线、射频组件、信号处理模块及控制电路等部件，如图 4.7 所示。其中天线和射频组件是核心的硬件部分。

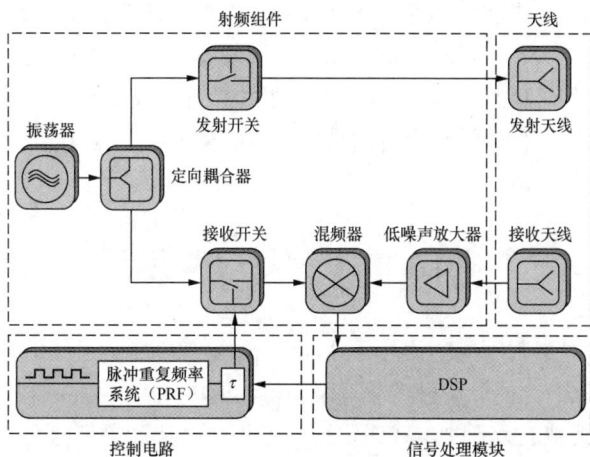

图 4.7　毫米波雷达系统组成

调制信号通过振荡器产生的 GHz 级别的高频信号，经过定向耦合器，一路由天线以电磁波的形式发射，另一路作为本振信号经过接收开关到混频器。由本机产生的等幅波信号叫本振信号，它可以是本地振荡器产生的信号，很稳定，比较常见的是晶体振荡器产生的，用于混频、倍频、分频等。目标反射发射天线的信号由接收天线接收，经过低噪声放大器后，在混频器与本振信号进行混频，得到差频信号，再通过信号处理模块（DSP）获得目标的相对距离、速度和方位信息，最后将这些信息发送给汽车进行控制判断。

4.3.1　天线

天线作为毫米波发射和接收的重要部件，是汽车毫米波雷达有效工作的关键设计之一。汽车毫米波雷达的天线需要满足以下要求。

（1）天线能够大批量生产且成本低。

（2）天线的设计要便于安装在车的头部。同时，天线必须被集成在车内而不能影响汽车的外观。

因为毫米波的波长只有毫米级，所以天线可以实现小型化，通过设计多根天线可以形成列阵，达到窄波束的目的。因此，集成在 PCB 上成为一种很好的解决方案。这种天线 PCB 具有体积小、重量轻、成本低、电性能多样化以及易集成等多种优点。

4.3.2　射频组件

射频组件负责毫米波信号调制、发射、接收以及回波信号的解调等，为满足车载雷达体积小、成本低等要求，目前主流的方案就是将射频组件集成化，即单片微波集成电路（Monolithic Microwave Integrated Circuit, MMIC），如图 4.8 所示。MMIC 芯片通过半导体工艺在砷化镓（GaAs）、锗硅（SiGe）或硅（Si）芯片上集成了包括低噪声放大器（Low Noise Amplifier, LNA）、振荡器、开关、混频器等多个电子元器件。通过 MMIC 芯片，射频组件具有集成度高、成本低等特点，可大幅简化毫米波雷达的结构。因此毫米波雷达具有尺寸小、重量轻的特点。

图 4.8　MMIC 示意

4.3.3　信号处理模块

信号处理模块通过嵌入不同的信号处理算法（主要包括阵列天线的波束形成、信号检测、测量、分类和跟踪算法），提取从射频前端采集得到的中频信号，获得特定类型的目标信息，例如距离、速度和其他有用信息。信号处理模块一般以数字信号处理器（Digital Signal Processors，DSP）芯片为核心，实现复杂的数字信号处理算法，满足雷达的实时性需求。

毫米波雷达的数字处理还可以通过现场可编程门阵列（Field Programmable Gate Array，FPGA）芯片（逻辑芯片）实现。FPGA 芯片是专用集成电路中的一种半定制电路，集成了大量可编程逻辑器件并连接大量单元，能实现复杂的组合逻辑功能。而 DSP 芯片是一种微处理器芯片，将模拟信号转换为数字信号，并实时实现各种数字信号处理算法，具有低功耗、可编程化、高速、实时性等特点。DSP 芯片和 FPGA 芯片分别在复杂算法处理和大数据底层算法上具备优势，因此"DSP+FPGA"融合将逐渐成为主流的应用方案。

4.3.4　控制电路

控制电路是汽车雷达系统实现汽车主动安全控制执行的最后一环，根据信号处理模块获得的目标信息，结合车身动态信息进行数据融合，最终通过主处理器进行智能处理，对车辆前方出现的障碍物进行分析和判断，并迅速做出处理和发出指令，及时传输给报警显示系统和制动执行系统。

|4.4　毫米波雷达及芯片参数介绍|

4.4.1　毫米波雷达具体技术参数介绍

毫米波雷达主要根据其具体技术参数来选择，这些技术参数主要包括最大探测距离、视场角、测量分辨率、测量精度和最大探测目标数，如表 4.3 所示。

表 4.3　　　　　　　　　　　　　　　　毫米波雷达技术参数

技术参数	概念		举例	说明
最大探测距离	指毫米波雷达所探测目标的最大距离		200m	毫米波雷达无法探测 200m 以外的障碍物
视场角	指毫米波雷达能够探测的角度范围（扫描扇形角度），分为水平视场角（水平扇形角度）和垂直视场角（垂直仰角）			关于视场角的详细说明见下文
测量分辨率	距离分辨率	指距离方向分辨两个目标的能力	4m	毫米波雷达不能区分距离相差 4m 以下的两个障碍物
	速度分辨率	指速度维度区分同一位置的两个目标的能力	0.1m/s	毫米波雷达不能区分速度差小于 0.1 m/s 的两个障碍物。关于速度分辨率的详细说明见下文
	角度分辨率	指角度维度分离具有相同距离和速度的目标的能力	1.6°	两个物体在空间上至少需要相距 1.6°，才能被雷达区分开来。若两个物体相距小于 1.6°，那么在角度方向上，两物体会重合。关于角度分辨率的详细说明见下文
测量精度	距离精度	指测量单个目标时，目标距离的测量值与真实值的差值	0.12m	目标距离的测量值与真实值相差 0.12m，取决于信噪比
	速度精度	指测量单个目标时，目标速度的测量值与真实值的差值	0.14m/s	目标速度的测量值与真实值相差 0.14m/s，取决于信噪比
	角度精度	指测量单个目标时，目标角度的测量值与真实值的差值	±0.8°	目标角度的测量值与真实值相差 ±0.8°
最大探测目标数	指毫米波雷达在探测过程中可同时探测目标的最大数目		32	毫米波雷达最多可以同时探测 32 个障碍物。关于最大探测目标数的详细说明见下文

1. 视场角

毫米波雷达视场角通常和探测距离成反比例，探测距离越远，视场角越小。探测距离与视场角的关系如图 4.9 所示。很多毫米波雷达的探测范围是固定的，而有些高端雷达可以根据具体的场景需求，设置很多不同的探测距离和相关角度。

某毫米波雷达产品的视场角与探测距离的关系如表 4.4 所示。

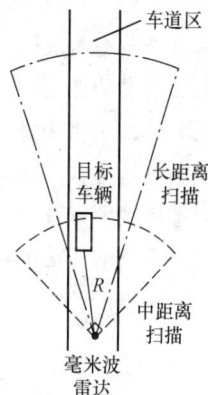

图 4.9　探测距离与视场角的关系

毫米波雷达产品	视场角（探测距离）		
LRR4 远程毫米波雷达	±6°（200m）　　±10°（100m） ±15°（30m）　　±20°（15m）		
MMR 中程前向毫米波雷达	±6°（160m）　　±9°（100m）　　±10°（60m）		
MMR 中程后向毫米波雷达	±5°（70m）　　±75°（近距离）		

表 4.4　某毫米波雷达产品的视场角与探测距离的关系

毫米波雷达技术参数示意如图 4.10 所示。

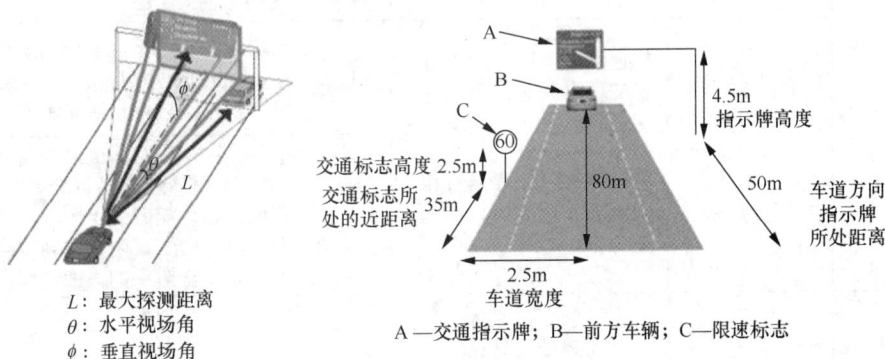

L：最大探测距离
θ：水平视场角
φ：垂直视场角

A —交通指示牌；B—前方车辆；C—限速标志

图 4.10　毫米波雷达技术参数示意

最大探测距离、水平视场角和垂直视场角这 3 个技术参数，直接决定了毫米波雷达的整体探测范围；在汽车经过桥洞的场景下，垂直视场角对汽车能否安全通过起着重要的作用。

2．测量分辨率

测量分辨率包括距离分辨率、速度分辨率和角度分辨率。

（1）速度分辨率。雷达的速度分辨率取决于雷达工作波长（λ）和相干信号处理器的积累时间（T），约为 $\dfrac{\lambda}{2T}$。例如，一个工作在 5mm 波长的毫米波雷达，相干信号处理器的积累时间为 250ms，则速度分辨率约为 0.01m/s。

（2）角度分辨率。角度分辨率取决于雷达的工作波长和天线口径尺寸（L），约为 $\dfrac{\lambda}{2L}$。雷达的角度分辨率一般较低，在实际情况下，由于距离分辨率和速度分辨率较高，因此目标一般可以在距离和速度维度区分开。

3．最大探测目标数

最大探测目标数、探测距离、水平视场角和垂直视场角这 4 个技术参数直接决定毫米波雷达的测量精确值以及基于此做出的车辆控制指令的可靠性。图 4.11 所示为车辆对沿行驶方向前方扫描结果的雷达屏幕显示，探测目标数是 22 个。

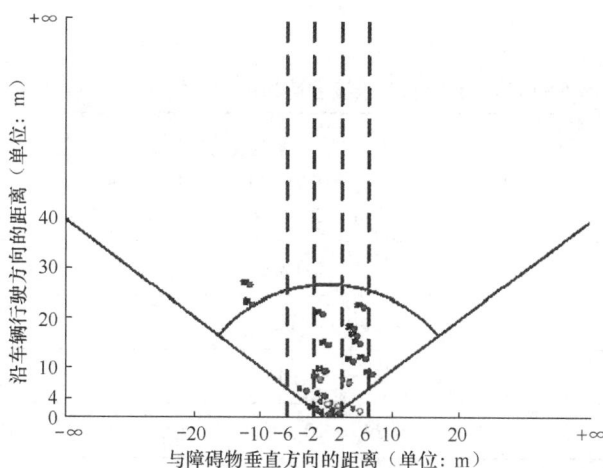

彩图 4.11

图 4.11　雷达屏幕显示

目前车载毫米波雷达主要采集车辆前向、后向和侧向障碍物的位置和速度等信息。常见的车载毫米波雷达有前向毫米波雷达（一般采用长距离毫米波雷达）和角向毫米波雷达（一般采用中短距离毫米波雷达）两种。两种雷达的性能指标如表 4.5 所示。

表 4.5　　　　　　　　　　　前向毫米波雷达和角向毫米波雷达的性能指标

性能指标	前向毫米波雷达	角向毫米波雷达
水平方向夹角范围	25°±5°	110°±10°
垂直方向仰角范围	4.5°±0.5°	4.5°±1.5°
相对速度范围	−120～250km/h	−120～250km/h
探测距离范围	0.5～190m（RCS=10m²） 0.5～100m（RCS=3m²）	0.5～70m（RCS=10m²） 0.5～30m（RCS=3m²）
距离分辨率	0.5m	0.5m
水平方向夹角分辨率	0.2°	0.2°
垂直方向仰角分辨率	1°	1°
相对速度分辨率	1m/s	1m/s
距离精度	±0.5m	±0.5m
水平方向夹角精度	±0.1°	±0.1°
垂直方向仰角精度	±0.5°	±0.5°
相对速度精度	±0.5m/s	±0.5m/s

RCS（Radar Cross Section，雷达散射截面积）：是目标在雷达接收方向上反射雷达信号能力的度量，它表征目标在雷达波照射下所产生回波强度的一种物理量

表 4.6 的性能指标是针对大部分毫米波雷达产品而言的，不是所有的毫米波雷达产品都符合指标。个别毫米波雷达生产商会根据应用场景的需求来对其进行调整。

某品牌的 77GHz 前向毫米波雷达的技术参数表如表 4.6 所示，具体来说，该前向毫米波雷达在长距模式下，视场角（FOV）如果是±9°的话，探测距离最远可以到 120m，若 FOV 收窄到±4°，则可以最远探测到 170m 的目标，类似地，对于角度精度，FOV 为 0°的毫米波雷达信号最强，因此精度最高。为±0.3°，而在长距模式（FOV 为±9°）和短距模式（±45°）下，

角度精度分别为±0.1°和±1°。

表 4.6　　　　　　　　某品牌的 77GHz 前向毫米波雷达的技术参数

参数名称	前向毫米波雷达
探测距离范围	0.20～170m@±4°，0.20～120m@±9°（长距模式） 0.20～70m@±9°，0.20～40m@±45°（短距模式）
距离分辨率	0.82m
距离精度	±0.3m
水平方向夹角范围	±45°
角度精度	±0.1°@±9°（长距模式），±0.3°@0°，±1°@±45°（短距模式）

注：表 4.6 中"@"后面的角度值为视场角。

由表 4.7 可以看出，该前向毫米波雷达的距离分辨率相对于表 4.6 性能指标中的距离分辨率是偏大的，而距离精度比表 4.6 性能指标中的距离精度更好，且水平方向夹角范围大于表 4.6 性能指标中的水平方向夹角范围。这款毫米波雷达更适用于对探测范围及测距精度要求较高的应用场景中。

4.4.2　毫米波雷达芯片技术参数

从芯片性能角度出发，我们需要注意以下技术参数，以美国某公司生产的几款毫米波集成芯片技术参数为例，如表 4.7 所示。

表 4.7　　　　　　美国某公司生产的几款毫米波集成芯片技术参数

型号	AWR1843	AWR1642	AWR1443
产品图	AWR1843 mmWave Sensors	AWR1642 mmWave Sensors	AWR1443 mmWave Sensors
毫米波频率	76～81GHz	76～81GHz	76～81GHz
信号发射器数目	4	4	4
信号接收器数目	3	2	3

（1）信号发射器数目。每个发射器发出的信号波线束的角度是固定的，因此信号发射器越多，就意味着毫米波雷达的角度精确度越高，垂直方向的最大仰角越大。

（2）信号接收器数目。信号接收器越多，意味着可以同时处理的反射信号越多，最大探测目标数越大。

|4.5　毫米波雷达的选用标准|

在不同的应用场景下，对毫米波雷达性能的要求不同，那么对它的选用标准也会有所不同。接下来，根据毫米波雷达的应用场景对其重点参数进行进一步说明。

4.5.1　自适应巡航控制系统

自适应巡航控制（Adaptive Cruise Control，ACC）系统是一种基于传感器识别技术诞生的智能巡航控制系统，如图 4.12 所示。相比只能根据驾驶员设置的速度进行恒定速度巡航的传统巡航控制系统，ACC 系统可以对前方车辆进行识别，从而实现"前车慢我就慢，前车快我就快"的智能跟车的效果。

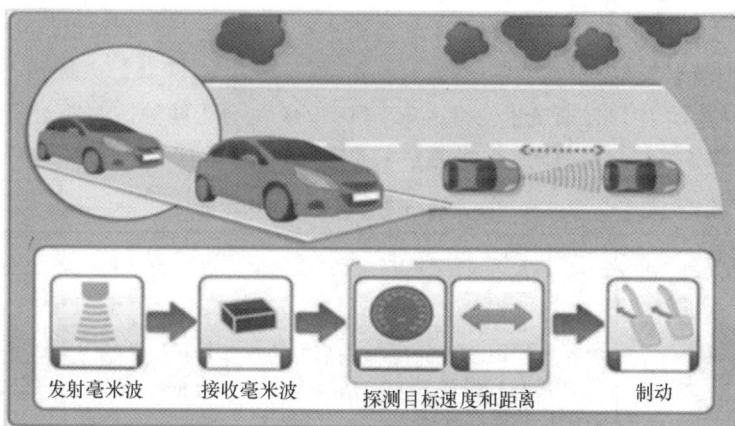

发射毫米波　接收毫米波　探测目标速度和距离　制动

图 4.12　自适应巡航控制系统

毫米波雷达探测距离越大，留给汽车系统的反应时间就越长，行驶也就越安全。在汽车行驶速度超过 100 km/h 的场景下，对毫米波雷达的速度测量精度的要求远远高于距离测量精度。其毫米波雷达速度测量精度必须低于 1.5m/s。

在毫米波雷达探测过程中，会出现以下 3 个盲区，如表 4.8 所示。

表 4.8　　　　　　　　　　　　毫米波雷达探测盲区

盲区	盲区产生原因	涉及参数
①	由于毫米波雷达的水平视场角大小的限制导致无法探测车辆侧前方的自行车	水平视场角
②	汽车行驶在弯道的情况下，毫米波雷达的水平视场角与探测目标角度存在偏差造成	水平视场角
③	在曲率过大或上下起伏的曲折蜿蜒的道路上，探测车辆不在毫米波雷达的垂直视场角的范围内	垂直视场角

选用标准如下所述。

在盲区①、②情况下，毫米波雷达的水平视场角越大，探测结果越可靠。

在盲区③的情况下，需要雷达的垂直视场角足够大，至少超过上、下坡的倾斜角度。当这些先决条件不能满足时，在交叉路口、高速公路进出口，曲率过大或上下起伏的曲折蜿蜒的道路上不允许使用自适应巡航系统。

4.5.2　变道辅助系统

变道辅助（Lane Change Assist，LCA）系统通常利用 24GHz（欧洲使用 77GHz）毫米波雷达对车辆两侧及后方视觉盲区不断扫描，获取该区域内物体的距离、角度、速度等信息。结合软件算法进行优化和分析，精准定位到对车主产生潜在危险的车辆，提供更准确的预警信息。这些雷达通常需要至少 70m 的最大探测距离，其反应快，能够以相当精确的角方位和测速功能来监测旁边移动物体的方位和速度，并能够区分车道栏杆、隧道墙壁与即将从侧后方超车的车辆之间的差别。需在行驶中主动监测左右两侧后方超车的车辆，并主动提示驾驶员侧后方有无来车。

在变道辅助场景中，目前毫米波雷达在车辆上的布局分为两种，如表 4.9 所示，其中特斯拉品牌的车辆（只有一个前向毫米波雷达）不在其中。

表 4.9　　　　　　　　　　　　　变道辅助场景毫米波雷达布局

布局方案	描述
 1 长 2 后	1 长：在车辆前部搭载长距离毫米波雷达。 2 后：在车辆后部的布局对后方的两个中距毫米波雷达测量范围要求很高，雷达需具有超过 100m 的最远探测距离，而且在 10m 范围内需要能探测 140°广角扇形区域
 1 长 4 短	1 长：在车辆前部搭载 1 个长距离毫米波雷达。 4 短：在后视镜附近以及后方拐角处靠近保险杠位置搭载 4 个短距离毫米波雷达。雷达的扫描角度应保证能探测到车辆两侧的车道线

选用标准：总体来说变道辅助场景要求毫米波雷达的水平视场角要尽量大，速度测量精度和角度测量精度要尽量高，测量距离和垂直视场角则要求不高。

4.5.3　自动紧急制动系统

自动紧急制动（Autonomous Emergency Braking，AEB）系统是一种汽车主动安全辅助功能，其利用毫米波雷达测出与前车或者障碍物的距离，然后利用数据分析模块将测出的距离与警报距离、安全距离进行比较，当测出的距离小于警报距离时就进行警报提示，而当小于安全距离时即使是在驾驶员未及时踩下制动踏板的情况下，自动紧急制动系统也会启动，使汽车自动制动，从而确保驾驶安全，如图 4.13 所示。

图 4.13　自动紧急制动系统

自动紧急制动系统只能在低速（速度低于 50km/h）的情况下实现紧急制动，以避免或减轻碰撞所引起的损坏。

选用标准：在紧急制动应用场景中，对毫米波雷达的最小探测距离、距离测量精度和灵敏性的要求较高。因此，应选用满足这些性能要求的毫米波雷达。

4.6 实训任务必要知识准备

本项目实训任务如表 4.10 所示。

表 4.10   本项目实训任务

项目任务	简要实训步骤	目标
任务 4.1 拆装与调试毫米波雷达	（1）实施准备与工具准备； （2）规范地安装与拆卸毫米波雷达； （3）正确调试毫米波雷达； （4）整理与清洁	培养学生拆装过程中规范操作的意识，能正确做好防护工作，正确使用工具等；通过任务，学生能独立地完成毫米波雷达的装调工作
任务 4.2 毫米波雷达的故障诊断与排除	（1）实施准备与工具准备； （2）毫米波雷达故障原因分析； （3）毫米波雷达排故实施； （4）整理与清洁	通过本任务，学生能够了解毫米波雷达常见的故障原因，并能通过软件以及万用表工具等排故
任务 4.3 基于毫米波雷达实现前方碰撞预警功能的开发	（1）编写 Python 脚本； （2）模拟场景验证 Python 脚本的场景策略结果	针对本任务，学生最好有一定的编程语言基础如 Python 相关知识，了解前方碰撞预警功能的工作原理；通过本任务，学生能按照本书中的步骤，模拟前方碰撞预警场景，并验证自己编写的 Python 脚本的场景策略结果

4.6.1 拆装与调试毫米波雷达知识准备

1．毫米波雷达类型与端口接头定义

本书配套的实训平台采用的是中距毫米波雷达（EMRR），最多可处理 64 个目标，具有双工作模式，探测距离为 150m（视场角为 10°时，窄角模式）。其端口接头定义及说明如表 4.11 所示。

> 💡 **注 意**
>
> 毫米波雷达与车辆的数据交换由两路 CAN 接口完成，另有两路高边驱动器（HSD）直接驱动外部负载（高边驱动是指通过直接在用电器或者驱动装置前通过在电源线闭合开关来实现驱动装置的使能）。

表 4.11　　　　　　　本书配套的实训平台采用的毫米波雷达端口接头定义及说明

毫米波雷达端口接头定义及说明	针脚	符号	颜色	功能
	1	Vbat	红	9～36V
	2	GND	黑	接地
	3	RCANL	黄	RCAN 低信号
	4	RCANH	绿	RCAN 高信号
	5	BCANL	蓝	BCAN 低信号
	6	BCANH	橙	BCAN 高信号
	7	OUT1	白	输出口 1
	8	OUT2	褐	输出口 2

表 4.11 彩图

2．正向毫米波雷达安装俯仰角

正向毫米波雷达位于台架中轴线，为方便拆装、调试及检测与安装支架一起外露在安装面板上，其安装俯仰角如图 4.14 所示。毫米波雷达波束的中心平面要求与路面基本平行，需保证与路面夹角的最大偏差不超过 2°±0.3°。

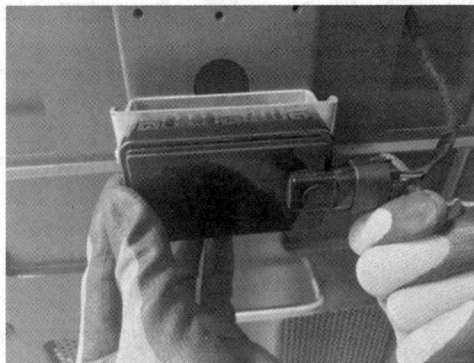

图 4.14　正向毫米波雷达安装俯仰角

4.6.2　毫米波雷达的故障诊断与排除知识准备

1．毫米波雷达测试孔定义

本书配套的故障诊断台的毫米波雷达测试孔端子定义如图 4.15 所示，下方是电源线，上方是 CAN 信号线，靠近毫米波雷达方框的上、下测试孔分别代表的是毫米波雷达 CAN 输入端信号和电源输出信号，便于用工具（如万用表和示波器等）测试毫米波雷达本身的得电情况和信号发送情况；而远离毫米波雷达的测试孔，则可以测试外部给毫米波雷达供电的情况，以及上位机接收 CAN 信号的情况。这里只涉及电源故障和 CAN 信号故障。

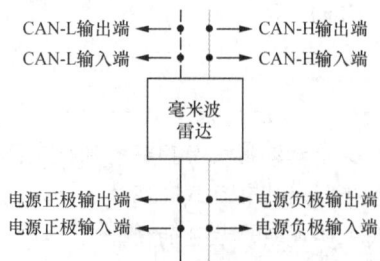

图 4.15　毫米波雷达测试孔端子定义

2．毫米波雷达的故障原因分析（见表4.12）

表 4.12　　　　　　　　　　毫米波雷达的故障原因分析

故障	毫米波雷达电源故障	毫米波雷达通信故障
故障原因	电源出现故障，如电源正极断路，电源负极断路，电源正、负极同时断路	（1）毫米波雷达总线CAN-H出现对正极短路、对负极短路，断路故障； （2）毫米波雷达总线CAN-L出现对正极短路、对负极短路，断路故障； （3）总线CAN-H与CAN-L同时出现断路故障

4.6.3　基于毫米波雷达实现前方碰撞预警功能知识准备

前方碰撞预警功能是一种高级安全辅助系统，其能够通过雷达系统来时刻监测前方车辆，判断前车与本车的距离、方位及相对速度，当存在碰撞风险时对驾驶员进行警告。前方碰撞预警功能的主要功能为：车距监测及追尾预警、前方碰撞预警、车道偏离预警、导航功能、黑匣子功能。

拓展知识：前方碰撞预警系统的定义和工作原理

1．场景介绍

本书设置了3个不同的场景。此处选用的加速度为9m/s²，预留车距为5m。理想状态下，我方车辆与前方车辆的加速度相同，驾驶员的反应时间和制动系统响应时间为0s。

（1）场景一：前方车辆静止，我方车辆向前行驶。

（2）场景二：前方车辆并入我方车道，前方车辆速度不变，我方车辆向前行驶。

（3）场景三：前方车辆减速制动，我方车辆向前行驶。

2．预警模拟软件实现前方碰撞预警功能的原理

在场景模拟前，预警模拟软件会调用函数随机产生我方车辆和前方车辆的速度值及两车的距离值。其中，产生的我方车辆和前方车辆的速度值和两车的距离值，即模拟毫米波雷达对前方车辆信息的探测。预警模拟软件模拟的信息值的范围如下。

（1）我方车辆与前方车辆的速度值：20~100km/h。

（2）两车的距离值：20~200m。

在场景模拟过程中，预警模拟软件会根据设置的场景要求不断地对函数产生的随机数进行计算，并将计算的数据实时传输给Python脚本，实现实时的数据更新。同时预警模拟软件调用的Python会不断地计算车辆的安全距离（制动距离+预留车距）并与两车的实际距离对比，判断是否应该产生碰撞预警。如果两车当前的距离等于安全距离时，则Python的返回值为1（产生碰撞预警）；反之，Python的返回值为0（不产生碰撞预警）。Python的策略结果会实时地返回给预警模拟软件，预警模拟软件根据返回值判断是否做出碰撞预警。

【项目实施】

|任务 4.1　拆装与调试毫米波雷达|

一、实施准备

（1）防护用品：工作服、安全帽、工作手套。

（2）台架总成：实训平台。

（3）工具及设备：毫米波雷达、数字万用表、毫米波线束、CAN 总线分析仪、直流可调电源、方口 USB 线、示波器数显倾角仪。

（4）辅助材料：绝缘垫、无纺布。

任务 4.1　实施准备

二、工具及设备检查

（1）毫米波雷达外观检查。毫米波雷达表面应有光泽且平滑，为纯黑色，无油污，无残留物，无刮伤、划痕、撞伤，四周应无损伤，无油漆及电镀层脱落，无毛刺，无毛边等，如图 4.16 所示。

（2）毫米波雷达针脚检查。针脚应与底座成 90°直角，无残留物，无变形，针脚完全贴紧底座，无偏移，如图 4.17 所示。

任务 4.1　工具及设备检查

图 4.16　毫米波雷达

图 4.17　毫米波雷达针脚

三、工具及设备检测

（1）毫米波雷达线束电阻值检测。使用数字万用表电阻挡测量毫米波线束每根导线之间的电阻值，正常电阻值应为 0.1~2Ω，如果电阻值很大或超出显示范围，表明该导线有故障或断开，需要考虑更换导线，毫米波雷达线束电阻值检测如图 4.18 所示。毫米波雷达线束颜色及对应端口可以参考表 4.11。

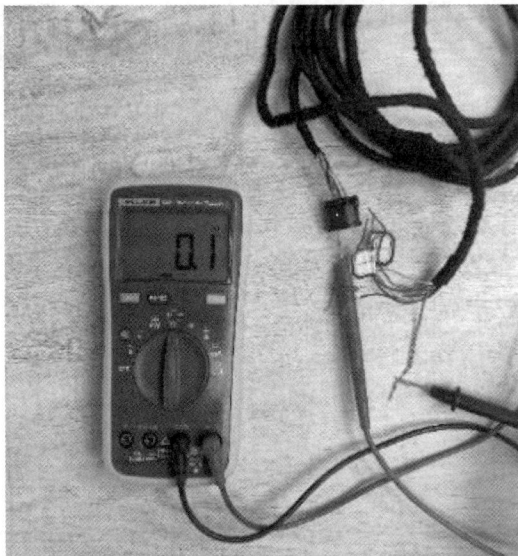

图 4.18　毫米波雷达线束电阻值检测

（2）CAN 总线分析仪电阻值检测。结合上位机软件，CAN 总线分析仪可用于查看毫米波雷达的数据，如图 4.19 所示，CAN 总线分析仪一共有两个通道，分别是 CAN1 通道（高速）和 CAN2 通道（低速），本实验采用 CAN1 通道。为保证 CAN1 通道正常工作，需要把靠近 CAN1 通道的 R1R2 拨动开关的 1 下拨到 ON 状态（R1 和 R2 并联，并且阻值都是 120Ω，下拨到 ON 状态表示接通电阻到 CAN 总线上），然后使用数字万用表电阻挡测量 CAN 总线分析仪 CAN1 通道的电阻值，表笔分别接 H 引脚和 L 引脚，S 引脚（屏蔽线接口）不接，确定电阻读数大约为 120Ω，如图 4.20 所示。

CAN 总线分析仪电阻检测

图 4.19　CAN1 通道 ON1 下拨

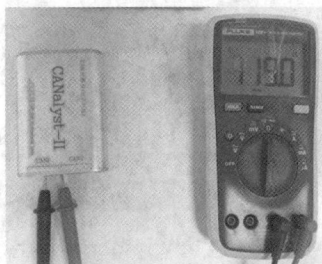

图 4.20　CAN 总线分析仪电阻值

（3）使用示波器检测毫米波雷达。

①硬件连接如图 4.21 所示，给端子 1 和端子 2 提供 9～36V 的电源电压（本应用实训台电源电压为 12V），把 RCANH 和 RCANL 分别连接到 CAN 总线分析仪的高速 CAN-H 和低速 CAN-L。

②连接示波器。通道 CAN1 测量探头连接 RCANH，通道 CAN2 探头连接 RCANL，注意要共地，如图 4.22 所示。正常波形是连续的，两个通道的信号相对的矩形波，如图 4.23 所示，其中蓝色矩形波为通道 1 信号波形，黄色矩形波为通道 2 信号波形。

使用示波器检测毫米波雷达

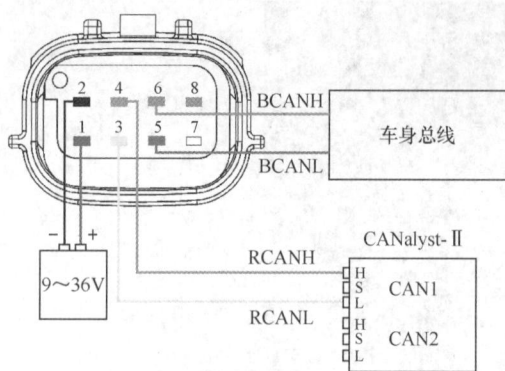

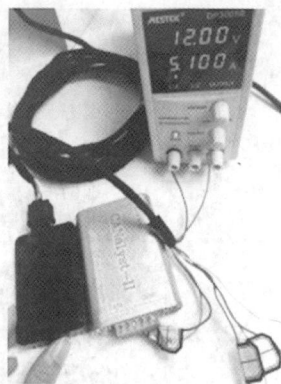

图 4.21　毫米波雷达通信测试硬件连接

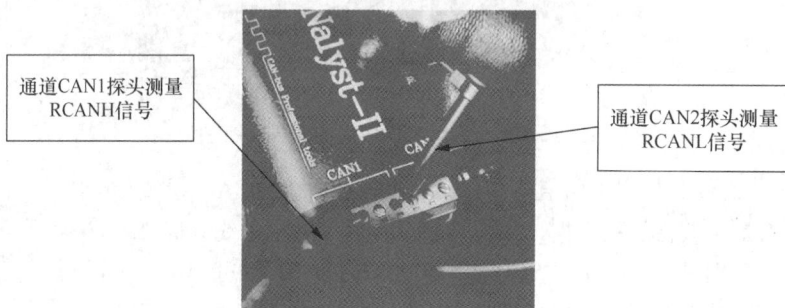

通道CAN1探头测量
RCANH信号

通道CAN2探头测量
RCANL信号

图 4.22　示波器探头连接测量信号

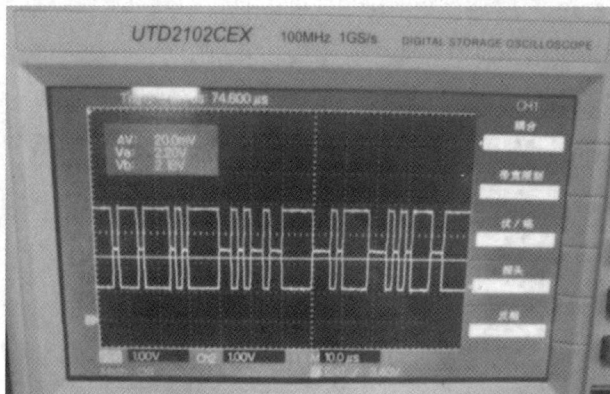

图 4.23　毫米波雷达波形

四、毫米波雷达的安装与拆卸

（1）安装毫米波雷达。使用合适的工具在实训平台上安装毫米波雷达，因为要调整角度，因此略微紧固即可，如图 4.24 所示。

（2）打开数显倾角仪（长按"ON/OFF"键），找到水平面，用其底部贴紧水平面，按"ZERO"键校准数显倾角仪；然后使数显倾角仪的侧面紧贴毫米波雷达，调整毫米波雷达俯仰角为 2°，误差在 ±0.3°内即可，然后使用工具紧固螺栓，如图 4.25 所示。

图 4.24　预安装毫米波雷达

图 4.25　调整毫米波雷达上仰角

毫米波雷达的拆卸及整理清洁

（3）拆卸毫米波雷达。拆卸按照安装步骤反序进行即可。

五、毫米波雷达的调试

（1）参考图 4.21，完成硬件连接，然后把 CAN 总线分析仪的 USB 接口连接到实训平台的计算机上。

（2）打开实训平台计算机，在桌面上找到"毫米波雷达测试软件"（随本书提供），如图 4.26 所示，双击打开，其主界面如图 4.27 所示。

毫米波雷达的调试

前方碰撞预警功能测试软件测试

图 4.26　毫米波雷达测试软件

图 4.27　毫米波雷达测试软件主界面

软件主界面左侧是可视化界面显示窗口，右侧是检测到的对象参数，具体介绍如下。

①"目标 ID"：目标 ID 根据报警区域内的目标点距离毫米波雷达的远近进行标号（由近到远逐个递增标号）。如果已经被标号的目标点再次进入报警区域内，那么此目标点的 ID 与第一次被标记的 ID 相同。

②"X 坐标 m"：目标在 x 方向上的坐标。其中，在 x 轴左边为负；在 x 轴右边为正，单位是 m。

③"Y 坐标 m"：目标在 y 方向上的坐标。只检测毫米波雷达前方的目标点，因此 y 坐标为正，单位是 m。

④"X 方向速度 m/s"：目标在 x 方向上的速度。其中，目标向左移动为负；目标向右移

动为正，单位是 m/s。

⑤"Y 方向速度 m/s"：目标在 y 方向上的速度。其中，目标靠近我方车辆为负；目标远离我方车辆为正，单位是 m/s。

⑥"报警区域角度（度）"：如输入 20，表示毫米波雷达左右两边的最大探测角度不超过 20°。

⑦"报警区域距离（米）"：如输入 10，表示毫米波雷达探测到的报警扇形区域内的半径为 10m，可设置的范围在 1.3~50m。

（3）运行测试软件对报警目标进行可视化。单击图 4.27 中右下角的"打开设备"按钮，运行软件，毫米波雷达会自动检测前方障碍物，并将进入设置的警报角度和警报距离范围内的障碍物以 ID 的形式显示在测试软件界面的左侧扇形区域内。检测过程中测试软件显示的画面可能如图 4.28 所示。测试软件界面的右边表格的信息对应左边扇形区域目标的状态信息。

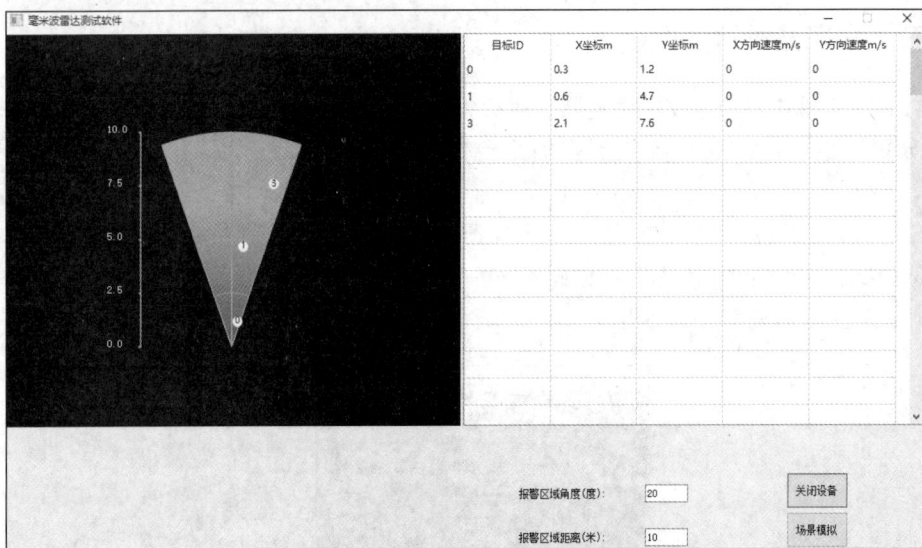

图 4.28　测试软件对报警目标的检测

六、系统复原与 5S

（1）关闭测试软件、计算机及电源。

（2）完成 5S。

| 任务 4.2　毫米波雷达的故障诊断与排除 |

本节主要集中讲述毫米波雷达的电源故障和通信故障。

一、准备工作（这一步可由老师提前完成）

（1）参见项目 1 中项目实施的任务，正确连接实训平台与故障诊断台，打开电源和计算机，在计算机桌面上找到并打开智能网联汽车三维数字化仿真教学软件，完成对毫米波雷达的故障设置，其中，电源故障的故障类型为"负极断路"，总线 CAN-L 与 CAN-H 之间故障的类型为"短路"，如

毫米波雷达电源故障设置

毫米波雷达通信故障设置

图 4.29 所示。

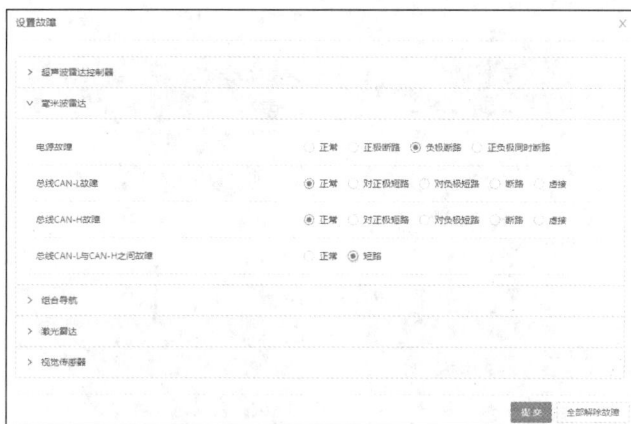

图 4.29　毫米波雷达故障设置

（2）在智能网联汽车三维数字化仿真教学软件的"故障诊断"界面单击"刷新"按钮读取故障码，界面显示相应的故障码，如图 4.30 所示。

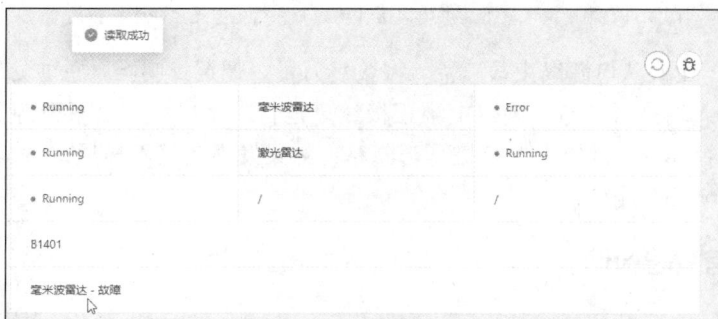

图 4.30　读取故障码

二、故障确认（这一步可安排学生完成）

（1）读取故障码。使用智能网联汽车三维数字化仿真教学软件读取故障码，单击"故障诊断"模块，再单击"刷新"按钮读取故障码，如图 4.30 所示。

（2）确认故障现象。打开毫米波雷达测试软件，设置好报警区域角度和距离后，单击"打开设备"按钮，此时界面无数据显示，确认故障现象。

毫米波雷达电源故障现象确认

毫米波雷达通信故障现象确认

三、电源故障检诊

（1）将数字万用表调至直流电压挡，参考图 4.15 所示的毫米波雷达测试孔，利用万用表检测正极输入端和负极输入端，确认电源是否有供电电压，如图 4.31（a）所示，为 11.95V，说明电源电压正常；接着利用万用表检测正极输出端和负极输出端，确认毫米波雷达是否得电，如图 4.31（b）所示，为 0V，确认电源正常供电，但毫米波雷达没有得电，怀疑电源供电

毫米波雷达电源故障检诊

线断路（开路）。

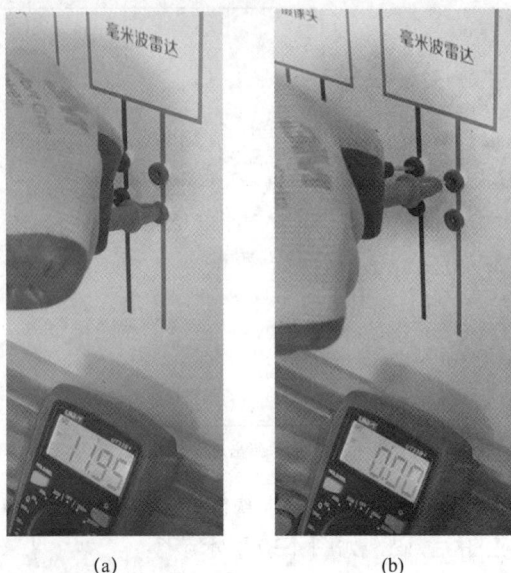

(a)   (b)

图 4.31　测量毫米波雷达供电电压（电源）和得电电压（毫米波雷达）

（2）为进一步确认电源线束故障点，将数字万用表调至蜂鸣挡，通过测量电源正极输出端和正极输入端是否导通，确定电源正极线束是否断路；通过测量电源负极输出端和负极输入端是否导通，确定电源负极是否断路；结果发现负极不导通，正极导通，更换负极线束即可。

毫米波雷达通信故障检诊

四、通信故障检诊

（1）电源故障排除后，使用智能网联汽车三维数字化仿真教学软件再次读取故障码，发现毫米波雷达信号故障，如图 4.32 所示。

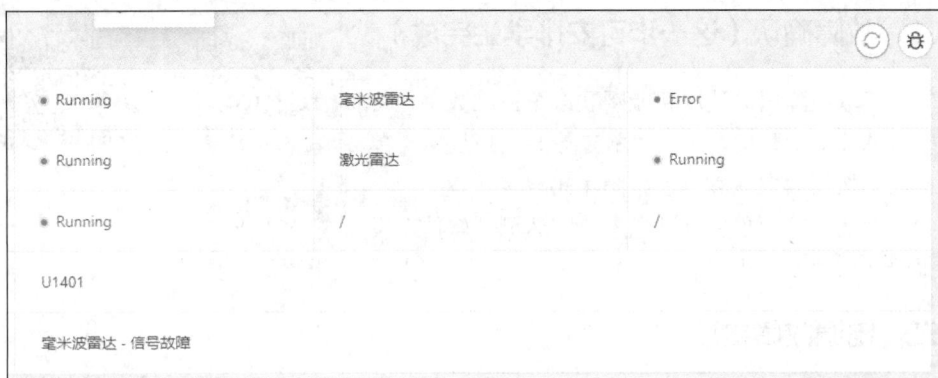

● Running	毫米波雷达	● Error
● Running	激光雷达	● Running
● Running	/	/
U1401		
毫米波雷达 - 信号故障		

图 4.32　毫米波雷达信号故障

（2）使用示波器对毫米波雷达进行波形检测。把示波器的通道 CAN1 探头通过辅助连接线连接到 CAN-L 输出端测试孔，通道 CAN2 探头通过辅助连接线连接 CAN-H 输出端测试孔，注意两个通道都要和毫米波雷达的电源地连接共地，如图 4.33 所示。

（3）打开示波器电源，对 CAN 总线输出端信号波形进行分析。在示波器上经过必要的调节后，查看到的波形如图 4.34 所示，正常的波形如图 4.34 中左下角所示。CAN 通信故障常见原因有 CAN-H 信号线和 CAN-L 信号线互相短路、对电源短路、对地短路和相互接反等，其故障波形各有特点，可以据此判断具体故障原因，其故障类型如表 4.13 所示。

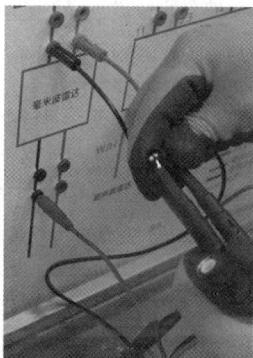

图 4.33　毫米波雷达信号检测接线

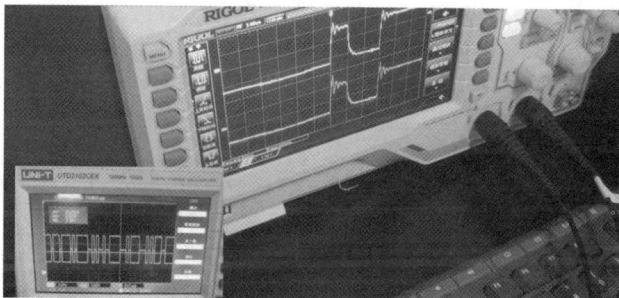

图 4.34　CAN-H 和 CAN-L 信号异常

表 4.13　　　　　　　　　　　　　　　CAN 总线的故障类型

故障类型	故障现象	故障排除方法
CAN-H 与 CAN-L 短路	当无法通信时，利用万用表测量 CAN-H 和 CAN-L 的电压，在正常通信情况下，CAN-H 对地电压约为 2.6V，CAN-L 对地电压约为 2.4V；当两者短路时，两条线电压始终保持在 2.5V 左右，基本不变化；用示波器检测 CAN-H 和 CAN-L 波形，发现基本重合	通过插拔 CAN 总线的控制模块或节点，可以判断是节点本身故障还是线束故障；逐个断开节点，若电压恢复正常，说明该节点有问题，否则说明线路短路，应更换线束
CAN-H 或 CAN-L 对电源（正极或负极）短路	当出现 CAN-H 对电源短路这种故障时，根据 CAN 总线的容错特性，可能出现整个 CAN 网络无法通信的情况或产生相关故障码。 若对电源正极（如 12V）短路，此时 CAN-H 电压被置为 12V，CAN-L 线的隐性电压被置为大约 12V。用万用表测量 CAN-H 和 CAN-L 电压，发现 CAN-H 为 12V 左右，CAN-L 电压为 11V 左右。用示波器检测 CAN-H 信号波形，发现其一直位于 12V 附近波动，而 CAN-L 有波形，但是隐性电压（高电平电压）接近电源电压 12V。 若对电源负极短路，此时 CAN-H 和 CAN-L 的电压被置于 0V 左右，用万用表测量 CAN-H 和 CAN-L 电压，发现接近 0V 且无变化。用示波器检测波形，CAN-H 和 CAN-L 都位于 0V 附近，但是在 CAN-L 导线上还能够看到一小部分的电压变化	常见原因是 CAN-H 和 CAN-L 导线对电源正负极短路引起的，一般更换线路即可，否则要怀疑 CAN 控制模块内部的收发器是否损坏
CAN-H 或 CAN-L 断路	当某个控制模块 CAN-H 或 CAN-L 导线断路时，会导致该控制模块无法实现通信，但其他控制模块的通信还是有的，其他控制模块可能读到此故障模块的故障码。 如果多个控制模块的 CAN-H 和 CAN-L 导线出现断路，那么这些控制模块的通信功能都会受到影响	用万用表测量终端电阻，正常值为 60V，若为 120V，则说明有一个终端电阻短路；如果出现故障的控制模块不带终端电阻，那么需要测量该控制模块的 CAN 导线的导通性。 替换有故障码内容涉及的控制模块和导线，可以快速判断故障是控制模块还是线路造成的

续表

故障类型	故障现象	故障排除方法
CAN-H 和 CAN-L 接反	当出现 CAN-L 与 CAN-H 导线互相接反这种故障时，接错的那个控制模块将无法通信，而其他控制模块的通信正常	首先，结合 CAN 网络图核对线路连接情况，以此进行检查。 其次，用万用表检测无法通信的模块的 CAN 导线针脚处电压，验证电压是否正常，若线路接反，对应的电压值也是反的

五、故障清除与确认

（1）如果学生能正确找到故障原因，则由老师在智能网联汽车三维数字化仿真教学软件中清除故障码，否则让学生继续查找问题。

（2）使用实训平台的智能网联汽车三维数字化仿真教学软件重新读取故障码，确认是否清除故障码。

（3）确认清除故障。打开毫米波雷达测试软件，设置好报警区域角度和距离后，单击"打开设备"按钮，此时若界面有数据，说明故障已清除；使用实训平台的智能网联汽车三维数字化仿真教学软件重新读取故障码，无故障码即可。

毫米波雷达电源故障清除与确认

毫米波雷达通信故障清除与确认

六、系统复原与 5S

（1）关闭测试软件，关闭实训平台的计算机和电源。
（2）断开实训平台和故障诊断台的连接电源。
（3）完成 5S。

系统复原与整理清洁

任务 4.3　基于毫米波雷达实现前方碰撞预警功能的开发

一、准备工作

参考任务 4.1 中关于安装和调试的步骤，正确连接线束，调试好毫米波雷达，确定毫米波雷达可正常工作。

二、预警模拟软件的开发

（1）模拟场景脚本参数编写要求。本节涉及的场景主要包括 3 个：场景一，前方车辆静止，我方车辆向前行驶；场景二，前方车辆并入我方车道，我方车辆向前行驶；场景三，前方车辆减速制动，我方车辆向前行驶。

根据设置的不同场景，编写 Python 脚本（FCW.py），Python 脚本需保存至与毫米波雷达测试软件同一目录下的文件夹中。各个场景对应的脚本参数说明如表 4.14～表 4.16 所示。

表 4.14　　　　　　　　　　　　　　场景一的脚本参数说明

参数 1（my_speed）	参数 2（distance）	返回值 1	返回值 0
我方车速。 单位：km/h	两车距离。 单位：m	产生碰撞预警	不产生碰撞预警

表 4.15　　　　　　　　　　　　　　场景二的脚本参数说明

参数 1 （my_speed）	参数 2 （roadblock_speed）	参数 3 （distance）	返回值 1	返回值 0
我方车速。 单位：km/h	前方车速。 单位：km/h	两车距离。 单位：m	产生碰撞 预警	不产生碰撞 预警

表 4.16　　　　　　　　　　　　　　场景三的脚本参数说明

参数 1 （my_speed）	参数 2 （roadblock_speed）	参数 3 （distance）	返回值 1	返回值 0
我方车速。 单位：km/h	前方车速。 单位：km/h	两车距离。 单位：m	产生碰撞 预警	不产生碰撞 预警

（2）编写 Python 脚本。Python 脚本及脚本内函数名在本书提供的项目中有固定要求，命名如表 4.17 所示。后文列出了实现 3 个场景的 Python 参考脚本代码，读者可以根据具体要求进行修改。

表 4.17　　　　　　　　　　Python 脚本及脚本内函数名的命名

Python 脚本命名	Python 脚本内的函数名		
	场景一	场景二	场景三
FCW.py	fcw_scene1	fcw_scene2	fcw_scene3

```
##################################################
def fcw_scene1(my_speed, distance):
    my_speed = my_speed / 3.6  # km/h 转换为 m/s
    if (my_speed ** 2 / (2 * a)) + 5 > distance:  # 制动距离与两车距离比较
        return 1
    return 0
##################################################
# 场景二：前方车辆并入我方车道，我方车辆向前行驶
# 参数 1：我方车速，my_speed，单位为 km/h
# 参数 2：前方车速，roadblock_speed，单位为 km/h
# 参数 3：两车距离，distance，单位为 m
# 返回值 1：产生碰撞预警        返回值 0：不产生碰撞预警
##################################################
def fcw_scene2(my_speed, roadblock_speed, distance):
    my_speed = my_speed / 3.6  # km/h 转换为 m/s
    roadblock_speed = roadblock_speed / 3.6  # km/h 转换为 m/s
    if my_speed<roadblock_speed:
        return 0
    if ((my_speed + roadblock_speed) /2.0 * (my_speed - roadblock_speed) / a) -
(roadblock_speed * ((my_speed - roadblock_speed) / a)) + 5 > distance:
```

```
        return 1
    return 0
##################################################
# 场景三：前方车辆减速制动，我方车辆向前行驶
# 参数 1：我方车速，my_speed，单位为 km/h
# 参数 2：前方车速，roadblock_speed，单位为 km/h
# 参数 3：两车距离，distance，单位为 m
# 返回值 1：产生碰撞预警      返回值 0：不产生碰撞预警
##################################################
Def fcw_scene3(my_speed, roadblock_speed, distance):
    my_speed = my_speed / 3.6   # km/h 转换为 m/s
    roadblock_speed = roadblock_speed / 3.6   # km/h 转换为 m/s
    if (my_speed ** 2) / (2 * a) - (roadblock_speed ** 2) / (2 * a) + 5 > distance:
        return 1
    return 0
```

三、查看编程开发效果

（1）打开预警模拟软件。单击毫米波雷达测试软件界面（见图 4.27）中右下角的"场景模拟"按钮进入预警模拟软件界面，如图 4.35 所示。预警模拟软件界面左边包含的信息有我方车速、前方车速、两车距离和模拟运行时间。在软件中可单击选择"场景一""场景二"和"场景三"进行不同场景的模拟，单击一次，预警模拟软件会随机产生一次数据。"开始模拟"是场景模拟的开始按钮。开始模拟后，计时开始，界面右边是以动画的方式对我方车辆与前方车辆距离信息和相对速度信息的呈现。界面包括目标点（前方车辆）、扇形区域（毫米波雷达的探测范围）及车道线。

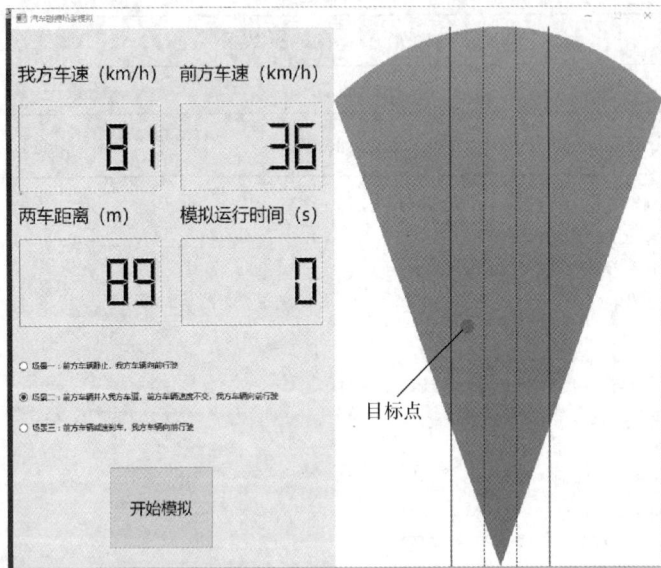

验证前方碰撞预警功能

图 4.35　预警模拟软件界面

（2）查看场景一，前方车辆静止，我方车辆向前行驶。选中"场景一"，软件界面中的数据显示部分会出现随机生成的数据，如图 4.36 所示。

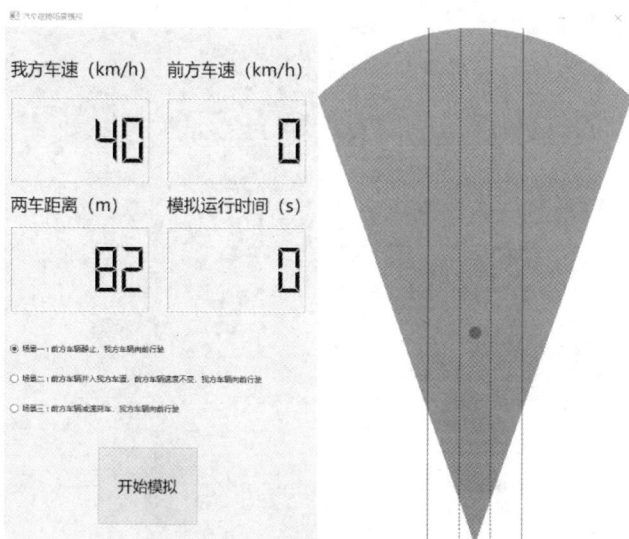

图 4.36　场景一产生随机数据的软件界面

单击"开始模拟"按钮，场景模拟开始，我方车辆会逐渐靠近前方车辆（软件界面右边动画的目标点会逐渐靠近毫米波雷达坐标系原点），Python 脚本会实时计算我方车辆减速直到速度为 0m/s 的情况下的安全距离，当两车的实际距离等于安全距离时，Python 脚本会返回碰撞预警结果给预警模拟软件发出碰撞预警。发出碰撞预警后，我方车辆开始减速直到速度为 0m/s，最终我方车辆制动停止后，模拟结束，软件界面会弹出模拟结果提示框，软件界面如图 4.37 所示。图中两车距离为 5m，说明 Python 脚本的场景策略正确；假如两车距离不等于 5m，则证明 Python 脚本的场景策略不正确。

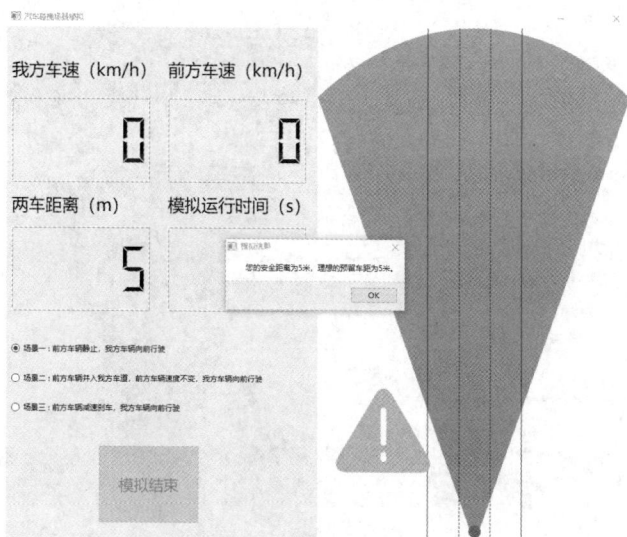

图 4.37　场景一模拟结束后的软件界面

（3）场景二，前方车辆并入我方车道，我方车辆向前行驶。选择"场景二"，单击"开始模拟"，软件界面的数据显示部分出现随机生成的数据，如图 4.38 所示，当前方车辆速度快且准备并入我方车道时，两车距离会越来越大，不会发生碰撞，系统不会发出碰撞预警；当两车距离超过 200m（毫米波雷达探测范围）后模拟结束。

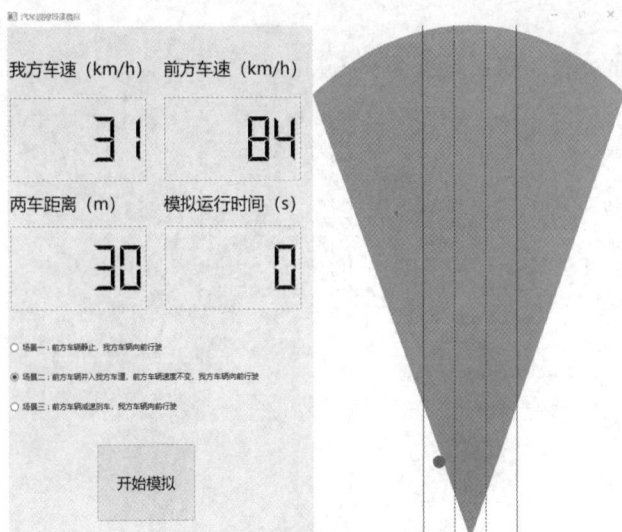

图 4.38　场景二产生随机数据的软件界面

　　随机生成的数据还有一个可能是前方车速小于我方车速时，两车距离将逐渐减小。Python脚本会实时计算我方车速减小到与前方车速相同情况下的安全距离，并与当前两车的实际距离进行比较，当两车的实际距离等于我方车速减小到与前方车速相等时的安全距离时，Python脚本会返回碰撞预警结果给预警模拟软件发出碰撞预警。发出碰撞预警后，我方车辆开始减速，最终两车速度相等并保持 5m 的安全距离，模拟结束，软件界面如图 4.39 所示。图中两车距离为 5m，说明 Python 脚本的场景策略正确；假如两车距离不等于 5m，则证明 Python脚本的场景策略不正确。

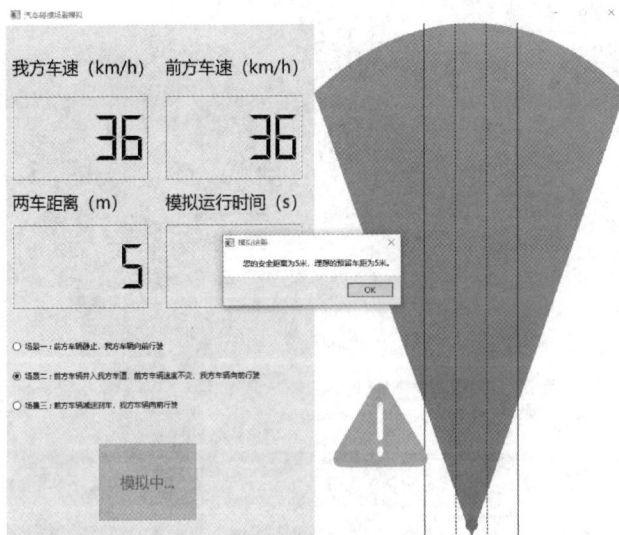

图 4.39　场景二模拟结束后的软件界面

　　（4）场景三，前方车辆减速制动，我方车辆向前行驶。选择"场景三"，产生随机数据，再单击"开始模拟"，如图 4.40 所示。Python 脚本实时计算我方车辆与前方车辆从当前车速减速到 0m/s 的安全距离，并与当前两车的实际距离进行比较，当两车距离等于安全距离时，Python 脚本会返回碰撞预警结果给预警模拟软件发出碰撞预警，我方车辆开始减速，最终我方车辆随着前方车辆减速而减速，直到速度为 0m/s，模拟结束。

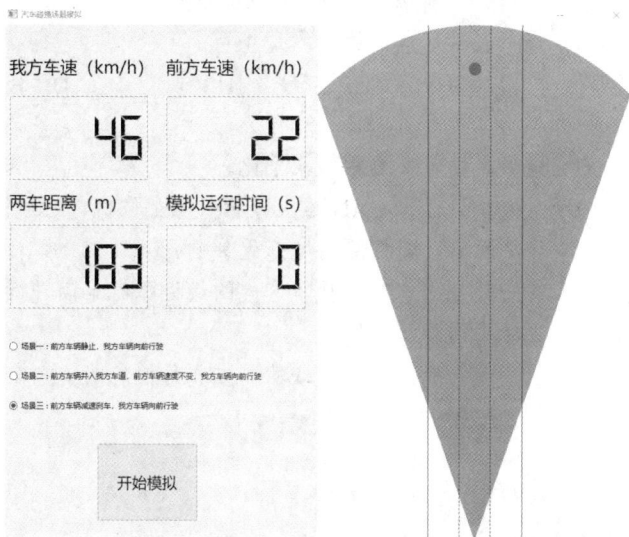

图 4.40　场景三产生随机数据的软件界面

【项目小结】

　　根据本项目的要求，首先学习了毫米波雷达的基本概念和类型、系统组成、工作原理、技术参数和指标、毫米波雷达传感器芯片的技术参数、不同应用场景下毫米波雷达的选用标准等相关知识。

　　在掌握了这些基础知识之后，首先完成了毫米波雷达的拆装与调试、故障诊断与排除，然后编写了简单的 Python 脚本，了解了基于毫米波雷达实现前方碰撞预警功能的开发任务的脚本框架。需要说明的是，真实车载的前方碰撞预警系统要比本项目中涉及的 Python 脚本开发复杂得多，此处示例仅作为了解和学习 Python 脚本。

【知识巩固】

　　1．单选题

　　（1）毫米波雷达的毫米波波长在（　　）波段。

　　　　A．1～5mm　　　　B．1～10mm　　　　C．1～15mm　　　　D．1～20mm

　　（2）智能汽车传感与感知实训系统实训平台上正向毫米波雷达布置高度需保证与路面夹角的最大偏差不超过（　　）。

　　　　A．1°±0.3°　　　　B．1°±0.5°　　　　C．2°±0.3°　　　　D．2°±0.5°

　　（3）车载毫米波雷达的工作频率处于（　　）频段时，可适应其在雨雾天气中的稳定性能。

　　　　A．100～300GHz　　B．24～77GHz　　　　C．1～5GHz　　　　D．700MHz～1GHz

（4）EMRR 是（　　）毫米波雷达。

    A. 近距离　　　　　B. 中距离　　　　　C. 远距离　　　　　D. 以上都不对

（5）下列故障码属于毫米波雷达电源故障的是（　　）。

    A. U1101　　　　　B. B1201　　　　　C. B1301　　　　　D. B1401

2. 判断题

（1）毫米波雷达扫描扇形角度与探测距离成反比。（　　）

（2）实训平台上的毫米波雷达通过 CAN 总线分析仪与上位机进行通信。（　　）

（3）当毫米波雷达发生故障时，对探测精度毫无影响。（　　）

（4）前向碰撞预警系统一般是对本车行驶轨迹内的最近障碍车辆进行预警，并且不受在非本车行驶轨迹内的前方更近障碍物等的影响。（　　）

（5）前向碰撞预警系统通过分析传感器获取的前方道路信息对前方车辆进行识别，如果有车辆被识别出来，则对前方车距进行测量。（　　）

3. 简答题

（1）简述毫米波雷达的故障诊断实训流程。

（2）简述前方碰撞预警系统的工作原理。

【拓展任务】

在实际中，如果车辆的毫米波雷达出现故障，除了电源、信号故障，还有哪些故障会引起车辆发出警报？

项目 5
激光雷达的认识、装调与故障诊断

【学习目标】

知识目标

1. 了解激光雷达概念及其特点。
2. 了解激光雷达的类型及其在自动驾驶中的应用。
3. 掌握激光雷达系统组成及工作原理。
4. 掌握激光雷达常见故障与检修方法。

技能目标

1. 具备识别不同类型激光雷达及其特点的能力。
2. 掌握安装与调试激光雷达的操作技能。
3. 具备检修激光雷达故障的能力。

素养目标

1. 激发学生的学习兴趣，逐步养成科学的思维习惯。
2. 引导学生自主探索、敢于质疑，培养发现问题和解决问题的能力。
3. 培养精益求精的品质。

【项目导入】

我们知道，智能网联汽车在技术路线上主要有两种方案：一种是以视觉为主导的方案，另一种是以激光雷达为主导的方案。

请读者结合本项目学习的内容，如激光雷达相关概念、系统组成、类型、工作原理、性能特点、技术参数等，解释为什么一部分自动驾驶企业仍然选择使用激光雷达？相比于其他传感器，它有什么优点？激光雷达起到什么样的作用？其原理又是什么呢？在实训台架上独立地完成激光雷达的拆装、调试以及故障诊断。

【学习路线】

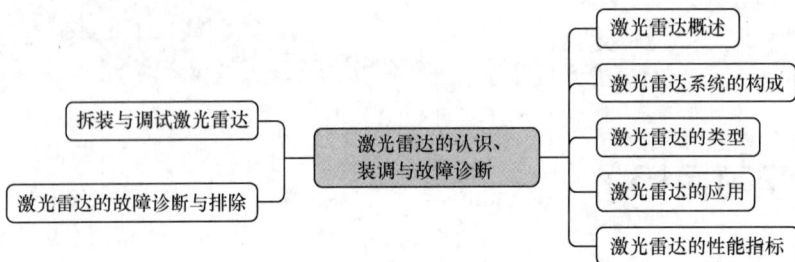

【课前自测】

1. 激光具有亮度高、方向性好、_____、偏振性强、_____等特点。
2. 激光雷达是以发射_____探测目标的位置、速度等特征量的雷达系统。
3. 激光雷达系统的构成一般包含_____、_____、_____和控制单元等部分。
4. 目前主流的激光雷达的波长主要有_____和_____两种。
5. 激光雷达按照结构可以分为机械激光雷达、_____和_____。

【知识准备】

激光雷达在近几年得益于自动驾驶技术的发展而迅速发展，由于激光雷达具有感知距离长、无须使用深度算法、不受光照影响等方面的优点，逐渐获得车企的认可。目前，主流车企均以激光雷达为发展路径，基本搭配短程+中程+长距 3 种激光雷达，摄像头+毫米波雷达+补充传感器形成互补。接下来，本项目将围绕激光雷达展开，介绍激光雷达的基本概念、发展历程、系统组成、工作原理、类型、特点、应用、性能指标等基础知识以及激光雷达的拆装与调试步骤，并以智能汽车传感与感知实训系统为例介绍激光雷达常见故障与检修、处理方法。

| 5.1　激光雷达概述 |

5.1.1　激光

与毫米波雷达和超声波雷达不同，激光雷达是采用激光束来进行探测的。

LASER（激光）是英文"Light Amplification by Stimulated Emission of Radiation"的首字母缩写，中文翻译为"通过受激辐射产生的光放大"，这个名称虽然很具体，但是太长而且不好记，我国"两弹一星"元勋钱学森院士在 1964 年建议将其称为"激光"并得到了广泛认可。具体来说，激光指的是通过刺激原子导致电子跃迁释放辐射能量而产生的具有同调性的增强光子束。

1916 年，阿尔伯特·爱因斯坦（Albert Einstein）就首次描述了原子的受激辐射与自发辐射的关系，预测光可以产生受激辐射放大，为激光的发明奠定了理论基础。1958 年，美国科学家查尔斯·哈德·汤斯（Charles Hard Townes）和阿瑟·肖洛（Arthur Schawlow）发现了一种神奇的现象：当他们将氖光灯泡所发射的光照在一种稀土晶体上时，晶体的分子会发出鲜艳的、始终会聚在一起的强光。根据这一现象，他们提出了"激光原理"，即物质在受到与其分子固有振荡频率相同的能量激发时，都会产生一种不发散的强光——激光。他们为此发表了重要论文，并分别获得 1964 年和 1981 年的诺贝尔物理学奖。

1960 年，物理学家西奥多·哈罗德·梅曼（Theodore H. Maiman）发明了第一台可操作的波长为 0.6943μm 的红宝石激光器，获得了人类有史以来的第一束激光。梅曼因此成为世界上第一个将激光引入实用领域的科学家。

1961 年，科学家们提出了关于激光雷达的设想。因为激光的指向性好，并融合了光垂直的物理特性，所以非常适合作为测距工具。1969 年 7 月，美国进行了第一次载人登月飞行，并在月球上安装了一个角反射镜，他们利用角反射镜的特殊光路性质，通过发送和接收时间差计算出地月距离。

激光的特性如下。

（1）亮度高。由于激光的发射能力强和能量高度集中，所以亮度很高，它比普通光源的高亿万倍。亮度是衡量一个光源质量的重要指标，若中等强度的激光束经过会聚，可在焦点附近产生上千摄氏度乃至上万摄氏度的高温。

（2）方向性好。激光发射后发散角非常小，激光射出 20km 时的光斑直径只有 20～30cm。它的高方向性使其在能有效地传播较长的距离的同时，保证极高的功率密度。

（3）单色性好。光的颜色由光的波长决定，不同波长的光作用于人的视觉系统，所反映出来的颜色不同。激光的波长基本一致，因此它的单色性很好。

（4）偏振性强。激光是一种偏振光，它在发射时周围带有电磁场力，能够重新排列液晶分子。但它的振动只发生在一个平面内，且方向固定，所以激光遇水不发生折射。

（5）相干性好。光波由无数个光量子组成，由激光器发射出来的光量子由于共振原理，其波长、频率、偏振方向都是一致的，因此具有很强的干涉能力。

由于激光具有上述诸多良好的特性，激光和激光器已成为近现代工业、通信、科学及电子娱乐等领域中不可或缺的组成部分。

5.1.2　激光雷达

激光雷达（Light Detection and Ranging，LiDAR）是以发射激光束来探测目标的位置、速度等特征量的系统，它采用一种光学遥感技术向目标发射探测信号（激光束），然后将接收到的从目标反射回来的信号（目标回波）与发射的信号进行比较，并做适当处理后，获得目标的有关信息，如目标距离、方位、高度、速度、姿态甚至形状等参数。

由于激光雷达发射的是激光，它的工作频率比微波雷达发射的微波的高，因此具有如下优点。

（1）分辨率高。激光雷达可以获得极高的角度分辨率、距离分辨率和速度分辨率。

（2）隐蔽性好，抗有源干扰能力强。激光沿直线传播，其方向性好且光束非常窄，只有在其传播路径上才能接收到，因此若要截获非常困难。自然界中能对激光雷达起干扰作用的信号源不多，因此激光雷达抗有源干扰的能力很强，适合于工作在复杂且激烈的环境中。

（3）低空探测性能好。微波雷达由于存在各种地物回波的影响，所以在低空工作存在一定区域的盲区。而对激光雷达来说，只有被照射的目标才会产生反射，完全不存在地物回波的影响，因此可以"零高度"工作，低空探测性能好。

（4）覆盖范围广。激光雷达可以实现大范围的扫描。机械激光雷达的扫描角度可达360°。

（5）获取信息量丰富。激光雷达可直接获取目标的距离、角度、反射强度、速度等信息，并生成目标多维度图像。

（6）受环境限制小。不管是在白天或是在夜晚，激光雷达都能正常使用，不依赖于外界光照条件或目标本身的辐射特性。

激光雷达虽然具有上述优点，但它仍存在一定的缺点和局限性。

（1）易受天气影响。在雨雪、大雾等天气条件下，激光雷达的探测性能会变差。

（2）成本高。激光雷达的工艺要求高，且线束越多，价格越昂贵。

（3）不易识别车道线和交通信号。

【中国雷达之父：束星北】

1979年，中国第一枚洲际导弹需要计算弹头数据舱的接收和打捞最佳时限，却苦苦找不到相关的专家学者。危急关头，有人推荐了一位老人过来，这位老人顺利完成了任务。这位老人就是束星北先生。

束星北先生是著名理论物理学家，致力于科学教育与研究，1945年春，成功领导研制中国首部雷达。其学生包括李政道、程开甲、吴健雄等著名科学家。

束星北先生一生为国家、为人民做出了很大的贡献，值得后人学习！我们能有如今富足、昌盛的生活，离不开那些埋头研究、背负国家发展的重担、提高我国的武装力量、让我国屹立在世界强国之中的科学家！

|5.2　激光雷达系统的构成|

激光雷达系统的构成一般包含发射模块、接收模块、扫描系统和控制单元等部分，其系统结构示意如图 5.1 所示。

（1）发射模块：激励源周期性地驱动激光器，发射激光束。

（2）接收模块：光电探测器接收目标物体反射回来的激光，产生接收信号。

（3）扫描系统：以稳定的转速旋转起来，改变激光束的空间投射方向，由电动机、微型谐振镜、相控阵列等形式实现。某些激光雷达系统（如固态激光雷达系统）没有扫描系统，而是通过其他方式（如短时间内发射出一大片覆盖探测区域的激光）来实现和扫描系统相同的功能。

（4）控制单元：主要包括对激光发射模块、扫描系统、接收模块的控制，激光雷达数据的处理以及与外界系统的数据传输。

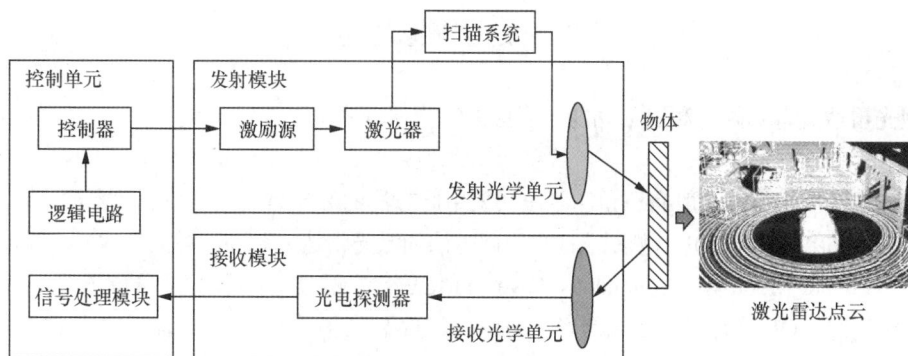

图 5.1　激光雷达系统结构示意

|5.3　激光雷达的类型|

随着科技的不断发展，激光雷达的应用越来越广泛，在机器人、无人驾驶、无人车等领域都能看到它的应用，有需求必然会有市场，随着激光雷达需求的不断增加，激光雷达的种类也变得繁多，按激光波长、工作原理、结构、线数等激光雷达可分为不同的类型。

5.3.1　按激光波长分类

不同的激光器可以产生从紫外线（波长为 10～400nm）到可见光（波长为 390～780nm）再到红外线（波长为 760～1 000 000nm）的不同激光，相应的用途也各不相同。

为了避免可见光对人眼造成伤害，激光雷达选用的激光的波长一般不低于 850nm。目前主流的激光雷达的波长主要有 905nm 和 1 550nm 两种。

1. 905nm 激光雷达

由于 905nm 激光雷达接收器可以直接选用价格较低的硅材质，成本更加可控，因此 905nm 激光雷达成为当下主流的激光雷达所选用的波长。

905nm 激光雷达有个明显的"安全隐患"，就是人眼可识别的可见光波长虽然处在 390～

780nm，但波长处在 400～1 400nm 的激光都可以穿过玻璃体聚焦在视网膜上，而不会被晶状体和角膜吸收，人眼视网膜温度上升 10℃就会造成感光细胞损伤。因此在使用 905nm 激光雷达时，需要将发射激光功率控制在对人眼无害的范围内，功率低，意味着激光雷达的探测距离会受到限制。要是遇到雨、雪和雾等可见度低的天气，905nm 激光雷达则可能无法正常工作。

2．1 550nm 激光雷达

相对于 905nm 激光，1 550nm 激光会被人眼的晶状体和角膜吸收，不会对视网膜产生伤害，是一种对人眼较安全的电磁波，因此 1 550nm 激光雷达可以发射更大功率的激光，实现更远的探测距离，即便在浓雾天气，依然能保持 30m 左右的探测距离，这是相对于 905nm 激光雷达比较大的优势。但是 1 550nm 激光雷达无法采用价格较低的硅材质来吸收，而需要用到更加昂贵的铟镓砷（InGaAs）材质，而且在工程调优上比 905nm 激光雷达更难，量产难度更大，因此在价格上较 905nm 激光雷达会贵很多。

5.3.2　按工作原理分类

激光雷达具有测距与测速的功能，对应的工作原理不同。

1．测距

激光雷达测距方法一般有三角测距法（采用此方法的激光雷达如三角法激光雷达）、飞行时间（Time of Flight，TOF）测距法（采用此方法的激光雷达如脉冲法激光雷达）以及调频连续波（Frequency Modulated Continuous Wave，FMCW）测距法（采用此方法的激光雷达如相干法激光雷达）。TOF 测距法是目前市场车载中长距激光雷达产品采用的主流方案，未来随着相干法激光雷达整机和上游产业链的成熟，脉冲法激光雷达和相干法激光雷达将在市场上并存。

（1）三角测距法。三角测距法的基本原理如图 5.2 所示，雷达激光模块发射出激光，经被测物体表面反射，被雷达的接收模块接收并会聚到线阵图像传感器（如 CCD/CMOS 图像传感器）上成像。

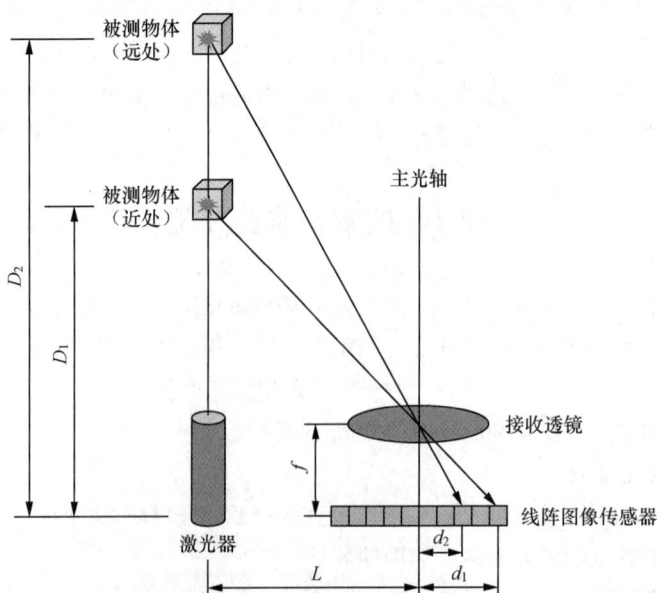

图 5.2　三角测距法的基本原理

根据相似三角形的基本原理，已知透镜焦距 f，主光轴与激光器的相对距离 L，成像点与主光轴的偏离距离 d，可以得到物体的距离 D。

计算公式：

$$D = \frac{f(L+d)}{d}$$

（2）TOF 测距法。激光雷达内的激光模块发出经调制的脉冲激光，遇到被测物体后反射，通过计算激光发射到接收的时间差或相位差，来换算出被测物体的相对距离，如图 5.3 所示。

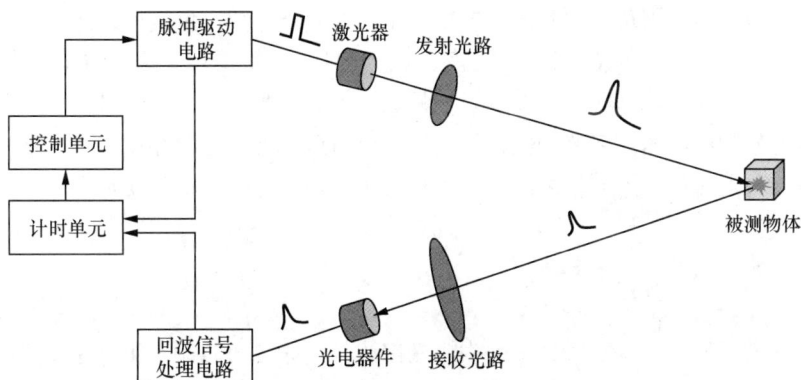

图 5.3　TOF 测距法的基本原理

（3）FMCW 测距法。其基本原理如图 5.4 所示，V_{tune} 为激光源的调谐电压，用于调制激光源发出三角波信号；将三角波的激光信号进行分光处理，一路作为本振光，此路信号直接进入混频器，另外一路作为信号光，发射到目标物体并被反弹，接收到的信号作为回波信号进入混频器，与本振光信号混频后得到差频信号，也称为拍频频率，记作 f_{beat}。当目标静止的时候，三角波上扫频与下扫频所得到的拍频相同；当目标运动的时候，由于多普勒频移，上扫频与下扫频所对应的拍频不同，因此，可以根据拍频大小计算出目标的距离以及速度。图 5.4 中的 r 为探测目标物体的距离；τ 为探测时间（激光在空中的飞行时间）；c 为光速；γ 为三角波相对于 x 轴的夹角。

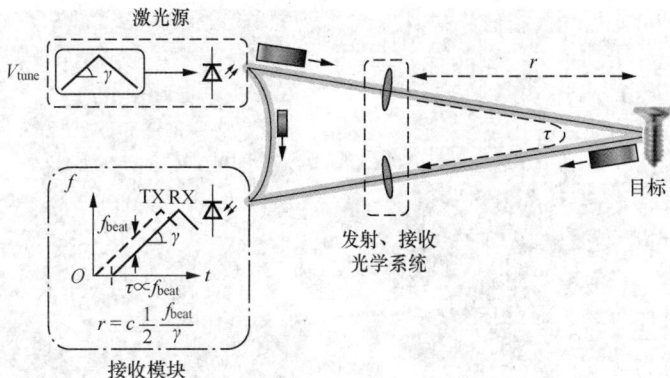

图 5.4　FMCW 测距法的基本原理

3 种不同测距方法的优缺点对比如表 5.1 所示。

表 5.1　　3 种不同测距方法的优缺点对比

类型	优点	缺点
三角测距法	技术难度低、成本低、近距离测距精度高	远距离测距精度低，抗环境干扰能力弱
TOF 测距法	原理简单、技术成熟、有效探测距离远	受其他激光及复杂环境干扰严重
FMCW 测距法	具有较高的分辨率、抗干扰能力强	技术方案较前沿，成熟产品少

2．测速

激光雷达测速的方法主要有两大类，分别是基于激光雷达测距原理测速和多普勒频移测速。

（1）基于激光雷达测距原理测速。即以一定时间间隔连续测量目标距离，用两次目标距离的差值除以时间间隔就可得到目标的速度值，速度的方向根据目标距离的差值的正负确定。这种方法系统结构简单，但测量精度有限，只能用于反射激光较强的硬目标。

（2）多普勒频移测速。多普勒频移是指当目标与激光雷达之间存在相对速度时，接收回波信号的频率与发射信号的频率之间会产生一个频率差，这个频率差就是多普勒频移。

计算公式：

$$f_d = \frac{2v}{\lambda}$$

式中，f_d 为多普勒频移，单位为 Hz；v 为激光雷达与目标之间的径向相对速度，单位为 m/s；λ 为发射激光的波长，单位为 m。

5.3.3　按结构分类

激光雷达按结构可以分为机械激光雷达、混合固态激光雷达和固态激光雷达。

1．机械激光雷达

机械激光雷达的结构如图 5.5 所示。机械激光雷达在竖直方向上排布多组激光器（激光发射器），旋转体带动激光器旋转，将激光器发射的激光束以不同角度向外发射，实现垂直角度的覆盖，将速度更快、发射更准的激光从"线"变成"面"，实现水平角度 360° 的全覆盖，达到动态扫描并动态接收信息的目的。

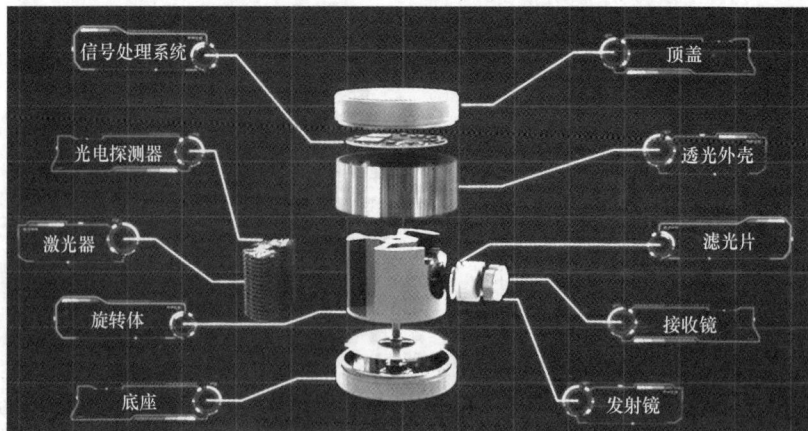

图 5.5　机械激光雷达的结构

优点：技术成熟，具有稳定的供应链；扫描速度快，可实现360°扫描。

缺点：可量产性差，光路调试、装配复杂，生产效率低；价格贵，靠增加收发模块的数量实现高线束，元器件成本高；不易通过"车规"，旋转部件体积和质量大，难以满足车规的严苛要求；旋转部件会造成大量的能量损耗。

2. 混合固态激光雷达

混合固态激光雷达用"微动"器件来代替宏观机械式扫描器，在微观尺度上实现雷达发射端的激光扫描。激光收发模块不运动，只有扫描模块做机械运动。按扫描模块的运动方式划分，混合固态激光雷达又分为MEMS（MEMS即微机电系统，是将微电子技术与机械工程融合到一起的一种工业技术，它的操作范围在微米级内）微振镜激光雷达、转镜激光雷达和棱镜激光雷达3种。旋转幅度和体积的减小，可有效提高系统可靠性，降低成本。

（1）MEMS微振镜激光雷达。MEMS微振镜激光雷达通过MEMS微振镜代替传统的机械式旋转装置来进行激光束偏转，形成较广的扫射角度和较大的扫射范围，其原理如图5.6所示。MEMS微振镜本质上是一种硅基半导体元器件，其特点是内部集成了"可动"的微型镜面。它是以平动和扭转的形式运动的。

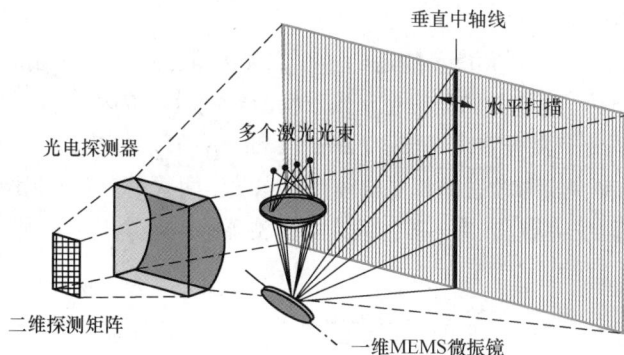

图5.6　MEMS微振镜激光雷达原理

优点：摆脱了笨重的电动机、多发射/接收模组等机械运动装置，毫米级尺寸的微振镜大大减小了激光雷达的尺寸，提高了稳定性；MEMS微振镜可减少激光发射器和探测器的数量，且MEMS微振镜可进行大规模生产，可以有效地降低成本。

缺点：有限的光学口径和扫描角度限制了LiDAR的测距能力和视场角，大视场角需要多子视场拼接，这对点云拼接算法和点云稳定度要求都较高；远距离探测需要较大的振镜，对快轴和慢轴的负担大，使材质的耐久疲劳度存在风险，难以满足车规的DV（Design Verification，设计验证）和PV（Product Verification，产品验证）的可靠性、稳定性、冲击、跌落测试要求，并且价格昂贵；硅基MEMS的悬臂梁结构实际非常脆弱，快、慢轴同时对微振镜进行反向扭动，外界的振动或冲击极易直接致其断裂。

（2）转镜激光雷达。转镜激光雷达保持收发模块不动，电动机带动反射镜面围绕圆心不断旋转，将光束反射至空间的一定范围，被物体反射的光经光学系统被接收单元接收，从而实现扫描探测。法雷奥第一代Scala转镜激光雷达内部结构如图5.7所示。

在转镜方案中，技术路线有一面扫描镜（一维转镜）和一纵一横两面扫描镜（二维转镜）两种。一维转镜的线束与激光发生器数量一致，而二维转镜可以实现等效更多的线束，在集成难度和成本控制上存在优势。

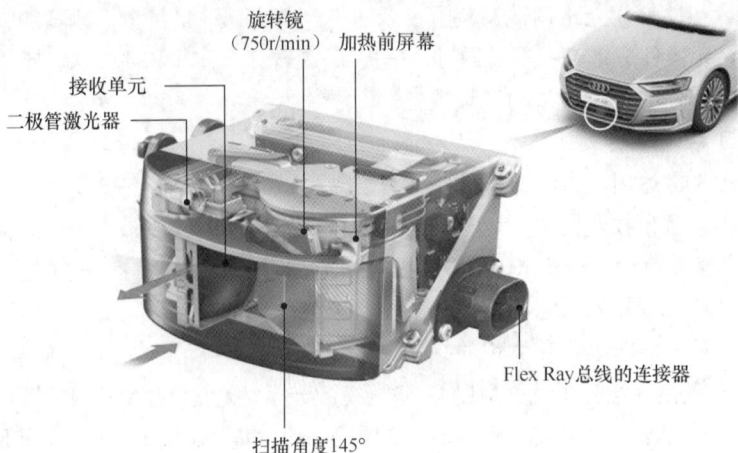

图 5.7　法雷奥第一代 Scala 转镜激光雷达内部结构

优点：转镜激光雷达功耗比较低、散热难度低，因此容易实现比较高的可靠性，且使用寿命长；容易通过车规认证。

缺点：扫描线数少，扫描角度不能达到 360º，视场角受限；信噪比低，有效距离短。

（3）棱镜激光雷达。棱镜激光雷达也称为双楔形棱镜激光雷达，内部包括两个楔形棱镜，由收发模块的脉冲二极管激光器（Pulsed Laser Diode，PLD）发射激光，通过反射镜和凸透镜变成平行光，控制两个楔形棱镜的相对转速使激光发生两次偏转来控制激光束的扫描形态。激光打到物体上，反射后从原光路回来，被光电探测器接收。其工作原理示意如图 5.8 所示。

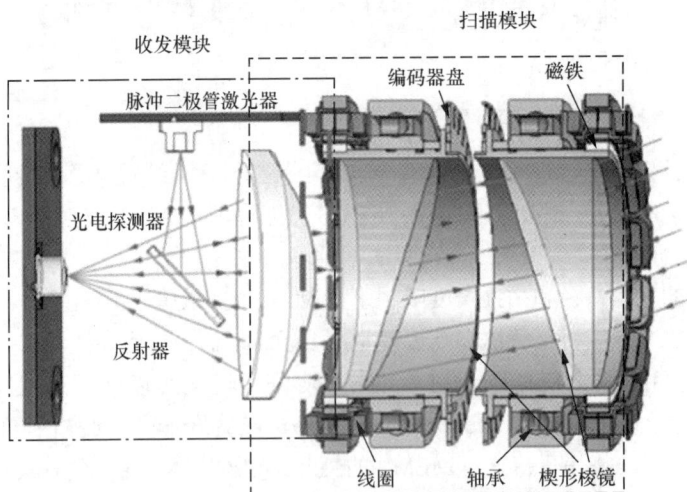

图 5.8　棱镜激光雷达工作原理示意

优点：非重复扫描，解决了机械激光雷达的线式扫描导致漏检物体的问题。随着扫描时间增加，可以达到近 100% 的视场覆盖率；与 MEMS 微振镜激光雷达相比，其具有较大的通光孔径，探测距离较远；与机械激光雷达相比，它极大地减少了激光发射和接收的线数，降低了对焦与标定的复杂度，大幅提升了生产效率，降低成本。

缺点：单个雷达的视场角较小，视场覆盖率取决于积分时间；独特的扫描方式使其点云的分布不同于传统机械旋转激光雷达，并且它需要算法适配。

3．固态激光雷达

固态激光雷达可分为快闪（Flash）激光雷达和基于光学相控阵（Optical Phased Array, OPA）激光雷达。

（1）快闪激光雷达。快闪激光雷达不存在机械扫描过程，它的成像原理与摄像机类似，即在短时间内向前方发射大面积的激光，每个像素点可记录光子飞行时间。由于物体具有三维空间属性，照射到物体不同部位的光具有不同的飞行时间，通过高灵敏度的焦平面探测器阵列对回波信号进行收集，最后输出为具有深度信息的三维图像。其工作原理示意如图 5.9 所示。

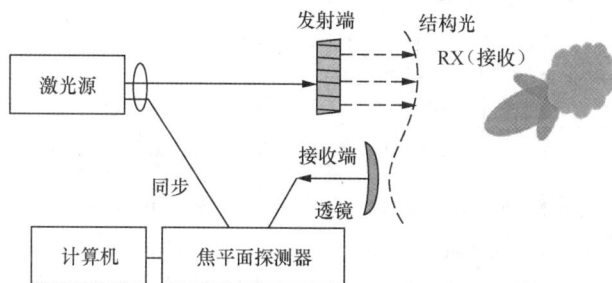

图 5.9　快闪激光雷达工作原理示意

优点：一次性实现全局成像来完成探测，无须考虑运动补偿；无扫描器件，成像速度快；集成度高，体积小；芯片级工艺，适合量产；符合车规。

缺点：激光功率受限，探测距离近；快闪激光雷达属于泛光成像，其发射的光线会散布在整个视场内，其中包括大量不必要的区域，因此会对功率造成浪费，从而影响探测精度；抗干扰能力差。

（2）OPA 激光雷达。OPA 激光雷达运用的是光学相控阵原理，如图 5.10 所示。多处振动的波相互叠加，在有的方向互相增强，在有的方向互相抵消。采用多个光源组成阵列，通过调节发射阵列中每个发射单元的相位差，来控制输出的激光束的方向，其工作原理示意如图 5.11 所示。OPA 激光雷达由电信号控制扫描方向，能够动态地调节扫描角度范围，对目标区域进行全局扫描或者对某一区域的局部精细化扫描，一个激光雷达就可以实现对近、中、远距离目标的探测。

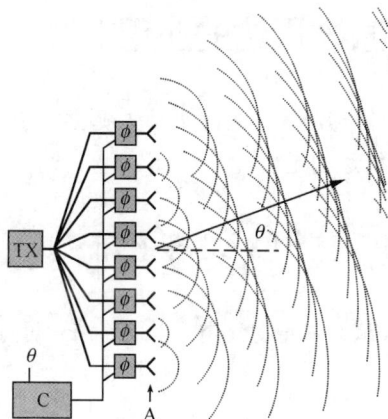

TX—发射机，它产生信号并通过阵列发射；φ—相位，在相控阵中，每个天线元素的信号都可以有不同的相位，这样可以控制波束的方向；θ—波束的指向角或者波束的方向；C—通常表示控制器，它负责调节各个天线元素的相位，从而控制波束的方向，如图中输入调节波束方向角度为 θ 时，天线阵列形成的波束的方向也为 θ；A—天线阵列

图 5.10　光学相控阵原理

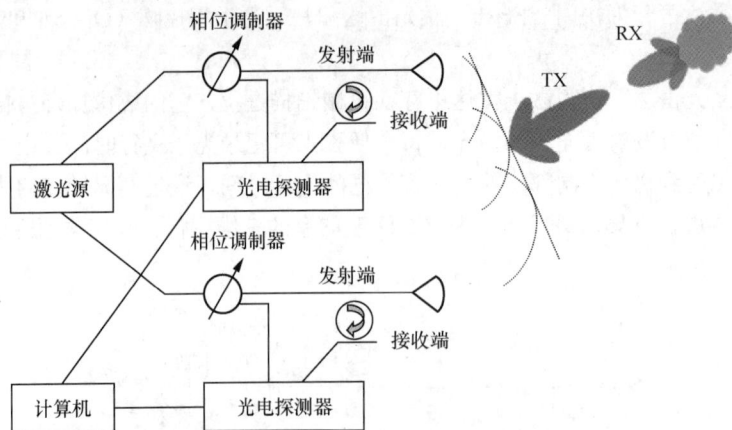

图 5.11　OPA 激光雷达工作原理示意

优点：体积小，易于通过车规；扫描速度快；精度高；可控性好，易改变扫描区间，可以对某一目标区域进行高密度扫描。

缺点：易形成旁瓣，影响光束作用距离和角分辨率，使激光能量分散；加工难度高，光学相控阵要求阵列单元尺寸必须不大于半个波长；探测距离很难做到很远。

5.3.4　按线数划分

激光雷达按线数的不同进行分类，有单线激光雷达和多线激光雷达。

单线激光雷达主要用于规避障碍物，其优点是扫描速度快、分辨率强、可靠性高；其缺点是只能平面式扫描（2D），不能测量物体高度，有一定的局限性。

多线激光雷达主要应用于汽车的雷达成像，相对于单线激光雷达在维度提升和场景还原上有了质的改变，可以识别物体的高度信息。也就是说，多线激光雷达比平面式扫描的信息更加丰富，通过拼接多条激光线平面式扫描，可以获得类似立体成像的效果，即 2.5D 或伪 3D。随着技术进步，有时多线激光雷达也可以做到把目标物体的长、宽、高信息都检测出来，达到真 3D。

|5.4　激光雷达的应用|

激光雷达是自动驾驶中不可或缺的传感器。它在自动驾驶领域中的两个核心应用包括通过 3D 建模进行环境感知以及基于激光雷达的定位。

5.4.1　3D 建模进行环境感知

激光雷达可进行障碍物的检测和跟踪、障碍物分类，以及路沿和可行区域监测，分别如图 5.12 和图 5.13 所示。

图 5.12   障碍物的跟踪、检测及分类   图 5.13   路沿和可行区域监测

激光雷达主要应用于 ADAS 中的自适应巡航控制系统、前方碰撞预警系统及自动紧急制动系统、变道辅助系统及车道偏离预警系统（Lane Departure Warning System，LDWS）等。在变道辅助和车道偏离预警场景下，激光雷达必须清楚地识别道路的分界线、路标及在己方附近各条路线上行驶的车辆及行人。虽然激光雷达能够扫描并建立道路边界线的三维图像，但由于各种因素（如颜色、标记的磨损）的干扰，识别精度并不高。针对这一问题，通常有两种解决方案，第一种，和摄像头一起建立更精确（富有更多色彩识别）的三维图像；第二种是通过机器的深度学习，实现精准的变道辅助及车道偏离预警。

5.4.2   基于激光雷达的定位

基于激光雷达的定位是对传感器融合的方式，如图 5.14 所示。首先 GPS（Global Positioning System，全球定位系统）给定初始位置，通过 IMU（Inertial Measurement Unit，惯性测量单元）和车辆的编码器可以得到车辆的初始位置，然后将激光雷达的局部点云信息，包括点线面的几何信息和语义信息进行特征提取，结合车辆初始位置进行空间变化，获取基于全局坐标系下的矢量特征，接着将这些特征跟高精度地图的特征信息进行匹配，最后获取一个准确的定位。

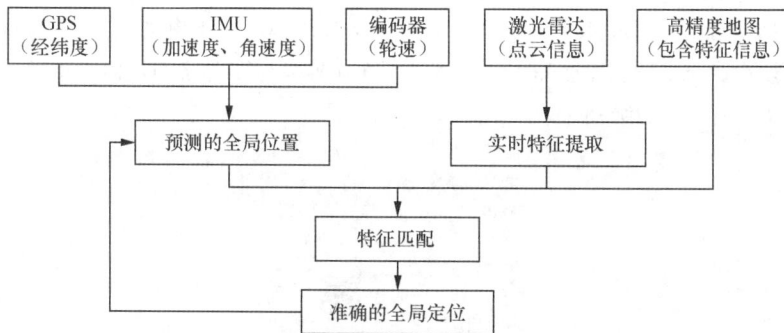

图 5.14   基于激光雷达的定位

| 5.5   激光雷达的性能指标 |

虽然现在已经有很多厂商在研发不同技术路线的激光雷达产品，但在这些技术路线中，都有相同的性能指标用于判断激光雷达是否适合应用到智能网联汽车中。激光雷达的主要性

能指标有测量距离、测距精度、扫描频率、测距采样率、角分辨率、视场角、雷达线束、安全等级、使用寿命等。

（1）测量距离。激光雷达所标称的距离大多以90%反射率的漫反射物体（如白纸）作为测试基准。激光雷达测距与目标的反射率相关。目标的反射率越高则测量的距离越远，目标的反射率越低则测量的距离越近。因此在查看激光雷达的探测距离时要知道该测量距离是目标反射率为多少时的探测距离，如表 5.2 所示。

表 5.2　　　　　　　　　　　　　　　激光雷达技术参数表

激光雷达型号	测量距离
LivoxAvia	190m @ 10%
	260m @ 20%
	450m @ 80%

注：190m@10%的含义为190m内可以探测到反射率大于10%的所有物体。换个角度讲，当反射率小于等于10%，距离超过190m时，返回的激光就不足以被识别。

（2）测距精度。测距精度是指同一目标进行重复测量得到的距离值之间的误差范围。车载激光雷达的测距精度至少应为10cm以内。

（3）扫描频率。扫描频率是指1s内进行多少次扫描。较高的扫描频率可以确保安装激光雷达实现较快速度的运动，并且保证地图构建的质量。但要提高扫描频率并不只是简单地加速激光雷达内部扫描电动机旋转这么简单，对应地需要提高测距采样率。否则当采样率固定的情况下，更快的扫描频率只会降低角分辨率。

（4）测距采样率。测距采样率是指1s内进行多少次测距输出。在转速一定的情况下，采样率决定了每一帧图像的点云数目以及点云的角分辨率。角分辨率越高，点云数量越多，则图像对周围环境的描绘越细致。

（5）角分辨率。角分辨率是指两个相邻测距点的角度，如图 5.15 所示。表示激光雷达分辨目标的能力，角分辨率越小，则表明能够分辨的目标越小，这样测量出的点云数据越细腻。角分辨率包括垂直分辨率和水平分辨率，其中水平分辨率取决于电动机的工作性能，因此水平分辨率可以很高，一般可以为0.01°的级别。垂直分辨率与发射器的几何大小及其排布有关，垂直分辨率为0.1°～1°的级别。

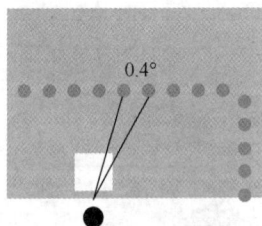

图 5.15　水平角分辨率

（6）视场角。视场角是指激光束通过扫描装置所能达到的最大角度范围，包括水平视场角和垂直视场角。垂直视场角一般为30°～50°。机械激光雷达的水平视场角一般为360°，而固态激光雷达的水平视场角一般为80°～120°。

（7）雷达线束。常见的激光雷达的线束有 16 线、32 线、64 线、128 线等。多线激光雷达分布着多个激光发射器，再通过电动机的旋转形成多条线束的扫描。理论上讲，线束越多、越密，对环境描述就越充分。

（8）安全等级。激光雷达的安全等级是否满足"Class 1"，需要考虑特定波长的激光产品在完全工作时间内的激光输出功率，即激光辐射的安全性是波长、输出功率和激光辐射时间综合作用的结果。

（9）使用寿命。机械旋转的激光雷达的使用寿命一般在几千小时；固态激光雷达的使用寿命可达 10 万 h。

|5.6　实训任务必要知识准备|

本项目实训任务一览表如表 5.3 所示。

表 5.3　　　　　　　　　　　　　　　本项目实训任务一览表

项目任务	简要实训步骤	目标
任务 5.1　拆装与调试激光雷达	（1）实施准备与工具准备； （2）规范地安装与拆卸激光雷达； （3）正确调试激光雷达； （4）清洁与整理	培养学生在拆装过程中规范操作的意识，能正确做好防护工作，正确使用工具等；通过任务，学生能独立地完成激光雷达的装调工作
任务 5.2　激光雷达的故障诊断与排除	（1）实施准备与工具准备； （2）激光雷达故障原因分析； （3）激光雷达排故实施； （4）清洁与整理	通过任务，学生能够了解激光雷达常见故障原因，并能通过软件以及万用表等工具排除故障

5.6.1　拆装与调试激光雷达知识准备

1．激光雷达产品规格参数

实训任务中采用的是 16 线 RS-LiDAR-16 机械激光雷达，如图 5.16 所示，具体产品规格参数如表 5.4 所示。

图 5.16　16 线 RS-LiDAR-16 机械激光雷达实物

表 5.4　　　　　　　　　　　　　　　具体产品规格参数

传感器	TOF 法测距 16 通道
	测距：40～150m（目标反射率 20%）
	精度：±2cm
	视场角（垂直）：±15°（共 30°）
	角分辨率（垂直）：2°
	视场角（水平）：360°
	角分辨率（水平）：0.1°（5Hz）～0.4°（20Hz）
	转速：300r/min（5Hz）、600r/min（10Hz）、1 200r/min（20Hz）
激光	Class1
	波长：905nm
	激光发射角（全角）：水平 7.4mrad，垂直 1.4mrad
机械/电子操作	功耗：12W（典型值）
	工作电压：DC 9～32V（需要配备接口盒子和稳定的电源）
	质量：0.87kg（不包含数据线）
	尺寸：直径 109mm×高 80.7mm
	防护安全级别：IP67
	工作环境温度范围：−30～60℃
	存储环境温度范围：−40～85℃

2．激光雷达接线端子接口定义介绍

RS-LiDAR-16 机械激光雷达从主机下壳体侧面引出的缆线（电源/数据线）的另一端是航空插口版本的接线端子，激光雷达接线端子接口定义如表 5.5 所示。

表 5.5　　　　　　　　　　　激光雷达接线端子接口定义

激光雷达接线端子接口定义说明		

针脚	电线颜色	功能
1	红	+12V
2	黄	+12V
3	白	GROUND（接地线）
4	黑	GROUND（接地线）
5	绿	GPS PPS（秒脉冲输入）
6	蓝	GPS UART（串口输入）
7	棕色	Ethernet RX−（以太网接收信号　负）
8	棕白色	Ethernet RX+（以太网接收信号　正）
9	橙色	Ethernet TX−（以太网发送信号　负）
10	橙白色	Ethernet TX+（以太网发送信号　正）

3．Interface BOX 接口介绍

RS-LiDAR-16 出厂默认接驳 Interface BOX，Interface BOX 具有电源指示灯及各类的接口，可接驳电源输入线、网线及 GPS 输入线。其端口包含：设备电源输入端、数据输出端

以及 GPS 设备输入端，如图 5.17 所示。

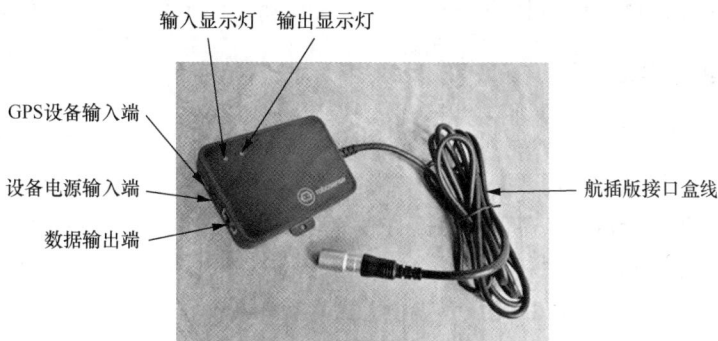

图 5.17   Interface BOX 接口介绍

5.6.2   激光雷达的故障诊断与排除知识准备

关于激光雷达的故障诊断，暂不考虑激光雷达本身的故障，若发现有故障，更换无故障的激光雷达开展后续实训，因而激光雷达故障集中在线束故障和软件设置上。故障诊断台上设置了激光雷达的电源故障（属于线束故障的一种），其测试孔介绍如图 5.18 所示，靠近激光雷达接线盒的两个测试孔为输出端，即激光雷达的电源正、负极接口，另外两个测试孔为输入端，即供电电源的正、负极接口。

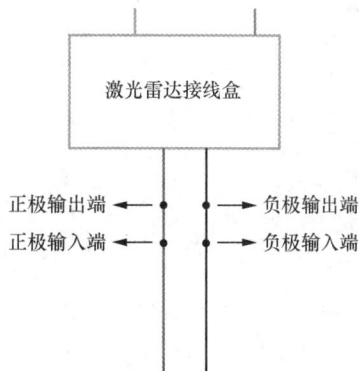

彩图 5.18

图 5.18   激光雷达测试孔介绍

【项目实施】

|任务 5.1   拆装与调试激光雷达|

一、实施准备

（1）防护用品：工作服、安全帽、工作手套。

（2）台架总成：实训平台。

任务 5.1 实施准备

（3）工具及设备：激光雷达、固定支架、Interface BOX、实训平台电源线和网线。

（4）辅助材料：螺钉旋具套装、扭力扳手、无纺布、固定螺栓和绝缘垫等。

二、工具及设备检查

（1）螺栓、工具检查。外观结构完整，表面不应有破损、变形、裂痕、生锈等问题；安装激光雷达需要 1 颗圆柱头梅花六角螺栓和 4 颗圆柱头内六角螺栓，螺栓螺纹无滑牙或变形，螺栓的内六角和梅花六角无损坏或变形；工具齐全，使用功能正常。

（2）激光雷达、Interface BOX 及连接线的数量和外观检查，接插口和接线端子检查等。

任务 5.1 工具及设备检查

三、激光雷达的安装与拆卸

（1）使用工具套装中合适的工具和螺钉，将激光雷达与固定支架固定位置，拧紧圆柱头梅花六角螺栓，分别如图 5.19 和图 5.20 所示，图 5.19 中的固定支架是中空的，在安装面有一个通孔，螺钉通过通孔与激光雷达底部的螺孔连接，将激光雷达安装并固定。

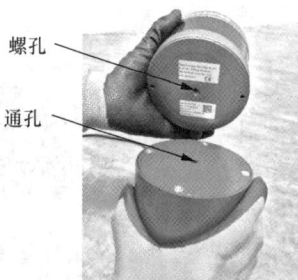

激光雷达的安装

图 5.19　激光雷达与固定支架固定位置

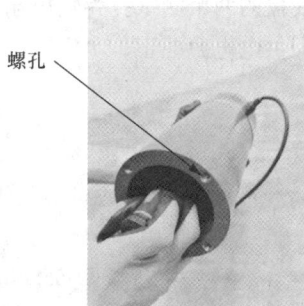

图 5.20　拧紧圆柱头梅花六角螺栓

（2）如图 5.20 所示，固定支架底部有 4 个螺孔，使用工具套装中合适的工具和螺钉，将激光雷达和固定支架安装到实训平台顶部，如图 5.21 所示。

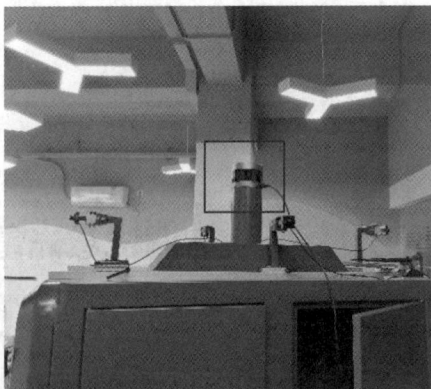

图 5.21　激光雷达安装完成示意

（3）安装 Interface BOX。使用工具套装中合适的工具和螺钉，将 Interface BOX 固定在

实训平台的固定板上，如图 5.22 所示。然后将固定板挂在实训平台合适的位置上，如图 5.23
所示。

图 5.22　将 Interface BOX 与固定板固定

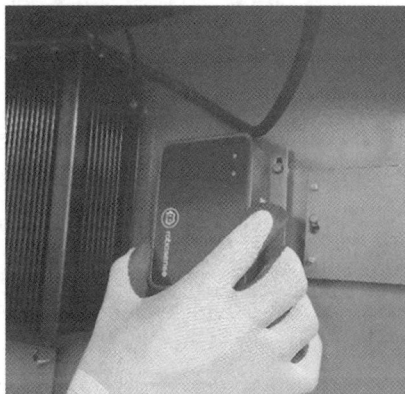

图 5.23　将固定板挂在实训平台上

（4）线路连接。将激光雷达的缆线一端的接线端子与 Interface BOX 航插版接口盒线的接
线端子连接，两个接线端子的红色点需要对齐，如图 5.24 所示。然后通过网线和上位机连接，
如图 5.25 所示；另一端与实训平台的网口端连接，如图 5.26 所示。

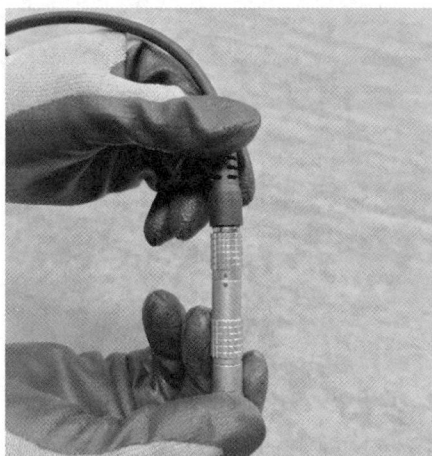

线路连接

彩图 5.24

图 5.24　两个接线端子的红色点对齐

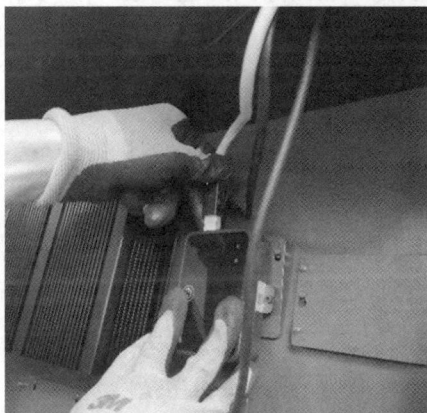

图 5.25　网线与 Interface BOX 连接

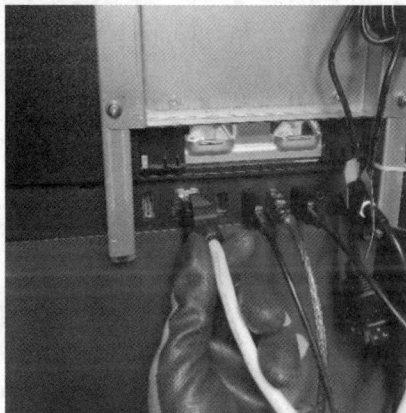

图 5.26　网线与实训平台连接

（5）连接电源。采用配套的电源适配器或者 12V 直流电供电即可，给 Interface BOX 供电。至此，完成激光雷达安装部分实操。

（6）拆卸激光雷达。拆卸步骤按安装步骤反序进行即可。

四、激光雷达的调试

（1）调试前的准备工作。打开实训平台电源开关，检查电源线是否连接正确，此时，Interface BOX 的输入显示灯应亮起。

打开实训平台计算机，依次选择"控制面板"→"网络和 Internet"→"网络和共享中心"→"更改适配器设置"，如图 5.27 所示；网线连接正确的界面如图 5.28 所示；如果网线连接不正确（见图 5.29），应检查电源和网线是否连接到位。

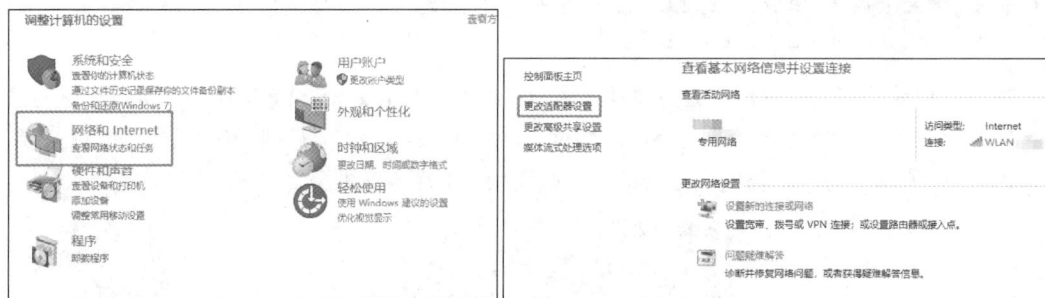

图 5.27　进入网络和共享中心

图 5.28　网线连接正确的界面

图 5.29　网线连接不正确的界面

（2）测试激光雷达功能。双击打开实训平台计算机上的激光雷达测试软件"RSView"，软件图标如图 5.30 所示；单击软件界面左上方的激光雷达图标（Sensor Stream）按钮，如图 5.31 所示。

图 5.30　软件图标

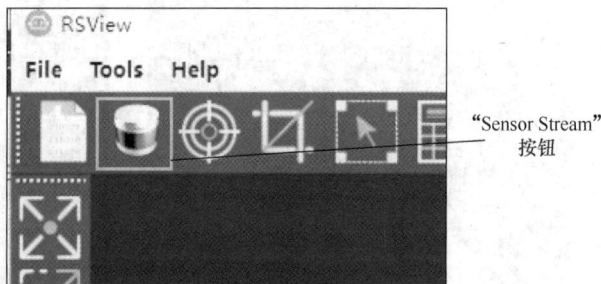

图 5.31　软件界面的"Sensor Stream"按钮

（3）在弹出的"Sensor Configuration"对话框中，选择"RSlidar16"，在"Type of Lidar"中选中"RS16"，在"Intensity"中选中"Mode3"，如图 5.32 所示，之后单击"OK"按钮。

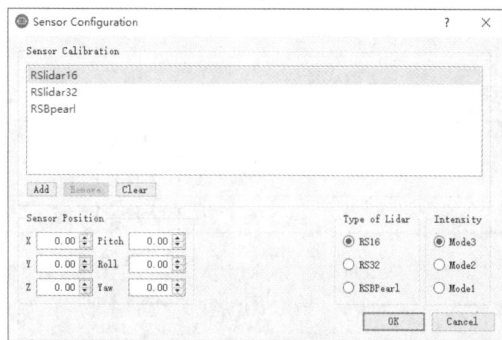

图 5.32　设置参数

（4）测试软件开始显示实时采集的数据，激光雷达正常工作的点云如图 5.33 所示。

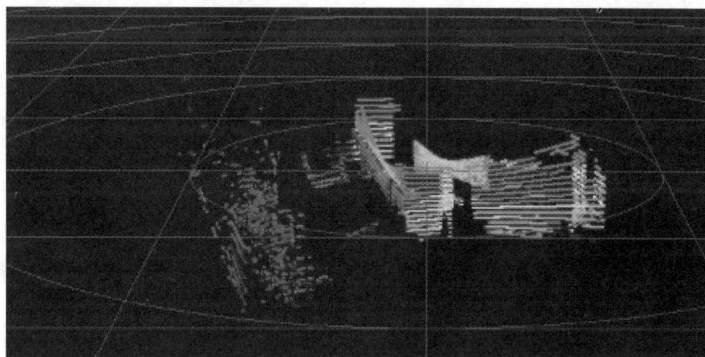

图 5.33　测试软件的点云（正常工作）

（5）单击测试软件界面左上方的"Spreadsheet"按钮，界面右边出现的表格会实时显示每个点云的信息，如图 5.34 所示。

图 5.34　点云信息以列表的方式呈现

若测试软件没有显示点云和点云信息，造成此结果的原因如下。

①设备故障，如线束连接不到位等。

②实训平台计算机的以太网 IP（Internet Protocal，互联网协议）地址设置不正确。当使用激光雷达的时候，需要把计算机的 IP 地址设置为与设备同一网段，例如 IP 地址为 192.168.1.x（x 的取值范围为 1~254），子网掩码为 255.255.255.0，IP 地址使用出厂默认的地址即可。出厂默认网络配置如表 5.6 所示。

表 5.6 　　　　　　　　　　　　　　出厂默认网络配置

针脚	IP 地址
RS-LiDAR-16	192.168.1.200
计算机	192.168.1.102

设置以太网 IP 地址和子网掩码的操作步骤：依次选择"控制面板"→"网络和 Internet"→"网络和共享中心"→"更改适配器设置"（见图 5.27）→选择"以太网"并单击鼠标右键→选择"属性"→双击"Internet 协议版本 4（TCP/IPv4）"弹出"以太网 2 属性"对话框→设置 IP 地址为"192.168.1.x"（这里的 x 取值范围为 1~254，但是不能与激光雷达的 IP 地址一样，默认设置为 102），子网掩码设置为"255.255.255.0"→"确定"，如图 5.35 所示。

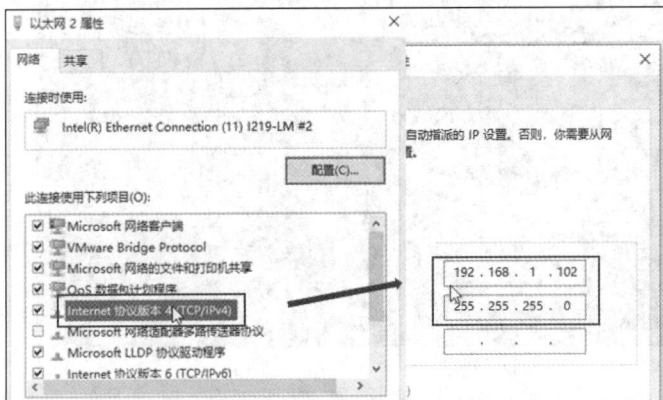

图 5.35　设置以太网 IP 地址和子网掩码

五、系统复原与 5S

（1）关闭测试软件、计算机及电源开关。
（2）完成 5S。

任务 5.2　激光雷达的故障诊断与排除

本任务主要对激光雷达的电源故障进行诊断与排除。

一、准备工作（这一步可由老师提前完成）

（1）硬件连接和软件准备。连接实训平台和故障诊断台引出的 OBD（On-Board Diagnosis，车载诊断系统）接口和航空接口，打开电源和计算机，在计算机桌面找到智能网联汽车三维数字化仿真教学软件图标，双击并打开，如图 1.11 所示。

任务 5.2　工具及设备检查

（2）设置故障码。在图 1.11 中单击左边的"故障诊断"，再单击右上角"小爬虫"图标，

进入"设置故障"对话框，设置激光雷达的电源故障类型为正极断路，如图 5.36 所示。

图 5.36　设置故障码

激光雷达电源
故障设置

二、故障确认（这一步可安排学生完成）

（1）读取故障码。使用智能网联汽车三维数字化仿真教学软件读取故障码，单击"故障诊断"模块，再单击"读取故障码"，如图 5.37 所示。

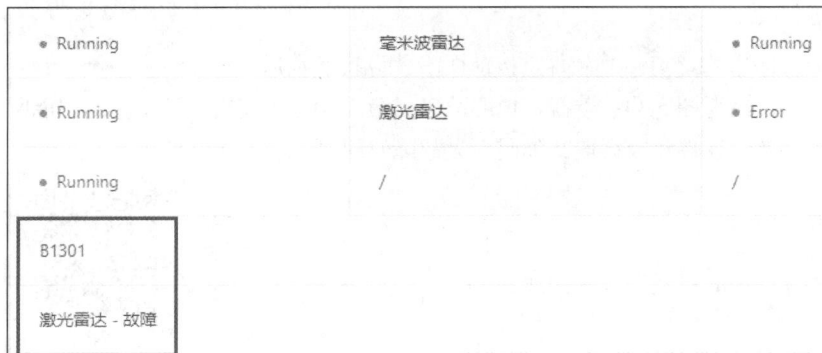

激光雷达电源
故障现象确认

图 5.37　读取故障码

（2）确认故障现象。Interface BOX 的输入显示灯不亮且激光雷达测试软件"RSView"没有出现点云。

三、故障检诊

激光雷达电源
故障检诊

（1）通过激光雷达测试孔（见图 5.18）进行检测，将数字万用表调至直流电压挡，红、黑表笔分别接正极输入端和负极输入端，读数约为 12V，说明电源正常供电，如图 5.38 所示；然后，红、黑表笔分别接正极输出端和负极输出端，读数为 0.11V，说明激光雷达电源异常。

根据故障现象（此处不考虑激光雷达本身的损坏，只要供电即可正常工作）可知，电源电压无故障，但没有正常供电给激光雷达，因此怀疑线束有问题。

（2）将数字万用表调至蜂鸣挡，两根表笔分别连接正极输入端和正极输出端，检测正极线路是否导通，如图 5.39 所示，正极异常；接着两根表笔分别连接负极输入端和负极输出端，检测负极线路是否导通，结果表示其正常，从而判断正极线路有问题，需要更换。

图 5.38 电压挡测量电压

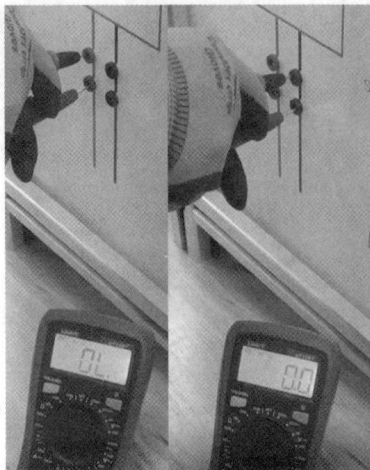
图 5.39 蜂鸣挡测量通断

（3）故障清除与确认，具体操作步骤如下。

①如果学生能正确找到故障原因，则由老师在智能网联汽车三维数字化仿真教学软件中清除故障码，否则让学生继续查找问题。

②使用实训平台的智能网联汽车三维数字化仿真教学软件重新读取故障码，确认是否清除故障码。

③确认清除故障。打开"RSView"软件，按前面步骤设置参数后，观察界面是否有点云出现，参考图 5.34；若有，说明故障已清除，然后使用实训平台的智能网联汽车三维数字化仿真教学软件重新读取故障码，无故障码即可。

激光雷达电源故障清除与确认

四、系统复原与 5S

（1）关闭测试软件、计算机及断开电源线。

（2）完成 5S。

系统复原与整理清洁

【项目小结】

根据本项目的要求，首先学习了激光雷达的概念、系统构成、类型、应用和性能指标等基础知识。

在掌握了这些基础知识之后，首先完成了激光雷达的拆装与调试，然后完成了激光雷达的故障诊断与排除。

拓展知识：激光雷达点云成像异常

【知识巩固】

1. 单选题

（1）混合固态激光雷达属于（　　）方案。

　　A. 激光收发模块不运动，扫描模块不运动

B. 激光收发模块不运动，扫描模块运动

C. 激光收发模块运动，扫描模块不运动

D. 激光收发模块运动，扫描模块运动

（2）棱镜激光雷达内部包含（　　）个楔形棱镜。

A. 1　　　　　　B. 2　　　　　　C. 3　　　　　　D. 5

（3）图 5.16 所示的 16 线 RS-LiDAR-16 激光雷达波长为（　　）。

A. 855nm　　　　B. 875nm　　　　C. 905nm　　　　D. 955nm

（4）（　　）是实训平台计算机的激光雷达测试软件。

A. RSView　　　　　　　　　　B. Ultrasonic radar-232.exe

C. RadarViewer　　　　　　　　D. Radar.exe

（5）智能汽车传感与感知实训系统实训平台上的激光雷达供电电压约为（　　）。

A. 5V　　　　　　B. 12V　　　　　　C. 24V　　　　　　D. 36V

2．判断题

（1）目标的反射率越低，测量的距离越远。（　　）

（2）加快激光雷达内部扫描电动机的旋转就可以提高扫描频率。（　　）

（3）激光雷达不能直接获取目标的距离、角度、反射强度、速度等信息。（　　）

（4）智能汽车传感与感知实训系统实训平台上的激光雷达供电来自 OBD 接口。（　　）

（5）激光雷达的探测性能不受雨雪、大雾等天气影响。（　　）

3．简答题

（1）如果你的团队需要为某中档车型（价格为 10 万～25 万元）提供 ADAS 解决方案，你是否会选择激光雷达作为解决方案的一部分？请简述你的理由。

（2）简述激光雷达的故障诊断操作流程。

【拓展任务】

查阅网上资料，了解一下国内现今量产的车载激光雷达有哪些。

项目 6
组合导航的认识、装调与故障诊断

【学习目标】

知识目标

1. 了解导航系统的发展历程，掌握 GPS 定位原理。
2. 熟悉智能网联汽车的定位系统的类型。
3. 了解组合导航系统的类型。
4. 熟悉惯性导航系统的组成、类型、原理。
5. 了解车用惯性导航系统。
6. 熟悉智能网联汽车对高精定位的需求。
7. 掌握组合导航的产品特点、技术指标和技术规格。
8. 了解组合导航常见的故障现象及故障原因。

技能目标

1. 能讲述不同卫星导航系统的特点。
2. 熟悉组合导航常见的故障现象并能分析故障原因。
3. 掌握组合导航系统故障诊断流程和方法。

素养目标

1. 培养独立思考的能力和自主学习的精神。
2. 培养精益求精的品质。
3. 培养爱岗敬业的职业精神。

【项目导入】

20 世纪 90 年代，随着 GPS 的建立，车载导航定位系统走进民用领域并得以普及。GPS

能全天候、全时段地为全球用户提供快速而精准的定位服务，但是在城市使用 GPS 时由于 GPS 信号阻塞和衰减会引起较大的定位误差，无法实现车辆连续、高精度的导航定位，所以，必须采用辅助手段来弥补单独靠 GPS 定位的不足——采用组合定位的方式以获得较高的定位精度和可靠性。但是某车主发现车辆在行驶过程中，组合导航的定位也会出现误差。

请读者结合本项目学习内容，如组合导航系统的分类、优点和功能，惯性导航系统的定义、组成、基本原理、分类、特点及应用，组合导航的拆装与调试、常见故障诊断与处理等，指导该车主正确规范地使用组合导航,向该车主解释组合导航的工作原理并分析其故障原因，独立地完成组合导航的拆装与调试工作，并对组合导航进行故障诊断处理。

【学习路线】

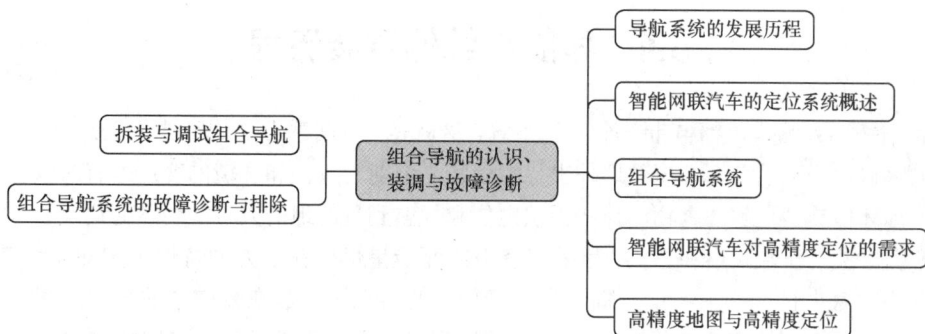

【课前自测】

1. 在古代，人们利用夜空中的＿＿＿＿＿＿恒定在北方的特性来判知东西南北，借助日月星辰判断海上航行的方向。

2. 在古代，人们在长期的实践中有了对磁石磁性的认识，发明了＿＿＿＿＿＿。

3. ＿＿＿＿＿＿发射了第一颗人造地球卫星。

4. 根据定位技术原理，智能网联汽车定位系统分为基于＿＿＿＿＿＿、航迹推算、环境特征匹配以及融合多传感器的组合导航技术。

5. 惯性导航系统（INS）是一种不依赖于＿＿＿＿＿＿、也不向外部辐射能量的自主式导航系统。

【知识准备】

导航是将人或物从一个地方引到另一个地方的科学。在日常生活中，每个人都会经历某种形式的导航，例如上班、回家或者去商店。对大多数人来说，这些技能必须利用眼睛、常识和地标，而随着科技进步、城镇化等诸多原因，生活在大城市的我们越来越离不开导航辅助设备，它们可以为我们提供更准确的位置、方向和到达目的地的时间。

对智能网联汽车来说，要想实现自动驾驶，首先要面临的问题是"我在哪儿"，而解决这个问题依靠的是车辆定位系统。车辆定位系统根据智能汽车车载传感器所采集到的信息，结合高精度地图（High Definition Map，HD Map）、地理信息系统（Geographic Information System，GIS）等完成车辆在三维空间中准确定位。它是环境感知的重要部分，是智能网联汽车的一项关键技术。只有实现车辆的准确定位才能实现对智能网联汽车的决策、路径规划和控制。一般而言，仅采用单一定位方式无法满足智能网联汽车准确定位的需求，所以在实际使用中常将几种定位方式组合起来，通过不同定位方式的互补来实现智能网联汽车的准确定位，这就是所谓的"组合导航"。本项目首先介绍导航的发展历程，其次介绍包括美国的GPS 和中国的 BDS（BeiDou Navigation Satellite System，北斗卫星导航系统）在内的卫星定位及导航技术，高精度地图的相关内容及其在智能网联汽车中的应用，最后介绍 GPS 和航迹推算（Dead Reckoning，DR）组合导航定位方法以及视觉里程计技术。

|6.1 导航系统的发展历程|

我们每个人脑袋里都自带一个导航系统，这就是"方向感"。古代，当人类还处于采集、渔猎的时候，经常需要离开居住地外出寻找食物，但随着气候和环境的变迁，有时候要经过长途跋涉才能获得足够的食物，那些无法定位和导航到目的地的人可能会遭遇危险。

于是，古人开始观察和总结，利用夜空中的北极星恒定在北方的特性来判知东西南北，借助日月星辰判断海上航行的方向。毫无疑问，北斗七星因其在夜空中的辨识度很高，形状没有太大变化，而且靠近北极天，让人类找到了北方，是最早投入应用的导航辅助方法之一。

但是碰上阴天、雨天、雪天或台风天等无法观察夜空的时候，这种导航辅助方法就不能发挥作用。后来，中国古人在长期的实践中有了对磁石磁性的认识，发明了指南针（如司南）[图 6.1（a）]，其主要组成部分是一根装在轴上的磁针，磁针在天然地磁场的作用下可以自由转动并保持在磁子午线的切线方向上，磁针的南极指向地理南极（磁场北极），只要利用这一特性就可以辨别方向。指南针（如磁罗盘）应用于航海是世界航海史上的一项划时代的创举，如图 6.1（b）所示。

(a) 指南针（如司南）　　　　(b) 用于航海的指南针——磁罗盘

图 6.1 指南针

陀螺仪是一种快速旋转的圆盘，能够"神奇"地保持恒定的空间朝向。有了陀螺仪，飞行器无须人工干预就能以水平直航线飞行，还能让飞行员在航空仪表的帮助下于夜晚或恶劣天气中保持航向。此外陀螺仪还使得能够"感知"船只或飞机每一个动作的惯性导航系统成为可能，该系统仅通过动作信息就能计算出船只或飞行器的精确位置。

20 世纪初，飞机被发明出来，给导航带来了新的问题。最开始飞行员和早期航海者一样采用目视地标导航，在缺乏明显地貌特征的地方如茫茫大海中采用航迹推测导航，由于缺乏可靠的飞行速度测量方法，飞行员迷路的情况常常发生。没过多久，当人们发现无线电可以作为信息的传播载体时，飞机的导航系统迎来了新的发展。仅过了不到 20 年，西方各国就建设了许许多多的无线电台，为空中的飞机提供指引。同时，配合精确的平衡陀螺仪，使得飞机能飞水平直线，飞得更高、飞得更远，也飞得更安全。

20 世纪 40 年代，导弹出现。V-2 导弹最大飞行速度可达到声速的 4.8 倍，是飞机的速度所望尘莫及的。和其他航空器一样，导弹也需要导航系统，而且由于是无人驾驶的，它更依赖导航系统。在德国火箭科学家的帮助下，美国的沃纳·冯·布劳恩（Wernher von Braun）为他设计的 V-2 导弹开发了一种新型导航系统——惯性导航系统。惯性导航系统的原理和早期航海家使用的航迹推测导航方式类似，它使用两个陀螺仪时刻检测导弹的飞行方向，同时用一个加速度计时刻测量导弹的加速度，然后计算出导弹相对于出发地的速度和运动轨迹。由于惯性导航不依赖外界信息输入，抗干扰性能优越，所以到现在为止，大部分弹道导弹都采用这种导航方式，或者以这种导航方式为主。但它的缺点也很明显，就是随着时间的推移，累积误差会越来越大。因此现代弹道导弹会用别的导航方式来修正或辅助惯性导航系统。

1957 年 10 月 4 日，苏联发射了第一颗人造地球卫星，从此，人类迈入"卫星导航时代"。随着技术的发展，人们建立了多个全球导航卫星系统（Global Navigation Satellite System，GNSS），耳熟能详的 GNSS 有美国的 GPS、俄罗斯的格洛纳斯卫星导航系统（Global Navigation Satellite System，GLONASS）、欧盟的伽利略卫星导航系统（Galileo Navigation Satellite System，Galileo）和我国的 BDS。

美国的 GPS 由 28 颗卫星（其中有 4 颗作为备用）组成，采用 4 星定位，军民两用，分布在 6 条交点互隔 60º 的轨道面上，距离地面约为 20 000km。已经实现单机导航精度约为 10m，综合定位精度可达厘米级或毫米级。但民用领域开放的精度约为 10m。由于 GPS 定位技术涉及军事用途，美国限制非特许用户利用 GPS 做高精度定位。

俄罗斯的 GLONASS 由 28 颗卫星（其中有 4 颗作为备用）组成，采用 3 星定位，精度比 GPS 低，军民两用。导航精度在 0.3m 左右，民用领域开放的精度约为 10m。

欧盟的 Galileo 是由欧盟研制和建立的全球卫星导航定位系统，由 30 颗卫星（其中有 3 颗作为备用）组成，采用 3 星定位，专门为民用，卫星轨道位置比 GPS 的略高，距离地面约为 24 126km，定位误差不超过 1m。Galileo 提供的公开服务定位精度通常为 15～20m 和 5～10m 两种。公开特许服务有局域增强时能达到米级，商用服务有局域增强时为厘米级。

我国的 BDS 由 5 颗静止轨道卫星和 30 颗非静止轨道卫星组成，采用双星定位。北斗卫星导航的特性能在任何时间、任何地点为用户确定其所在的地理经纬度和海拔。在定位性能上有所创新，不仅能使用户知道自己所在的位置，还可以告诉别人自己的位置，特别适用于需要导航与移动数据通信场所。

|6.2 智能网联汽车的定位系统概述|

回顾历史，人类对导航技术的需求和突破，往往跟新的交通工具和交通方式的诞生有关。进入 21 世纪以来，自动驾驶汽车出现，一般的车道宽度在 2～3.5m，考虑到需要在拥挤的城市道路中行驶，以及定位实时性等因素，导航定位精度做到以米为单位是不可行的，必须达到厘米级甚至是毫米级才行。

智能网联汽车定位分为 3 类：绝对定位、相对定位和组合定位。绝对定位一般通过 GNSS 实现，通过卫星获得车辆在地球上的经度、纬度、海拔高度和航向信息；相对定位是指以车辆的初始位置为参考点，一段时间后，车辆相对于初始位置的距离和方向，通常通过惯性导航系统实现；组合定位是上述两种定位的融合，可以获得车辆的绝对位姿和相对位姿，使定位系统更精确、可靠。

根据定位技术原理的不同，智能网联汽车定位系统分为以下几类：基于 GNSS 信号的定位、航迹推算（又称为航位推算）、环境特征匹配以及融合多传感器的组合导航技术。

6.2.1 基于 GNSS 信号的定位

在开阔地带单频单模单点定位精度在 2.5m 左右，远远不能满足 L3 级及以上自动驾驶定位要求的需求。为了有更高的卫星定位精度，目前自动驾驶普遍采用实时动态技术（Real-Time Kinematic, RTK）的卫星增强定位技术。

图 6.2 所示为 GNSS-RTK（GNSS-Real-Time Kinematic，采用实时动态技术的全球导航卫星系统）定位原理示意，首先需要在地面上建立基站（Base Station, BS），基站的经纬度等精确位置信息是容易得到的。当基站的 GNSS 接收机与车载 GNSS 接收机相距小于 30km 时，可认为两者的 GNSS 信号通过同一片大气区域，即卫星信号到达两者的信号误差基本一致。根据基站的精确位置和信号传播的时间，可计算卫星信号传播误差，利用该误差修正车载的 GNSS 信号，即可降低云层、天气等对信号传输的影响。

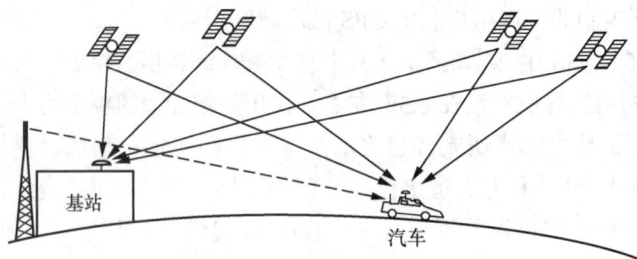

图 6.2　GNSS-RTK 定位原理示意

该技术方案具有全球覆盖、全天候和全天时可用、定位精度高、使用简便等优点，在空旷无遮挡、卫星信号好的区域能够实现对车辆的厘米级的定位。然而，其在使用过程中也存在一些问题，比如易受电磁环境干扰以及信号遮挡、信号多径效应、网络传输环境差等的影响，从而影响定位精度和定位系统的可用性。另外，每个 RTK 地面基准站点的覆盖距离约为 40km，为了覆盖我国大部分面积需要建立 3 000 个左右的地面基准站，初期建设难度及后期维护成本高。

6.2.2　航迹推算

航迹推算是利用载体上某一时刻的位置，根据航向与速度信息，推算得到当前时刻的位置，即根据实测的无人驾驶汽车行驶距离和航向计算其位置和行驶轨迹。它一般不受外界环境影响，但由于其本身误差是随时间累积的，故单独工作时不能长时间保持高精度。从原理上来看，航迹推算是对速度或加速度信号进行积分的，可以基于车辆模型，也可以不基于车辆模型。

目前，实现航迹推算可以基于以下几种形式。

1．地图匹配

地图匹配可以通过将估计值与道路最近点进行正交匹配来实现。利用贝叶斯滤波可以实现较好的地图辅助式定位。

2．动态滤波

一般情况下，用于定位的非线性滤波包含以下主要步骤。

（1）时间更新：当下一次测量进行时，利用运动模型来预测车辆位置。

（2）测量更新：利用当前测量和传感器模型来更新当前位置信息。

3．惯性传感器

该技术方案具有自主导航、不受外部依赖、输出频率高（大于100Hz），可以提供短时、高精度的定位结果的优点。其缺点是误差会随着时间不断累积，导致位置和姿态的测量结果偏离实际位置，因此无法用来做长时间的高精度定位，且高性能IMU价格昂贵。特别是在部分较长公路的隧道中，由于长时间接收不到GNSS卫星信号，位置误差随着时间的累积越来越大，无法进行长时间的精准定位。

航迹推算的另一种常见方式是使用视觉里程计或激光雷达里程计，以对不同数据帧之间的旋转和平移进行估计。

视觉里程计通过车载摄像头或移动机器人的运动所引起的图像的变化，来逐步估计车辆姿态的过程。其基本假设前提是环境照明充足，静态场景相对动态场景较多，有足够的纹理来提取明显的运动，连续帧之间有足够的场景是重叠的。满足这些假设条件之后才能根据相邻帧图像来估计相机的运动。视觉里程计主要方法分为特征点法和直接法。其中，特征点法以提取图像中的特征点为基础，能够在噪声较大、相机运动较快时工作，但地图是稀疏特征点；直接法根据像素的亮度信息，估计相机的运动，可以不用计算关键点和描述子，避免了特征的计算时间，也避免了特征的缺失情况。相对于特征点法只能重构稀疏特征点（如稀疏地图），直接法还具有恢复稠密或半稠密结构的能力，但直接法存在计算量大、鲁棒性不好的缺陷。

视觉里程计通过提取和匹配两帧图像中的特征点获得相邻帧图像之间的位姿变化，而激光雷达里程计常用的是迭代最近点（Iterative Closest Point，ICP）算法及其衍生算法，以及正态分布变换（Normal Distribution Transform，NDT）算法等配准算法来确定两帧点云之间的相对位姿关系。由于激光雷达环境建模精度高，基于激光雷达里程计的航迹推算可以获得较高的相对定位精度。然而，激光雷达里程计航迹推算所使用的传感器成本较高，现阶段无法为商业化的方案所接受。此外，在长时间的卫星导航信号不稳定的情况下，即使融合高精度的惯性导航、激光雷达里程计或视觉里程计，由于误差累积效应，车辆定位仍会出现很大偏差。

6.2.3　环境特征匹配

环境特征匹配的定位技术通过实时感知测量提取环境特征，并与预先采集、制作的基准数据进行匹配，从而获取并确定自动驾驶车辆的当前位置。在实际应用中，环境特征的定位系统需要其他辅助定位系统给出初始位置，从而实现在限定区域中匹配环境特征，达到降低计算量，减少特征测量值与预采集基准数据之间可能发生的多重匹配，实现更优的定位结果匹配的目的。

在自动驾驶系统中，常用的环境特征匹配的定位方案是基于激光点云匹配的定位方案和基于图像匹配的视觉定位方案，环境特征匹配定位原理如图 6.3 所示。这种方案的优点是在没有 GNSS 的情况下也可以工作，鲁棒性比较好，缺点是需要预先制作地图基准数据，并且需要根据环境发生的变化定期更新地图数据。

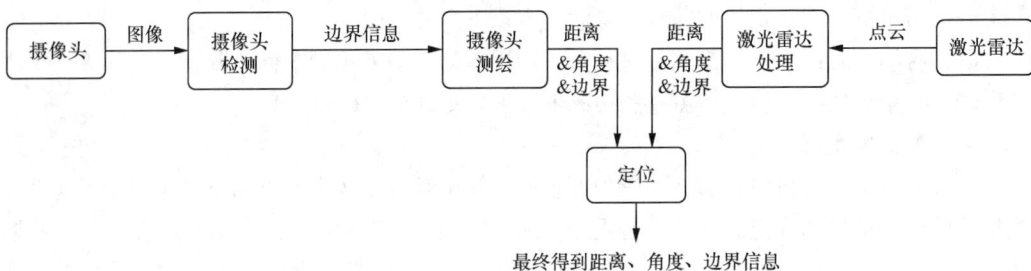

图 6.3　环境特征匹配定位原理

6.2.4　多传感器融合

综上所述，各种定位技术都有其各自的优缺点，在 L3 级及以上级别的自动驾驶技术方案中，为了提升系统的安全性，保证能够覆盖更多的驾驶场景，可采用多传感器融合定位的方法。

多传感器融合定位，就是把多种不同的定位技术组合在一起，来达到优势互补、提高稳定性和获取更高精度的定位结果的目的。目前，常见的智能驾驶感知传感器有 GNSS/INS、激光雷达、毫米波雷达、摄像头、超声波雷达等，不同传感器的原理和作用是不同的，也是不可代替的。例如，GNSS/INS 可感知车辆位置、姿态，可全天候工作，但是在无 GNSS 信号的情况下，不能长时间地保持高精度；又如，激光雷达测量精度高、分辨率高、测距范围大，但是易受恶劣天气影响，成本高；此外，毫米波雷达能大范围感知车辆的运行情况，可全天候工作，不受天气影响，但是在部分场景下易受信号干扰，无法准确地识别物体属性；而对摄像头来说，其成本低，可识别物体属性，但是依赖光线，易受恶劣天气影响；超声波雷达在雨雪环境下的工作能力强，受气候环境影响小，但是只适用于近距离探测。

图 6.4 所示为百度阿波罗自动驾驶定位技术，融合了以 GNSS 为主的信号定位、以 IMU 为主的航迹推算和以 LiDAR 为主的环境特征匹配。

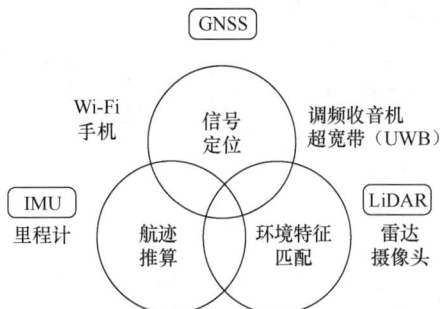

图 6.4　百度阿波罗自动驾驶定位技术

|6.3　组合导航系统|

　　组合导航技术一般指的是采用两种或两种以上具有测量特性优势互补的导航系统对同一信息源进行测量，从而获得更高导航精度的技术。通常情况下，一种导航系统提供短时、高精度的信息，另一种导航系统提供长期稳定性高的信息。采用组合导航技术的导航系统为组合导航系统（Integrated Navigation System，INS）。组合导航系统比单一的导航系统在导航信息精度上具有更大的优势，具体如下。

　　（1）组合导航系统中各导航系统的测量性能一般是互补的，因此组合导航系统测量的导航信息精度要高于单一的导航系统。

　　（2）组合导航系统具有导航机构冗余功能，多种导航系统可测量同一信息源，测量信息冗余能有效保证导航工作的可靠性。

　　在多种导航系统组合中，GNSS 和惯性导航系统是主要配置，是组合导航系统中主流的导航系统。

　　其中，GNSS 提供长期稳定性高的信息。如前文所述，GNSS-RTK 可实现全球、全天候、全天时定位，且绝对位置准确，但是有一定的信号延时，且在受到遮挡时，信号易丢失，导致无法定位；容易受到电磁环境干扰等。

　　惯性导航系统可以提供短时、高精度的信息，弥补了 GNSS 的不足。惯性导航系统的独特优势使其成为自动驾驶定位系统中不可替代的存在，具体介绍如下。

6.3.1　惯性导航系统

　　惯性导航系统是一种利用 IMU 测量载体的比力（比力指相对于惯性坐标系，作用于单位质量物体上的除引力之外的力）以及角速度信息，结合给定的初始条件实时推算速度、位置、姿态等参数的自主式导航系统。具体来说，惯性导航系统采用一种航迹推算方式，即从一已知点的位置根据连续测得的运动载体航向角和速度推算出其下一点的位置，因此可连续测出运动体的当前位置。惯性导航系统基本工作原理如图 6.5 所示。

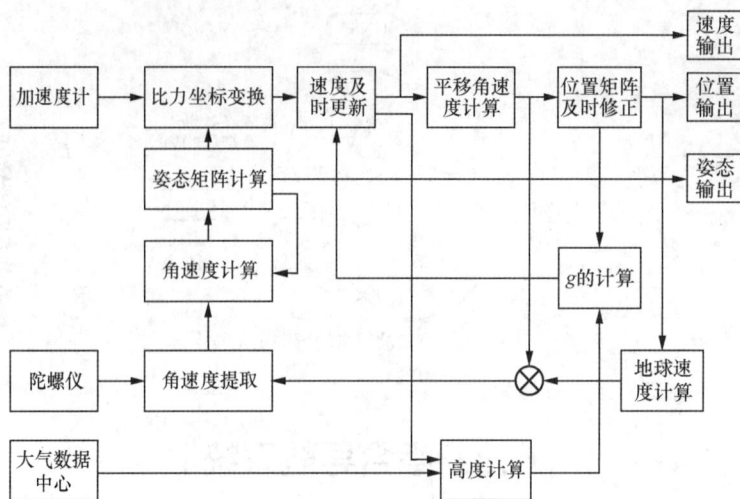

图 6.5　惯性导航系统基本工作原理

1.惯性导航系统的组成

惯性导航系统主要由 IMU、信号处理和机械力学编排 3 个模块组成，如图 6.6 所示，其实物如图 6.7 所示。

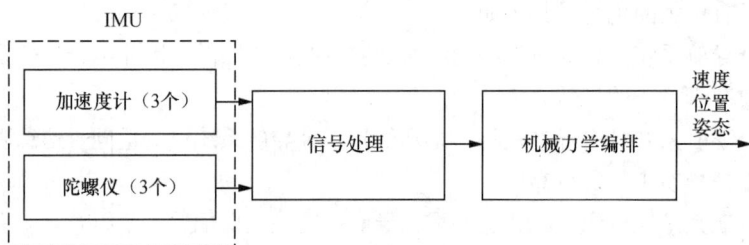

图 6.6　惯性导航系统主要模块

图 6.7　惯性导航系统实物

（1）IMU 是惯性导航系统的核心元件，典型的 IMU 包括 3 个相互正交的单轴加速度计和 3 个相互正交的单轴陀螺仪，IMU 的结构如图 6.8 所示。

①陀螺仪是 IMU 的主要元件。陀螺仪最早是指安装在万向支架中高速旋转的转子，转子同时可绕垂直于自转轴的一根轴或两根轴进动，前者称单自由度陀螺仪，用于测量角速度，后者称二自由度陀螺仪，用于测量角位移。陀螺仪具有定轴性和进动性，利用这些特性可以制成测量角速度的速率陀螺仪和测量角偏差的位置陀螺仪。

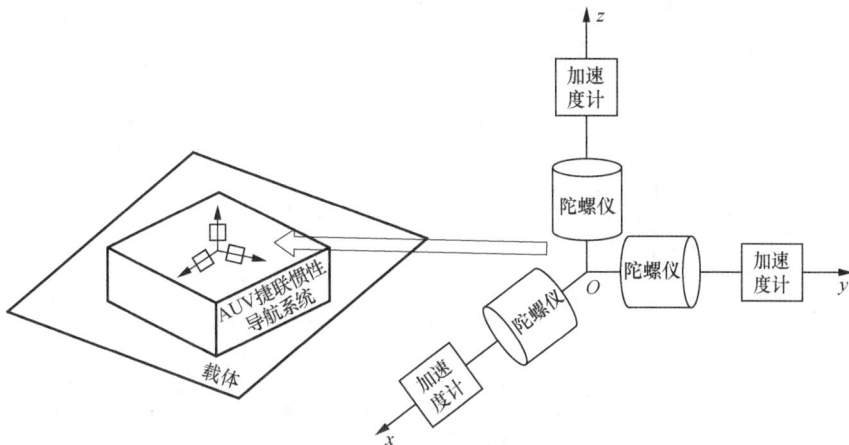

图 6.8 IMU 的结构

由于机械式陀螺仪中间有高速旋转的陀螺（转子），如图 6.9 所示，而机械产品对加工精度有很高的要求，还易受振动影响，因此以这种陀螺仪为基础的导航系统精度不高。

随着科技的进步，激光陀螺仪、光纤陀螺仪，以及 MEMS 陀螺仪相继被发明出来，MEMS 陀螺仪如图 6.10 所示。虽然它们都叫陀螺仪，但是它们的原理和机械式陀螺仪的原理已经完全不一样。目前，习惯上把只要能够完成陀螺功能的装置统称为陀螺仪。

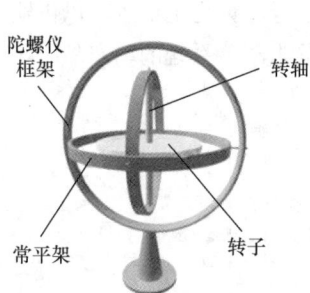

图 6.9 机械式陀螺仪

图 6.10 MEMS 陀螺仪

光纤陀螺仪利用萨格纳克效应，通过光传播的特性，测量光程差并计算出旋转的角速度，起到陀螺仪的作用。

激光陀螺仪也是通过光程差计算角速度，替代陀螺仪。

MEMS 陀螺仪工作原理如图 6.11 所示，振动物体被柔软的弹性结构悬挂在基底之上，这个物体被驱动，不停地来回做径向运动或者振荡。当发生转动时，与此对应的科里奥利力不停地在横向来回变化，并有可能使物体在横向做微小振荡，相位正好与驱动力相差 90°。整体动力学系统是二维弹性阻尼系统，在这个系统中振动和转动诱导的科里奥利力把正比于角速度的能量转移到传感模式，MEMS 陀螺仪内的"陀螺物体"在驱动下会不停地来回做径向运动或振荡，从而模拟出科里奥利力不停地在横向来回变化的运动，并可在横向做与驱动力差 90°的微小振荡。

利用振动来诱导和探测科里奥利力而设计的 MEMS 陀螺仪没有旋转部件、不需要轴承，已被证明可以用微机械加工技术大批量生产。

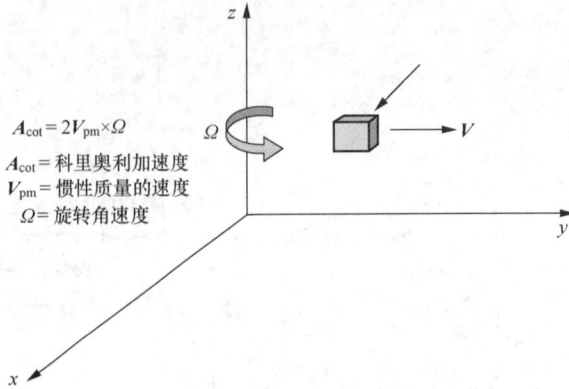

$A_{cot} = 2V_{pm} \times \Omega$

A_{cot} = 科里奥利加速度
V_{pm} = 惯性质量的速度
Ω = 旋转角速度

图 6.11　MEMS 陀螺仪工作原理

②加速度计或称加速度传感器，是测量运载体线加速度的仪表。加速度计类型众多，其基本模型如图 6.12 所示，该基本模型主要由检测质量（也称为敏感质量）、支承、电位器、弹簧、阻尼器和壳体组成。检测质量受支承的约束只能沿一条轴线移动，这个轴常称为输入轴、感受轴或敏感轴。当仪表壳体随着运载体沿敏感轴方向做加速运动时，根据牛顿定律，具有一定惯性的检测质量力图保持其原来的运动状态不变。它与壳体之间将产生相对运动，使弹簧变形，于是检测质量在弹簧力的作用下随之做加速运动。当弹簧力与检测质量做加速运动产生的惯性力相平衡时，检测质量与壳体之间便不再有相对运动，这时弹簧的变形反映被测加速度的大小。电位器作为位移传感元件把加速度信号转换为电信号，以供输出。加速度计本质上是一个单一自由度的振荡系统，需采用阻尼器来改善系统的动态品质。

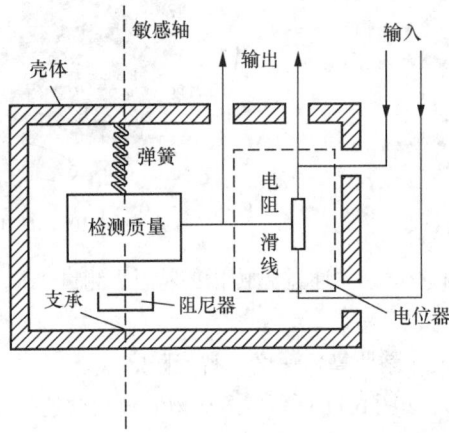

图 6.12　加速度计基本模型

（2）信号处理模块对 IMU 输出信号进行信号调理、误差补偿并检查输出量范围等，以确保 IMU 正常工作。

（3）机械力学编排是指系统的实体布局、采用的坐标系及解析计算方法的总和。它体现了从加速度计的输出到计算出即时速度和位置的整个过程。进行机械力学编排就是确定和提出反映系统中各力学量之间联系的方程组，其又称为惯性导航系统的机械力学编排方程。

2．惯性导航系统的类型

惯性导航系统根据机械力学编排形式的不同，可分为平台式惯性导航系统（Gimbaled Inertial Navigation System，GINS）和捷联式惯性导航系统（Strap-down Inertial Navigation

System，SINS）。

（1）平台式惯性导航系统是将陀螺仪和加速度计等惯性元件通过万向支架角运动隔离系统与运动载体固定连接的惯性导航系统。根据建立的坐标系不同，又分为空间稳定平台式惯性导航系统和本地水平平台式惯性导航系统。

①空间稳定平台式惯性导航系统的台体相对惯性空间稳定，用以建立惯性坐标系。地球自转、重力加速度等的影响由计算机加以补偿。这种系统多用于运载火箭的主动段和一些航天器上。

②本地水平平台式惯性导航系统的特点是台体的两个加速度计敏感轴所构成的基准平面能够始终跟踪飞行器所在点的水平面（利用加速度计与陀螺仪组成舒拉回路来保证），因此加速度计不受重力加速度的影响。这种系统多用于沿地球表面做等速运动的飞行器（如飞机、巡航导弹等）。

在平台式惯性导航系统中，其框架能隔离运动载体的角振动，仪表工作条件较好，并且直接建立导航坐标系，计算量小，容易补偿和修正仪表的输出，但是结构复杂、尺寸大，其造价、维修费用都十分昂贵，如图 6.13 所示为平台式惯性导航系统原理。

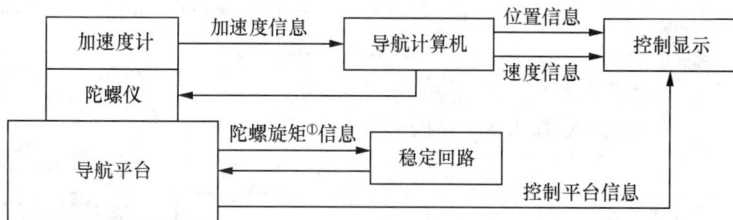

图 6.13　平台式惯性导航系统原理

注：①陀螺旋矩（Gyroscope Torque）是指由陀螺仪快速旋转产生的力矩。

（2）捷联式惯性导航系统是 20 世纪 60 年代发展起来的，它是将 IMU 直接安装在载体而非机电平台上，以数学平台和计算机实现机电式导航平台功能的导航技术。其基本原理是将 IMU 直接固连在载体上，测得的都是载体坐标系下的物理量。这些元件测量出沿载体坐标系三轴的运动载体的角速度和线加速度，计算机实时计算出姿态矩阵，通过姿态矩阵把加速度计测量的载体坐标系的轴向加速度信息变换到导航坐标系。图 6.14 所示为捷联式惯性导航系统原理。

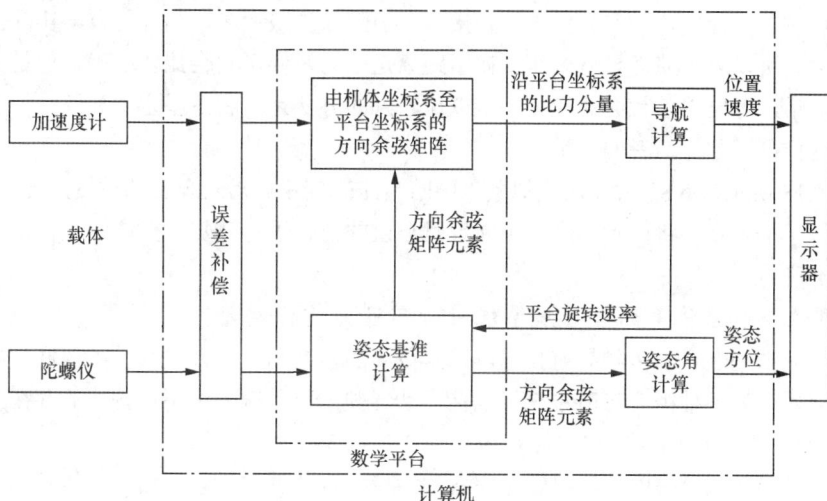

图 6.14　捷联式惯性导航系统原理

由于捷联式惯性导航系统具有可靠性高、功能强、重量轻、成本低、精度高以及使用灵活等优点，已经成为当今惯性导航系统发展的主流，捷联式惯性导航系统可分为一维捷联式惯性导航系统和二维捷联式惯性导航系统。

①一维捷联式惯性导航系统利用加速度计测量汽车沿公路运动的加速度，可以直接确定汽车的瞬时速度和其从已知起始点运动的距离，其示意如图 6.15 所示。

②二维捷联式惯性导航系统利用加速度计测量汽车沿公路运动的加速度，同时利用陀螺仪测量汽车实时的角速度变化率信息，可以确定智能网联汽车瞬时速度和其从已知起始点运动的距离，其示意如图 6.16 所示。

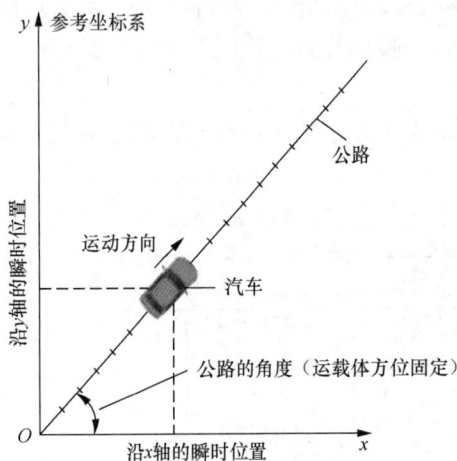

图 6.15　一维捷联惯性导航系统示意　　　　图 6.16　二维捷联惯性导航系统示意

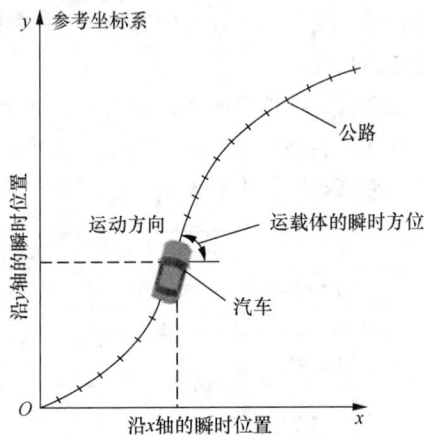

3．惯性导航系统的主要不足

惯性导航定位系统的主要不足在于它有比较大的累积误差。就像人蒙着眼睛走路，走出第一步的时候，可以计算得到第一步时相对于初始位置的方向和距离，然后，以走出第一步的位置为初始位置，再走出一步，就得到第二步相对于第一步时的方向和距离。这样一直走下去，就可以得到第 N 步的行走路线以及最终的方向和距离了。实际上，每走一步就不可避免地有一个微小的误差，在走了第 N 步之后，误差会累积起来，逐渐变大，如图 6.17 所示，人走第一步时，估计位置与实际位置比较接近，但随着步数增多，估计位置与实际位置的差别越来越大。所以对于惯性导航系统，在短距离定位的时候，它会比较准确，但是要实现长距离定位的话，定位误差就会比较大。所以比较好的方法是，将卫星定位和惯性导航定位系统结合，这样可以弥补两者的不足。

如图 6.18 所示，GNSS 的作用类似蒙着眼睛走路碰到路标后对自己的位置进行修正，IMU 的作用类似于小碎步，将两者结合，不断地对自己的位置进行测算，就能保证自己的定位相对稳定和准确。

4．惯性导航系统是组合导航系统中必不可少的关键部件

组合导航系统融合了多种导航技术以得到更高的精度和安全性。其中，惯性导航系统因其独特优势而成为各种组合导航系统（包括自动驾驶定位系统）中不可替代的存在，惯性导航系统的 IMU 和 GPS 组合定位如图 6.19 所示。

（1）惯性导航系统是唯一可以输出完备的六自由度数据的设备，惯性导航系统能够计算 x，y，z 这 3 个维度的平动量（位置、速度、加速度）和转动量（角度、角速度），并可以通

过观测模型，推测其他传感器状态的测量值，再用预测值和测量值的差加权滤波。若要获得实时的姿态角、方位角、速度和位置，惯性导航系统是唯一的选择。

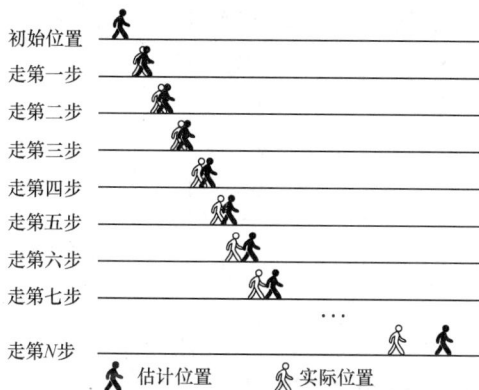

图 6.17　IMU 定位原理

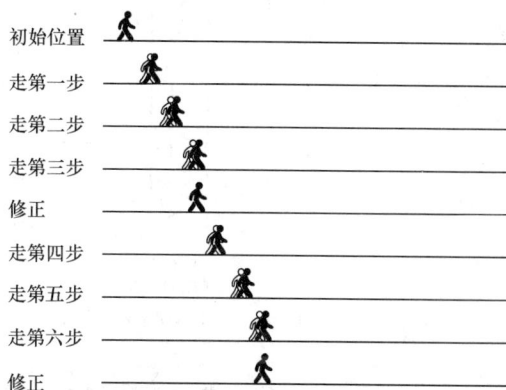

图 6.18　GPS 对 IMU 定位的修正

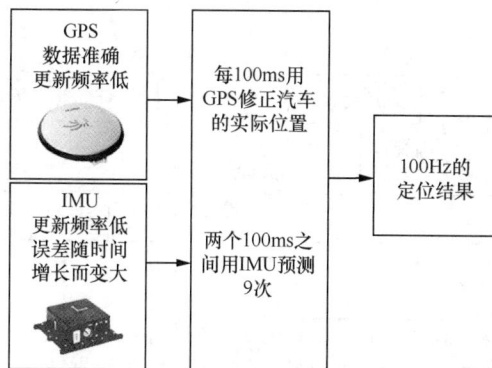

图 6.19　惯性导航系统的 IMU 和 GPS 组合定位

（2）惯性导航系统的数据更新频率高，可以提供高频率的定位结果输出。摄像头的帧率一般是 30Hz，时间不确定性为 33ms；GNSS 的延迟一般是 100～200ms；而惯性导航系统预测状态的延迟最短只有几毫秒，因此可以用惯性导航系统估算并补偿其他传感器的延迟，实现全局同步。对自动驾驶汽车来说，在行驶的时候，GNSS 的延迟是 100ms，摄像头拍摄环境目标时，图像实际位置和 GNSS 报告的位置将会不一致，假设汽车速度为 120km/h，100ms 的时间延迟意味着 3.3m 的距离的延迟，此时地图和目标识别的精度再高也会失去意义。而如果使用组合惯性导航系统，位置的时间延迟将约为 2.5ms，由此导致的距离误差仅为 0.08m，更能够保证行车的安全性。

（3）惯性导航系统是定位信息的融合中心，融合了激光雷达、摄像头、车身系统信息。在 L3 级及更高级别的自动驾驶汽车中，将引入更多的传感器来支撑系统的功能，惯性导航系统是所有定位技术中最容易实现与其他传感器提供的定位信息进行融合的主体之一，作为定位信息融合的中心，将视觉传感器、激光雷达、车身系统信息进行更深层次的融合，为决策层提供精确、可靠、连续的车辆位置和姿态的信息，如图 6.20 所示。

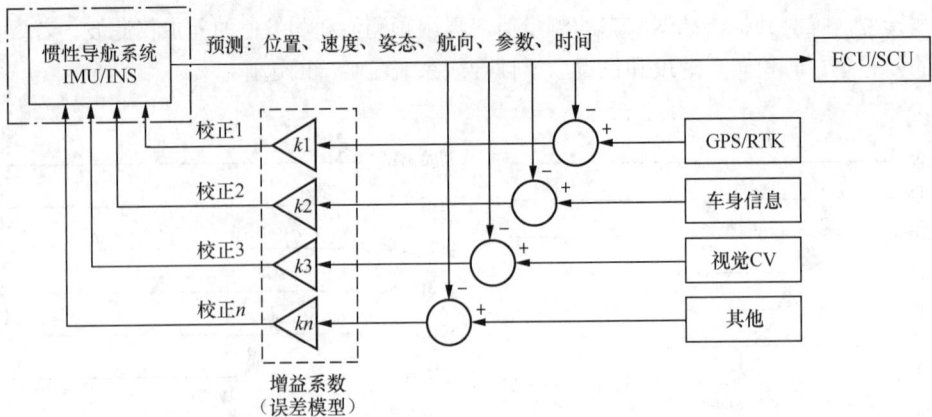

图 6.20　惯性导航系统作为定位信息中心融合其他模块提供的定位信息

6.3.2　车用惯性导航系统的核心算法

目前，主流的组合导航系统包括 GNSS 和惯性导航系统，该组合导航的核心算法框架如图 6.21 所示。

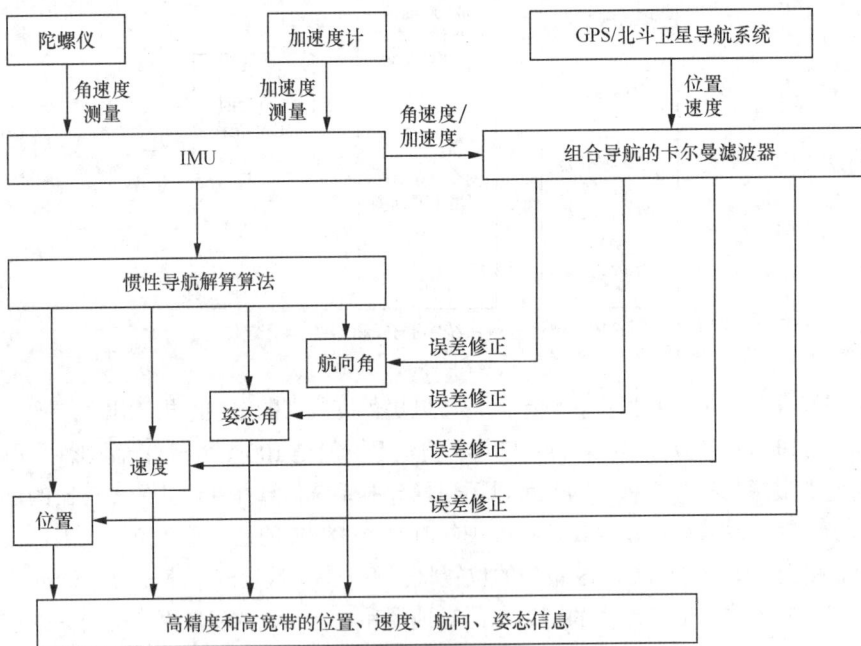

图 6.21　核心算法框架

惯性导航系统在自动驾驶中的应用属于起步阶段，算法的优劣决定传感器是否能发挥其最佳性能，也决定惯性导航系统的稳定性和可靠性。

车用惯性导航系统中使用的核心算法主要包括惯性导航解算算法、组合导航的卡尔曼滤波器的耦合和组合导航的环境特征信息融合 3 种。

1. 惯性导航解算算法

以百度阿波罗的惯性导航解算算法为例，其原理如图 6.22 所示，通常分以下几步。

（1）姿态更新：对陀螺仪输出的角速度进行积分得到姿态增量，叠加到上次的姿态上。

项目6 组合导航的认识、装调与故障诊断

（2）比力坐标转换：从 IMU 载体坐标系到位置、速度求解坐标系（惯性坐标系）。

（3）速度更新：需要考虑去除重力加速度，得到惯性坐标系下的加速度，通过对其求积分得到速度。

（4）位置更新：通过对速度求积分得到位置。

（5）重力加速度模型：重力加速度的大小随其在地球上地点的不同而略有差异，越靠近赤道越小，越靠近两极越大。以国际椭球，即国际大地测量与地球物理学联合会（International Union of Geodesy and Geophysics，IUGG）于 1975 年推荐的正常地球椭球，其长半径 $a=6\,378\,140$m，地心引力常数 GM$=3.986005\times10^{14}$m³/s²，地球重力场二阶带球谐系数 $J=108\,263\times10^{-8}$，地球自转角速度 $\omega=7.292\,115\times10^{-5}$rad/s 的数据为基准，采用以下重力加速度模型进行计算。我国主要城市的重力加速度参考值如表 6.1 所示。重力加速度模型如下：

$$g = G - \Omega \times (\Omega \times R)$$

其中，g 表示重力加速度，G 表示引力加速度，Ω 表示地球自转角速度，R 表示地心至地理坐标系原点（机体中心）的连接矢量。

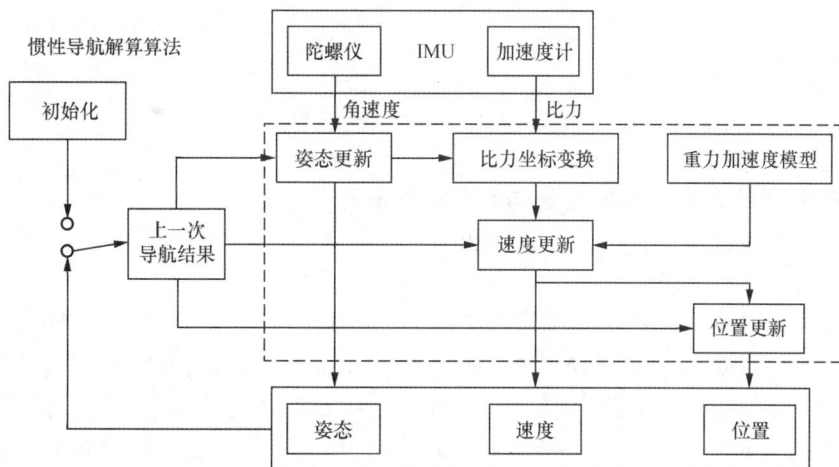

图 6.22 百度阿波罗惯性导航解算算法原理

表 6.1 我国主要城市的重力加速度参考值

城市名称	重力加速度/m·s⁻²	城市名称	重力加速度/m·s⁻²
广州	9.78834	天津	9.80105
福州	9.78910	北京	9.80147
重庆	9.78913	沈阳	9.80349
上海	9.79460	哈尔滨	9.80655
南京	9.79495	齐齐哈尔	9.80803

在算法中，导航方程的每一次迭代都需要利用上一次的导航结果作为初始值，因此惯性导航的初始化是比较重要的部分之一。

首先，通过对 IMU 的标定，求得姿态转移矩阵。

其次，求粗对准姿态矩阵。针对激光陀螺仪，因其可感测地球自转角速度以及重力加速度，所以可以用双矢量定姿来求姿态矩阵。而 MEMS 这种低精度 IMU，不能准确感测地球

| 169 |

自转角速度以及重力加速度，则需要借助磁力计、卫导双天线定姿等来对准。

最后，得到精对准姿态矩阵。在初始对准中，通过双矢量定姿方法得到粗略的姿态矩阵，这时通过静基座下输出的速度和失准角误差（估计的姿态矩阵与真实值之间存在的小量的数学平台失准角），利用误差做间接卡尔曼滤波，用姿态更新算法得到精对准姿态矩阵。

有了初始姿态矩阵（相当于完成了姿态对准），同时通过卫导得到初始位置和初始速度，惯性导航解算算法的初始化就完成了。惯性导航初始化原理如图 6.23 所示。

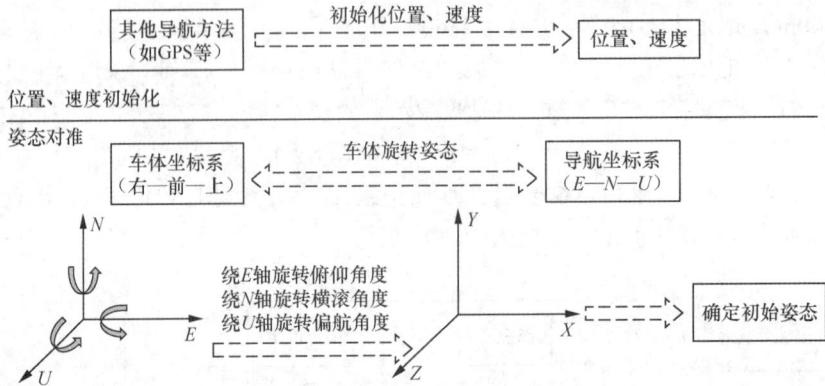

图 6.23　惯性导航初始化原理

2. 基于卡尔曼滤波器组合导航的定位结果融合

使用卡尔曼滤波器的耦合，对 IMU 和 GNSS 即点云定位结果进行融合，其方法可分为松耦合和紧耦合两种，其原理分别如图 6.24 和图 6.25 所示。

松耦合滤波器采用位置、速度量测值和解算的位置速度之差作为组合导航滤波器输入，即卡尔曼滤波器的测量值，如图 6.24 所示。松耦合简单、灵活，滤波器维数低，拥有全局最优估计精度。但是必须要有 4 颗可见卫星，否则 GNSS 无法解算出位置和速度作为滤波器输入。

紧耦合的数据包括 GNSS 的导航参数、定位中的伪距、距离变化等，如图 6.25 所示。紧耦合在可见卫星数目小于 4 时仍然可以进行测量值更新，可以检测到粗劣的 GNSS 测量值并移除。但是在滤波之前需要消除滤波误差，滤波器复杂。

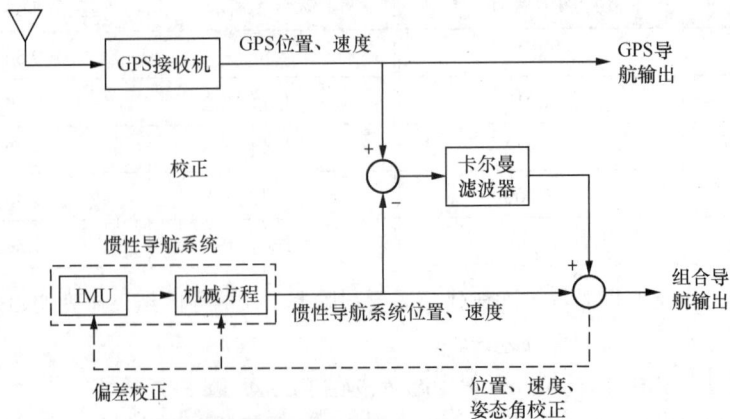

图 6.24　卡尔曼滤波器的松耦合原理

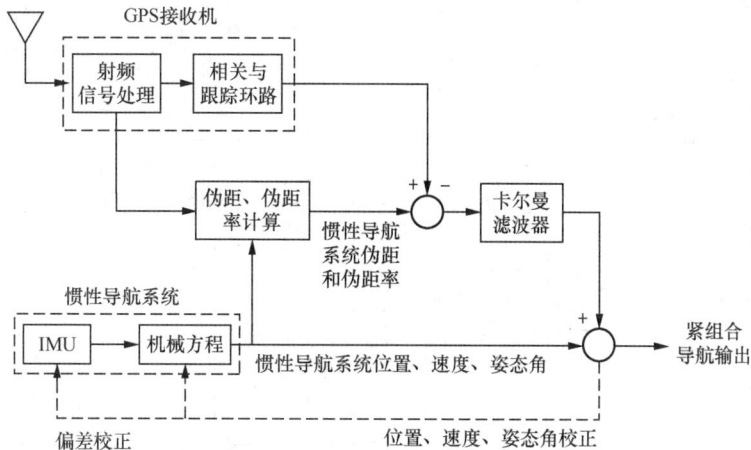

图 6.25　卡尔曼滤波器的紧耦合原理

百度阿波罗使用的惯性导航系统采用松耦合的方式，并且使用了误差卡尔曼滤波器。惯性导航解算的结果用于卡尔曼滤波器的时间更新，即预测；而 GNSS、点云定位结果用于卡尔曼滤波器的测量值更新。卡尔曼滤波器会输出位置、速度、姿态的误差用来修正惯性导航系统模块，IMU 器件误差用来补偿 IMU 原始数据，如图 6.26 所示。

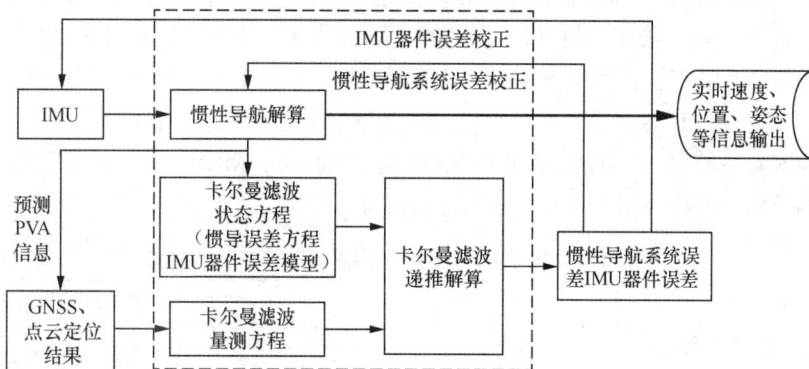

图 6.26　基于卡尔曼滤波器的松耦合

3．环境特征信息与惯性导航融合

环境特征信息与惯性导航融合可以大大提升高精度定位系统的场景覆盖能力。通过 GNSS-RTK 的定位技术可以实现 65%的综合场景定位误差小于 20cm 的覆盖率，GNSS+IMU 的组合惯性导航则可以实现 85%左右的覆盖，但距离自动驾驶对定位误差小于 20cm 的综合场景覆盖率达到 97.5%以上的要求仍有差距。而 GNSS+IMU+LiDAR/CV 的融合、高精度定位系统可以实现覆盖率达到 97.5%以上。一种组合导航和环境感知信息融合的架构示意如图 6.27 所示，组合导航系统与环境特征信息融合将成为必然趋势。

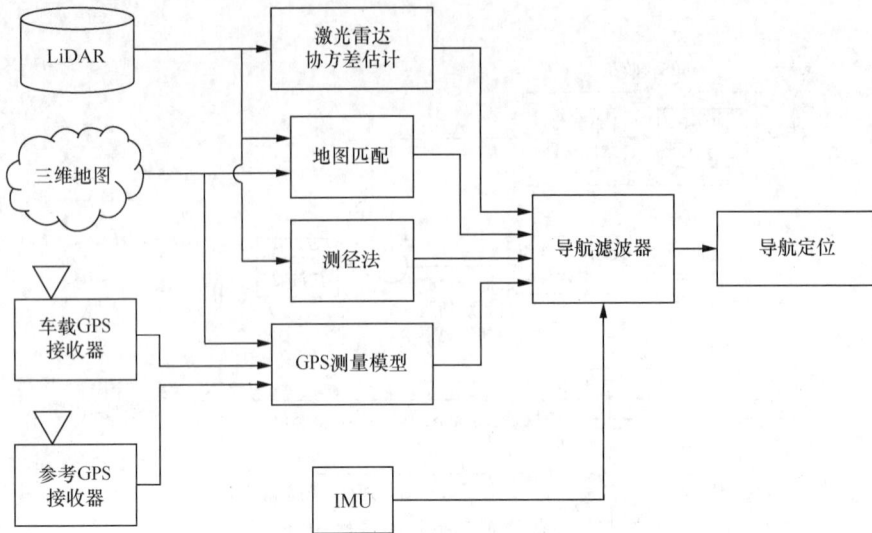

图 6.27　一种组合导航和环境感知信息融合的架构示意

6.3.3　车用惯性导航系统的核心竞争力在于芯片设计与封装

　　汽车用的传感器对性能、体积、寿命要求非常高，决定了车用惯性导航系统传感器将采用 MEMS 技术。从长远来看，惯性导航系统的竞争力在于惯性传感器芯片设计和封装能力。

　　随着自动驾驶技术级别的提升，对 MEMS 惯性传感器芯片的性能要求将持续提高，如表 6.2 所示；同时随着惯性导航系统算法的不断成熟，通过算法优化来提升系统性能的空间越来越小，而对惯性传感器芯片硬件性能的依赖程度会相应提高。汽车行业使用的 MEMS 传感器必须兼备高精度、长期稳定性和可大批量生产的特性。MEMS 惯性传感器芯片的设计、制造、封测及标定将成为惯性导航系统中比较关键的环节。

表 6.2　　　　　　　　　　自动驾驶对 MEMS 惯性传感器芯片的基本要求

指标需求	L2 级智能驾驶	L3 级及以上级别自动驾驶
MEMS 陀螺不稳定性	10°/h	1°～5°/h
MEMS 加速度计精度	0.01g	0.002g
组合定位精度	5m	10cm
惯性导航系统形式	IMU	惯性组合导航系统

　　同时对于高性能、低功耗惯性器件及系统的需求，使得 MEMS 惯性传感器朝着高精度、集成化、低成本、组合化和多功能化方向发展。2011 年，惯性传感器仅和磁传感器融合，发展到 2017 年，惯性传感器已经演变到 9 轴，并且能够实现与 MCU（Multipoint Control Unit，多点控制器）的融合。这种出现在移动终端的 MEMS 惯性传感器具有高集成化的趋势，汽车 MEMS 惯性传感器也在经历这种过程。对 MEMS 惯性传感器的设计提出了更高的要求，其芯片的设计能力也成为核心竞争力。

　　MEMS 惯性传感器的封装技术是决定 MEMS 惯性器件的性能的重要因素。MEMS 陀螺仪的器件级真空封装的难点是降低封装应力、提高真空度以及高真空保持度。对于 MEMS 惯性传感器，其性能更容易受封装应力、真空度、气密性、隔离度等影响。例如气密性，MEMS

陀螺的可靠性和稳定性受气密性影响很大,必须在稳定的气密条件下才能可靠、长期地工作。

此外,MEMS 封装通常需要考虑电源分配、信号分配、散热通道、机械支撑和环境保护等内容。MEMS 惯性传感器高集成化的趋势,也对封装技术提出了新的要求。MEMS 惯性传感器的封装技术已成为核心技术。

|6.4　智能网联汽车对高精度定位的需求|

6.4.1　高精度定位的需求

高精度定位通过高精度卫星导航及多传感器融合技术在统一坐标系下得到高精度的三维坐标信息和航向、姿态信息,如前文所述的环境特征信息与惯性导航融合。实时、连续、可靠、高可用的高精度定位是智能网联汽车实现自动驾驶的基础技术,也是安全行驶的保证。

在全工况下提供准确、安全、可靠的高精度定位信息,是智能网联汽车安全行驶的重要前提。精准的车辆定位信息能够帮助车辆更好地使用高精度地图,并为决策规划、运动控制模块提供有效的参数等信息。高精度定位模块是智能网联汽车的核心模块,也是车辆自主导航、自动驾驶的重要支撑。

车辆自主导航方面,目前常见的单频卫星定位系统的定位精度一般为 5～10m,对一些重要的应用场景可能造成较大的困扰。比如车辆无法区分行驶在主路上还是辅路上,车辆处于高架桥上还是高架桥下的道路等,车辆缺乏高精度的定位信息,将对车辆的安全行驶造成较大的风险。对于自动驾驶车辆,尤其是 L3 级及以上级别的自动驾驶车辆,对高精度定位的需求是刚性的、不可或缺的。

自动驾驶对车辆定位的需求主要体现在 3 个方面:定位精度、定位可靠性和定位实时性。定位精度要求达到厘米级,并且在复杂场景下,如高架桥、隧道等具有较高的定位可靠性。对定位实时性也具有较高的要求,定位实时性不好,会降低定位精度。例如,一辆速度为 72km/h 的汽车,每 1ms 行驶的距离是 2cm,如果它的延迟能达到 10ms,仅延迟带来的定位误差就会达到 0.2m。定位延迟的主要影响因素包括卫星信号的传输、定位信号在车内总线的传输、定位算法的处理等。时间同步是减少定位时延、降低定位时延影响的主要方法,常用的时间同步方案包括 TSN(Time-Sensitive Networking,时间敏感网络)时间同步标准 IEEE802.1AS,以及基于 AutoSAR(AutoSAR 英文全称是 Automotive Open System Architecture,中文名称为汽车开放系统架构,它是由全球汽车制造商、零部件供应商及其他电子、半导体和软件系统公司联合建立的,致力于为汽车工业开发开放的、标准化的软件架构)的时间同步协议等。

6.4.2　高精度卫星定位的必要性

高精度卫星定位在自动驾驶中发挥着不可或缺的作用,是智能网联汽车中的核心传感器之一,相较于视觉传感器、雷达等高精度相对定位传感器,它不受天气、光线等影响,可在全场景下帮助汽车实现精准定位,为智能决策提供可靠依据。

自动驾驶中的高精度定位技术,可分为绝对定位和相对定位。绝对定位输出的定位信息是基于统一的定位坐标体系下的位置，相对定位输出的是区域内的相对位置信息。绝对定位的方案，当前都是基于卫星的定位手段，相对定位比较常用的是基于激光雷达、毫米波雷达、摄像头等传感器的特征匹配定位技术。

卫星定位虽然容易受周围环境的影响，特别是在障碍物遮挡的区域，定位精度不可靠，但是客观来看，卫星定位是可用性比较高的一种技术方案，此外，相比于其他的传感器，成本也比较低。它有如下几个优势。

（1）高精度卫星定位属于绝对定位技术，在众多高精度定位方案中，只有 GNSS 高精度卫星定位为车辆提供绝对的定位信息，高精度初始绝对位置是基本的参数，所以不管用哪种高精度定位解决方案，GNSS 卫星导航定位是必不可少的，能够平行于相对定位技术给系统提供非常高的可靠性补充，从而满足系统的功能安全要求。

（2）高精度卫星定位能够实现极端天气和环境下的位置感知。在雨天积水反射灯光、冬天路面覆盖积雪等情况下，利用视觉传感器和激光雷达是很难识别车道线的；而在没有车道线的道路或开阔的广场、较大的院子、停车场等没有明显道路边界的封闭区域，周围又缺少较易辨识的参照物，视觉传感器和激光雷达很难做出相对定位。

（3）高精度卫星定位能够提高自动驾驶的安全性和舒适性。传统的辅助驾驶在面对大曲率弯道时，因为视觉传感器或激光雷达等传感器相对定位方式存在盲区，车辆快开到弯道时才能做出判断，从而造成急制动、急转弯等现象，甚至会出现安全隐患，给整个驾驶过程的安全性和舒适性造成影响。如果使用高精度卫星定位技术，让车辆对自己的位置有清晰的了解，并通过车辆智能决策系统判断制动、转向的时机和距离以及转向的角度，可以有效提升整个驾驶系统的安全性和舒适性。

（4）高精度卫星定位能够增强 V2X 应用的效果。在交叉路口位置常见的车辆穿行和避让场景中，如果每一辆车都能够精确地定位出自己位置，并通过车车通信、车路通信分享自车位置，那么每一辆车都会通过 V2X 的智能车路调度系统清楚地了解彼此的位置以及交叉路口的交通情况，从而实现交叉行驶车辆的有效灵活调度。

（5）高精度卫星定位能够节省自动驾驶系统的运算量。利用图像识别、激光点云算法实现相对定位需要巨大的存储量和运算量，因为必须使用非常大型的服务器做运算和处理，所以实现工程化或商业化应用具有很大的难度。而利用高精度卫星定位，可以精确地定位出车辆所在的车道，做点云匹配处理时，完全没有必要将车辆周边较大范围的点云图像数据都调入做匹配处理，只需要调用就近一段数据，大大减少了数据存储量和运算量，甚至使用工控机就可以完成系统处理。

|6.5 高精度地图与高精度定位|

6.5.1 高精度地图

什么是高精度地图？通俗的理解就是精度更高的地图。高精度地图的精度被普遍认为需要达到 20cm。这样的精度基本上是一条车道边线的宽度，在精度为 20cm 的情况下才能保证不会发生侧面碰撞。

拓展知识：高精度地图的原理与应用

　　高精度地图相对于已经普及的普通电子地图，除了道路拓扑关系的位置精度更高，还包含道路及车道的高程、航向、坡度、倾斜和曲率等高精度属性，同时提供附着在道路网络上的高精度对象信息。高精度地图在满足自动驾驶时，除了要有较高精度的位置（如经度、纬度、海拔）和姿态（如航向、倾斜角、俯仰角）外，还要有较高频率的更新，因为车辆在自动驾驶状态下，系统需要进行实时决策，而决策的依据就是车辆感知到的周边环境数据。如果系统决策出现延迟，就很有可能导致交通事故。具体来看，高精度地图需要实时更新的数据包括天气数据、交通信号灯数据、人行道行人数据、周边车辆交互数据等。

　　如果说自动驾驶汽车的传感器像汽车的眼睛，那么高精度地图像自动驾驶汽车的长周期记忆，经过传感器实时采集的数据与高精度地图融合后重建的三维场景像是汽车的工作记忆，自动驾驶汽车利用融合后的数据进行决策。

　　高精度地图在数据采集过程中，对位置及姿态测量的精度要求非常高，而且采集数据的精细覆盖程度也非常高。高精度地图利用高精度采集的数据制作高精度的道路拓扑模型，附着在道路拓扑关系上建立精度较高的车道模型，比如车道线的位置、类型、宽度、坡度和曲率等，以及道路通行空间范围边界区域内的精细化对象模型，对象包括路牙、护栏、立交桥、隧道、龙门架、交通标牌、可变信息标牌、轮廓标、收费站/杆、交通信号灯、墙面、箭头、文本、符号、警示区、导流区等。高精度地图车道级地图示意如图 6.28 所示。

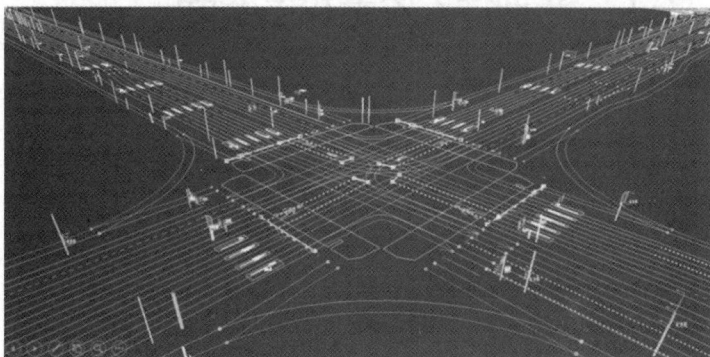

彩图 6.28

图 6.28　高精度地图车道级地图示意

6.5.2　高精度定位

　　高精度定位是自动驾驶感知、决策、控制算法模块的基础，而高精度地图为高级别自动驾驶提供感知冗余、辅助定位和决策。二者相辅相成，是自动驾驶系统的核心基础技术。

　　一方面，高精度地图的采集和制作离不开高精度定位信息，高精度地图在采集和制作中对数据的三维位置、航向、姿态等信息的精度要求非常高，需要高精度定位技术的支撑，来提供高精度的坐标、姿态及统一的时间信息。

　　另一方面，高精度定位的实现需要结合高精度地图，高精度定位将自动驾驶汽车的环境感知结果与高精度地图进行对比，得到车辆在高精度地图中的精确位置和姿态；在智能网联汽车多源定位方案中，高精度地图与车辆其他感知传感器融合，对传感器无法探测的部分进行补充，提高系统的安全冗余，为车辆提供更加可靠的感知能力，提高车辆定位精度，保证车辆在任何环境下的安全。

　　与此同时，高精度地图也可提供实时、全方位周围驾驶环境及交通状况信息，为精准决策提供依据，并帮助车辆提前重新规划路径。

高精度地图对自动驾驶汽车的作用具体表现在以下几个方面。

首先，高精度地图作为汽车的长周期记忆，为车辆的自动驾驶提供道路先验信息。与车载传感器相比，高精度地图不受天气环境、障碍物和探测距离等限制，为自动驾驶汽车提供安全冗余。同时，高精度地图可以为车辆纵向加减速、横向转向及变道等决策提供先验信息，提高驾驶舒适性并实现智能节能。

其次，高精度地图可预知交通信号灯、车道线、道路标识牌等交通要素的位置，为自动驾驶系统标记感兴趣区域（Region of Interest，ROI）。ROI 的标记有助于提高传感器的检测精度和速度，节约计算资源。

再次，高精度地图可作为规划决策的载体，路口交通信号灯状态、道路交通流量、路网变化情况，以及车辆传感器信息等都可以传递至高精度地图服务平台，通过服务平台实现智能路径规划。

最后，在高精度地图的采集过程中，特别是未来可能实现的众包式采集，采集地图的同时也可积累大量的驾驶数据，实现驾驶场景数据库的积累，为无人驾驶系统仿真验证、人工智能训练等提供重要基础数据。

|6.6 实训任务必要知识准备|

本项目实训任务一览表如表 6.3 所示。

表 6.3 本项目实训任务一览表

项目任务	简要实训步骤	目标
任务 6.1 拆装与调试组合导航	（1）实施准备与工具准备； （2）规范地安装与拆卸组合导航； （3）对组合导航进行倾角度调整； （4）对组合导航进行静态调试	培养学生拆装过程中规范操作的意识，能正确做好防护工作，正确使用工具等；通过任务，学生能独立完成组合导航的装调工作
任务 6.2 组合导航的故障诊断与排除	（1）实施准备与工具准备； （2）组合导航故障原因分析； （3）组合导航排故实施； （4）清洁和整理	通过任务，学生能了解组合导航常见故障原因，并能通过软件以及万用表等工具排除故障

6.6.1 拆装与调试组合导航知识准备

实训平台（本书配套的实训设备）目前装配的 CGI-210 高精度组合导航接收机，简称 CGI-210，如图 6.29 所示，它是由上海华测推出的高精度定位终端，该产品采用差分定位技术与惯性导航技术，内置 4G 通信模块，支持 CORS（Cross-Origin Resource Sharing，跨域资源共享）差分数据接入及数据实时回传，同时具备 RS-232、CAN 接口，内置高精度 MEMS 陀螺仪与加速度计，支持外接里程计信息进行辅助，借助新一代多传感器数据融合技术，大大提高了系统的可靠性、精确性和动态性，实时提供高精度的载体位置、姿态、速度和传感器等信息，可实现城市峡谷、隧道桥梁等卫星信号质量差环境下的持续高精度定位。该产品具有较完善的组合导航算法，能提供准确的姿态和厘米级位置信息，其技术指标如表 6.4 所示。

图 6.29　CGI-210 高精度组合导航

表 6.4　　　　　　　　　　　　　CGI-210 高精度组合导航技术指标

GNSS 指标	GNSS 信号	定位	GPS L1，L2	
			BDS B1，B2	
			GLONASS G1，G2	
	首次定位时间	冷启动	30s（典型值）	
		温启动	5s（典型值）	
		热启动	2s（典型值）	
系统精度	姿态精度		0.1°	
	定位精度		单点 L1/L2：1.2m	
			DGPS：0.4m	
			RTK：$1cm+10^{-6}m$	
	数据更新率		100Hz	
	初始化时间		1min	
IMU 性能指标	陀螺仪类型		MEMS	
	陀螺仪量程		±300 °/s	
	陀螺仪零偏稳定性		2.5°/h	
	加速度计量程		±6g	
通信接口	功能接口		1×UART 1×CAN	
			1×PPS	
环境指标	工作温度		−25～+75℃	
	存储温度		−30～+80℃	
	等级		IP 65	
物理尺寸及电气特性	物理尺寸（长×宽×高）		105mm×75mm×30mm	
	功耗		典型 2.6W	
	电压		DC 9～36V（标准适配 DC 12V）	
	质量		270g	
组合导航系统性能	中断时间	定位模式	位置精度/m	
			水平	垂直
	0s	RTK	0.02	0.03
	10s	RTK	0.50	0.20
	60s	RTK	5.80	2.00

（1）前面板灯：从左往右依次为电源指示灯、组合导航指示灯、卫星灯、4G 信号指示灯，如图 6.30 所示，CGI-210 前面板灯的含义如表 6.5 所示。

图 6.30　CGI-210 前面板灯

表 6.5　　　　　　　　　　　　　　CGI-210 前面板灯的含义

指示灯	颜色	功能
电源指示灯	红色	上电即常亮红色
组合导航指示灯	绿色	标定完成后达到组合导航后常亮
卫星灯	蓝色	每隔 5s 闪烁 1 次表示正在搜索卫星；搜索到卫星之后每隔 5s 闪烁 n 次，表示搜到 n 颗卫星
4G 信号指示灯	橙色	连接 4G 网络后常亮

（2）通信接口：从左至右依次为 CGI-210 的 POWER 接口、GNSS 天线接口（与 GNSS 天线连接）和 GPRS 天线接口（与 GPRS 天线连接），如图 6.31 所示。

图 6.31　CGI-210 通信接口以及 GNSS 天线、GPRS 天线

CGI-210 的 POWER 接口使用专用的连接线，如图 6.32 所示，一头是 10 芯的 LEMO 头，连接到 CGI-210 的 POWER 接口，另一端包括 DC 9~36V 输入线（为设备提供电源）、RS-232（通信调试，结合上位机，用于数据通信、升级 GCI-210 固件等），另外还有 3 个接口如 CAN 总线（通信调试，与 RS-232 类似，用于输出对应的 CAN 数据），本实训暂未用到，此处不做介绍，感兴趣的读者可以查看配套提供的说明书。

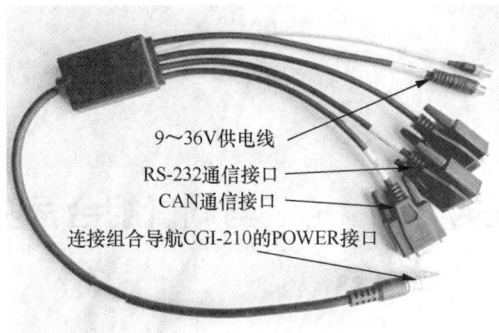

图 6.32　CGI-210 专用连接线束

4G 卡槽：位于 CGI-210 侧面，使用中卡，将缺角一边朝向里面，金属面朝向上方插入，如图 6.33 所示，若需要数据回传或设备网络 CORS（Continuously Operating Reference Stations，连续运行参考站）（一种提高 GPS 定位精度的技术），则需在此插入流量卡，否则可以留空。

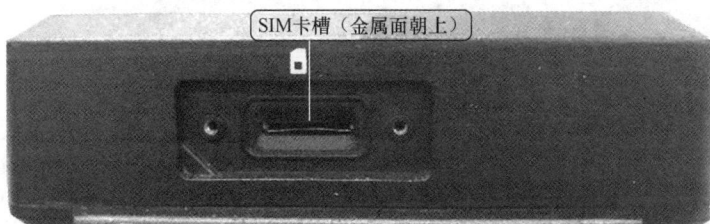

图 6.33　CGI-210 的 4G 卡槽

6.6.2　组合导航系统的故障诊断与排除知识准备

在故障诊断台上，组合导航系统端子及其定义如图 6.34 所示，对右下侧电源端的测试孔来说，靠近组合导航系统的两个测试孔为正、负极输出端，这两个测试孔电压为 12V，则代表组合导航有电压供电；另外两个测试孔为正、负极输入端，这两个测试孔电压为 12V，则代表电源正常供电。

而对上侧的组合导航系统信号测试孔来说，组合导航系统是与台架计算机通过 RS-232 串口转 USB 进行通信的，如图 6.34 所示，其中组合导航系统 RX 端与计算机 TX 端连接，组合导航系统 TX 端与计算机 RX 端连接，在后续进行通信故障检测的时候，可以通过读取上述端子的波形来判断。

在不考虑组合导航系统本身的故障的情况下，配合故障诊断台，本项目组合导航系统涉及的故障主要包括电源故障和通信故障。

彩图 6.34

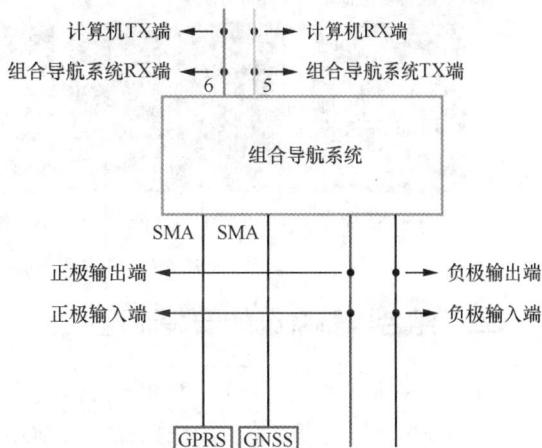

图 6.34　组合导航系统测试孔介绍

🔧 【项目实施】

| 任务 6.1　拆装与调试组合导航 |

一、实施准备

准备好相关的工具和设备，如图 6.35 所示，如数显倾角仪、螺钉旋具套装、安全帽、工作手套等。同时，对准备好的工具和设备进行必要的外观检查。

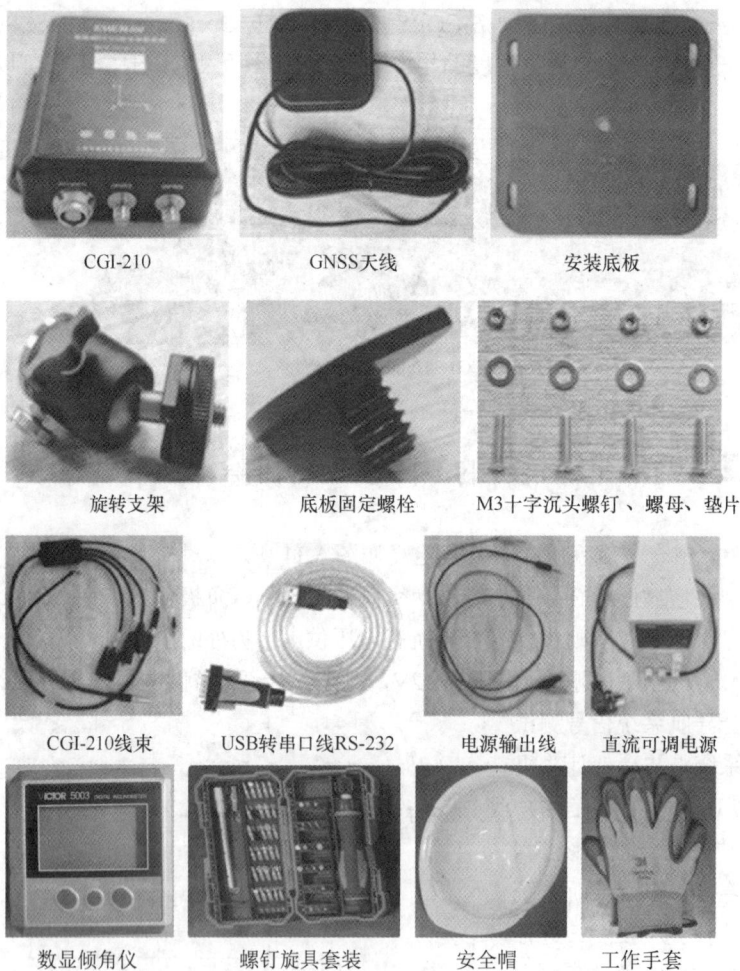

任务 6.1 安装前检查

任务 6.1 安装前工具设备准备

图 6.35　准备工具及设备

二、组合导航系统的安装流程

（1）安装前需穿戴好工作手套和安全帽。

（2）使用合适的工具将安装底板安装在 CGI-210 高精度组合导航上，如图 6.36 所示。

组合导航系统的安装流程

（3）将旋转支架安装到安装底板上，如图 6.37 所示。

图 6.36　安装底板的安装（正反面）

图 6.37　旋转支架的安装

（4）使用底板固定螺栓将旋转支架安装到实训平台的安装孔位上，如图 6.38 所示，安装好后如图 6.39 所示，旁边有一个通孔，CGI-210 线束可以通过该孔连接到 CGI-210 上。

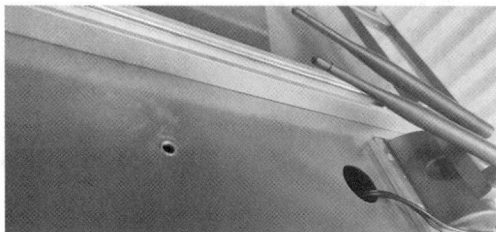

图 6.38　旋转支架的安装孔

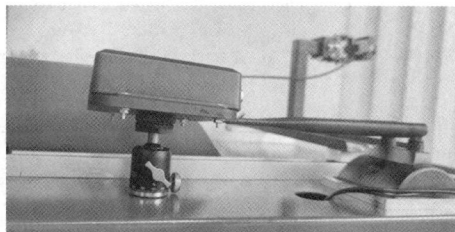

图 6.39　安装好旋转支架

（5）将 CGI-210 线束穿过实训平台顶的圆形孔，并插接到 CGI-210 的 POWER 插接口上，将 GNSS 线束和 GPRS 天线插接到 CGI-210 的 GNSS 和 GPRS 插接口上，并将 GNSS 线束和 GPRS 线束（底部有磁性，免安装）置于合适的位置，如图 6.40 所示。

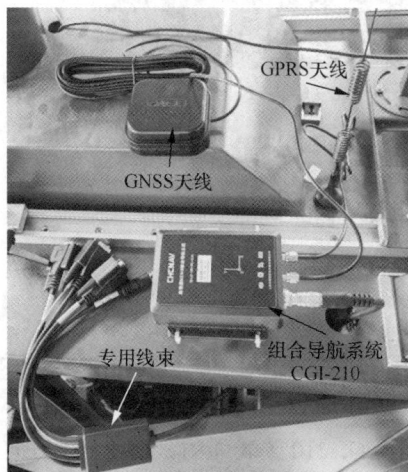

图 6.40　连接 POWER 和 GNSS 线束

（6）将 USB 转串口线 RS-232 的公插头连接至 CGI-210 专用线束的 RS-232 母插头（线束上有标识 RS-232，注意不要接错），如图 6.41 所示。

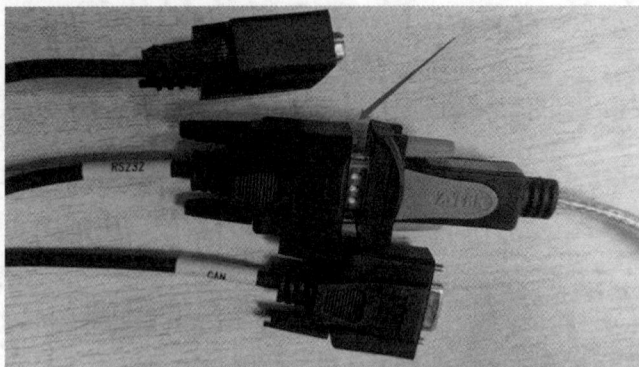

图 6.41 连接 RS-232 串口线束

组合导航系统的
线束连接

（7）将 USB 转串口线 RS-232 的 USB 端插接至实训平台的计算机上。

（8）给 CGI-210 提供电源，如图 6.42 所示，采用一条合适的供电线，一端和 CGI-210 专用连接线的 9～36V 供电线连接，另一端连接电源（如 12V，红色线接电源正极，黑色线接电源负极）。至此，安装完毕。

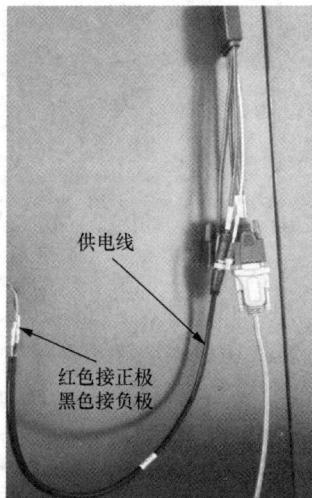

供电线

红色接正极
黑色接负极

图 6.42 CGI-210 电源线的连接

组合导航系统的
拆卸及整理清洁

（9）拆卸组合导航系统按安装步骤反序进行即可。

三、CGI-210 的倾角度调整

在安装完毕后 CGI-210 需要调整倾角度，保证在一定的误差范围内，具体步骤如下。

（1）将数显倾角仪放置于水平的工作台上，开机并按"ZERO"按钮进行校准，如图 6.43 所示。

组合导航系统的
安装调整

（2）将数显倾角仪放置于 CGI-210 上表面的 x 轴和 y 轴方向，分别进行横向和纵向的倾角测量，倾角度偏差控制在±2°，将旋转支架的锁止机构锁止，稳固 CGI-210 的姿态，并记录好倾角度数据，如图 6.44 所示。

图 6.43　数显倾角仪的校准

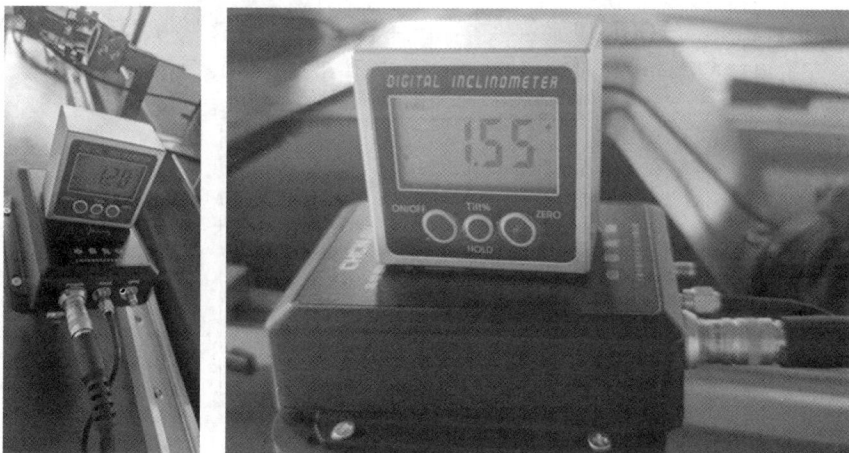

图 6.44　测量 CGI-210 在 x 轴和 y 轴方向上的倾角度

四、组合导航系统的静态调试

（1）接通实训平台的总电源，开启实训平台的电源开关，此时 CGI-210 电源指示灯应常亮，开启实训平台的计算机，在计算机桌面打开"CGI310"上位机，其图标如图 6.45 所示。

图 6.45　CGI310 上位机图标

组合导航系统的
静态调试

（2）查看对应 COM 端口，选中 "我的计算机"并单击鼠标右键，在弹出的快捷菜单中选择"管理（G）"，选择"设备管理器"→"端口（COM 和 LPT）"查看惯性导航对应 COM 端口，这里是 COM3，如图 6.46 所示。

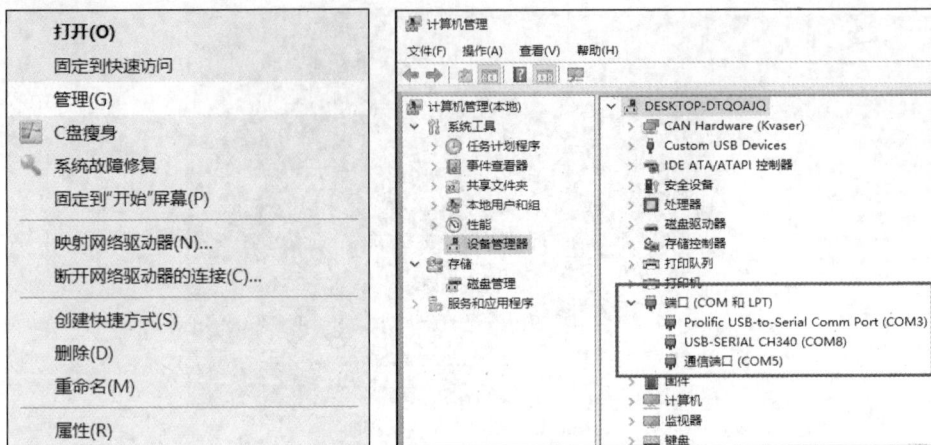

图 6.46　查看对应 COM 端口

（3）创建新连接，在 CGI310 上位机中，在菜单栏选择"连接"→"新连接"，单击"串口连接"，配置串口参数（上位机和惯性导航系统通信串口参数），如图 6.47 所示。

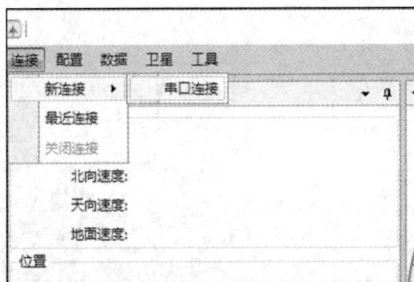

图 6.47　连接惯导

（4）"串口号"选择"COM 3"，"波特率"选择"460800"（惯性导航系统默认波特率），校验位、数据位、停止位不做修改，选择默认，单击"确定"按钮进行连接，如图 6.48 所示。

（5）选择菜单栏"配置"→"输出数据配置"，如图 6.49 所示。

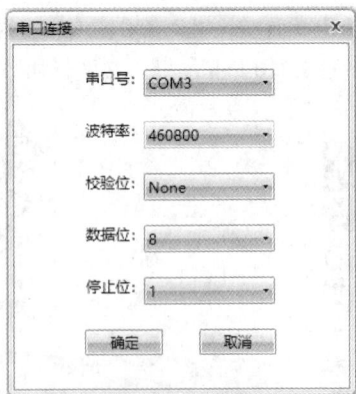

图 6.48　配置串口参数

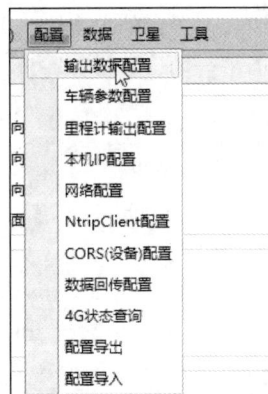

图 6.49　"数据输出配置"选项

（6）弹出的"输出数据配置"对话框如图 6.50 所示，"输出端口"选择"COM3"，"波特率"选择"460800"，和串口连接时波特率一致。然后在最下面勾选"GPCHC"，采用 GPCHC 数据协议输出数据，频率可以按需求自由选择，此处选 50Hz。最后单击"发送"按钮。

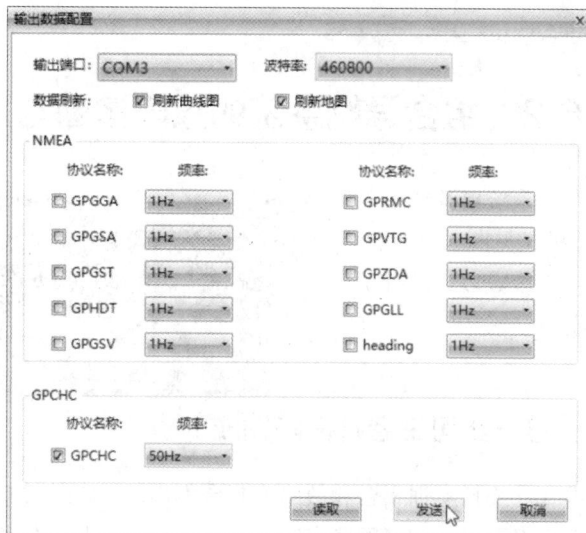

图 6.50　"输出数据配置"对话框

（7）此时，在 CGI310 上位机主页面查看实时可视化数据，如图 6.51 所示。左侧为"数据显示"页面显示各种数据，包括速度、位置、姿态等信息，右侧上部分为航向和速度视图，右侧下部分有 4 个选项卡可以选择，分别是航向、速度、陀螺仪和加速度计，单击相应的选项卡标签可以看到各参数随时间变化的曲线图。

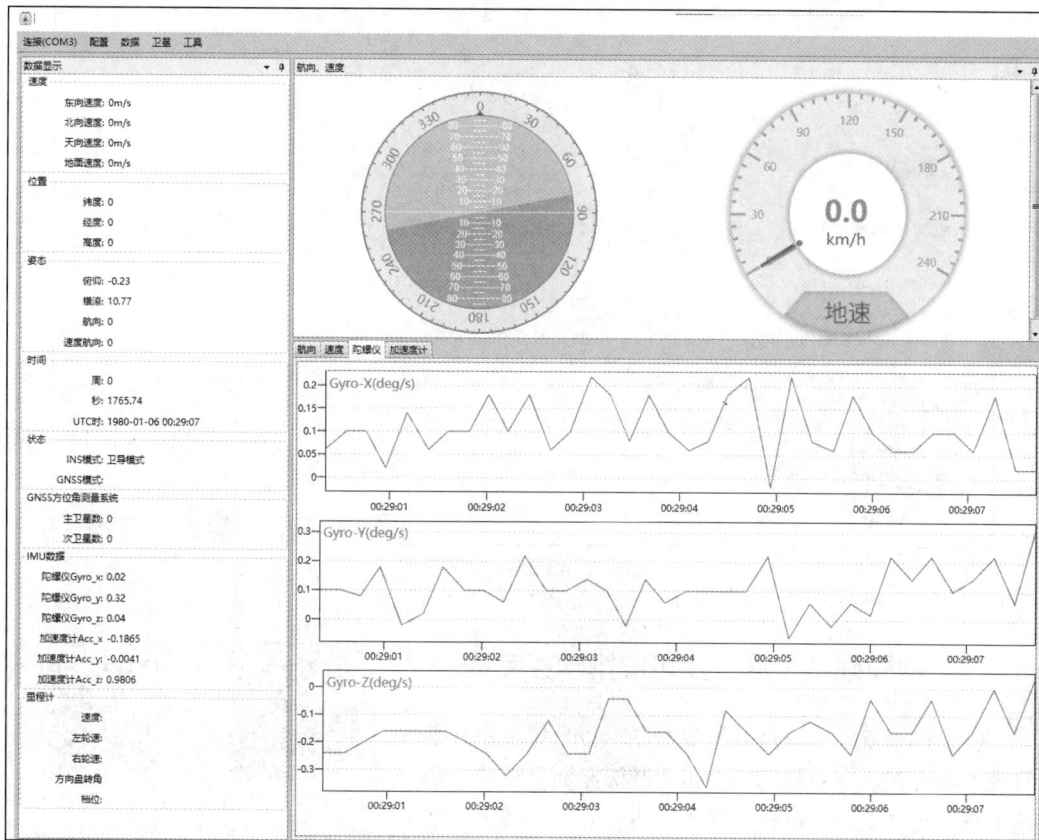

图 6.51　实时可视化数据

（8）组合导航的静态调试完毕，完成 5S。

|任务 6.2　组合导航系统的故障诊断与排除|

故障现象：组合导航系统电源灯不亮，打开 CGI310 上位机（见图 6.45），选择对应串口，配置串口参数后，没有出现正常的可视化数据。

| 任务 6.2　工具及设备检查 | 组合导航系统电源故障设置 | 组合导航系统通信故障设置 |

一、准备工作（这一步可由老师提前完成）

硬件连接和软件准备。连接实训平台和故障诊断台引出的 OBD 接口和航空接口，打开电源和计算机，在计算机桌面双击智能网联汽车三维数字化仿真教学软件图标，故障设置步骤参考项目 1 中项目实施的任务的相关描述，在"设置故障"中设置故障为"电源故障"和"串口通信 TX 故障"，故障类型分别为"负极断路"和"对负极短路"。单击"提交"按钮即可，如图 6.52 所示。

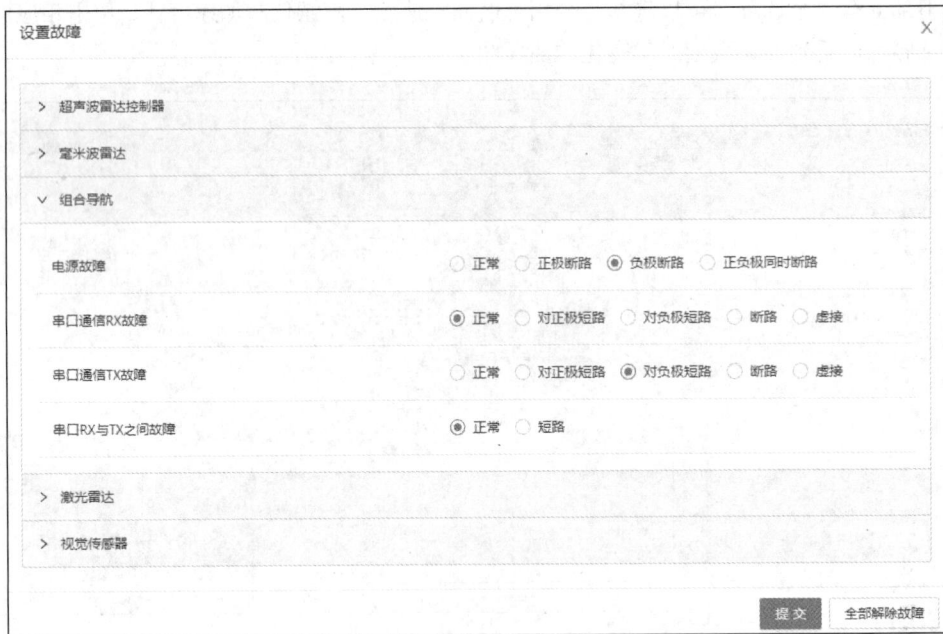

图 6.52　组合导航故障设置

二、故障确认（这一步可安排学生完成）

（1）读取故障码。打开智能网联汽车三维数字化仿真教学软件并读取故障码，单击"故障诊断"模块，再单击右上角"刷新"图标，显示"组合导航"故障，故障码和故障描述如图 6.53 所示。

| 组合导航系统电源故障现象确认 | 组合导航系统通信故障现象确认 |

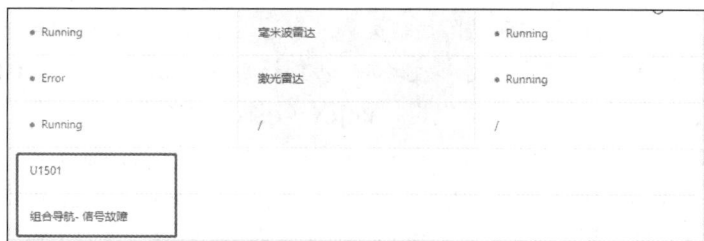

图 6.53　读取故障码

（2）确认故障现象。观察组合导航系统的电源指示灯不亮；然后参考任务 6.1 的 "四、组合导航系统的静态调试"，打开 CGI310 上位机，选择对应串口，配置串口参数后，没有正常的可视化数据，确认故障现象。

三、故障检诊

（1）电源故障检诊。电源故障检诊主要通过故障诊断台完成，在故障诊断台上找到图 6.34 所示的组合导航系统的电源正、负极测试孔，将数字万用表调至直流电压挡，确定电源是否供电。此时，正、负极输入端（电源端）电压为 12V，但是正、负极输出端（组合导航端）电压为 0V，可判断电源线有故障，接触不良或者断路；进一步地，通过万用表蜂鸣挡，测量电源正极和负极输入端、输出端的导通情况，如图 6.54 所示，确认电源正极输入端、输出端导通，但是电源负极输入端、输出端不导通，对照表 6.6 所示内容，判断电源负极断路。

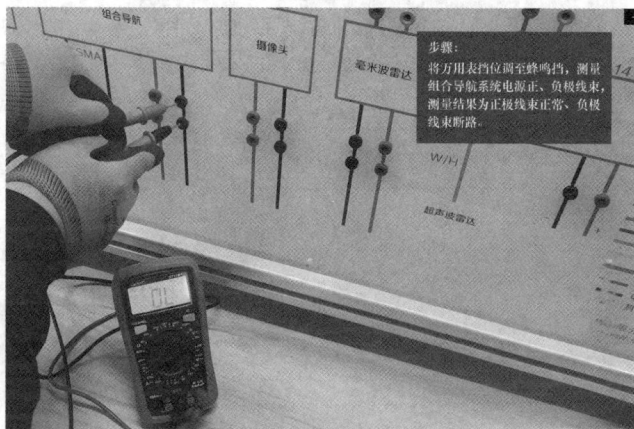

组合导航系统
电源故障检诊

图 6.54　用万用表测量负极线束是否导通

表 6.6　　　　　　　　　　　　故障原因对应的测量结果

序号	红表笔	黑表笔	导通情况	故障原因
1	正极输入端	正极输出端	不导通	电源正极断路
	负极输出端	负极输入端	导通	
2	正极输入端	正极输出端	导通	电源负极断路
	负极输出端	负极输入端	不导通	
3	正极输入端	正极输出端	不导通	电源正极、负极同时断路
	负极输出端	负极输入端	不导通	

（2）通信故障检诊。排除电源故障后，因为还有通信故障，此时组合导航系统电源灯亮起，但是上位机仍然没有可视化数据，因此进一步地检查通信故障。因为 CGI310 上位机是通过 RS-232 串口通信的，涉及 TX（发送）和 RX（接收）两个信号线。用示波器通道 1 和通道 2 的探测线连接到组合导航的 RX 和 TX 测量孔，注意各个通道需要和供电电源共地，如图 6.55 所示。观察示波器图像，如图 6.56 所示。示波器显示通道 1 无波形（RX 信号故障），通道 2 有波形（TX 信号正常）。本故障设置的是组合导航 RX 端与电源短路，因此此时的波形是一条直线。

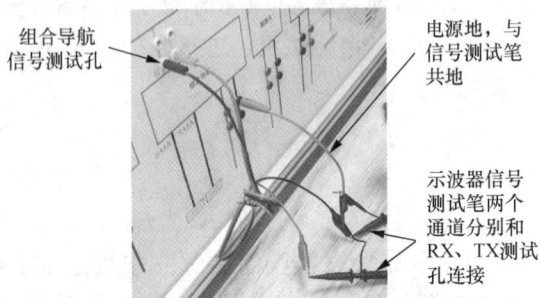

图 6.55　示波器与组合导航测试孔接线

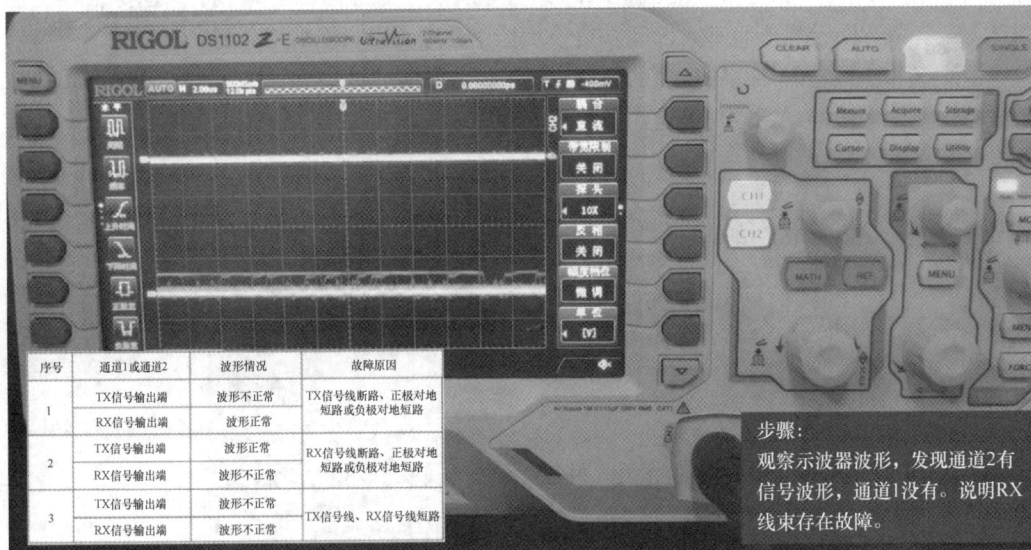

序号	通道1或通道2	波形情况	故障原因
1	TX信号输出端	波形不正常	TX信号线断路、正极对地短路或负极对地短路
	RX信号输出端	波形正常	
2	TX信号输出端	波形正常	RX信号线断路、正极对地短路或负极对地短路
	RX信号输出端	波形不正常	
3	TX信号输出端	波形不正常	TX信号线、RX信号线短路
	RX信号输出端	波形不正常	

步骤：
观察示波器波形，发现通道2有信号波形，通道1没有。说明RX线束存在故障。

图 6.56　示波器通道 1 无波形，通道 2 有波形

（3）重点检测通道 1（RX 信号故障）。

①首先通过万用表检测组合导航系统的 RX 端到计算机 TX 端是否导通，通过检测，发现是导通的，线束本身没问题，需要利用示波器进一步检查。

②参考图 6.55 的接法，把示波器两个通道的信号测试笔分别接入组合导航的 RX 端和计算机 TX 端（端口说明见图 6.34）。在无故障的情况下两个通道的波形应一致，但是实际结果如图 6.56 所示，信号线维持在 0V 附近，呈现一条直线，在不考虑组合导航系统本身故障的情况下，基本确定该信号线对地短路。

至此，学生能正确判断信号对地短路即可。若有条件，准备一条故障信号线和一条正常的信号线，让学生拆装和更换，并让学生完成后续的故障清除。

四、故障消除确认

（1）如果学生能正确找到故障原因并提供相关的排故思路，则由老师在智能网联汽车三维数字化仿真教学软件中清除故障码，否则让学生继续查找问题。

（2）使用实训平台的智能网联汽车三维数字化仿真教学软件重新读取故障码，确认是否清除了故障码。

组合导航系统通信故障消除确认

组合导航系统电源故障消除确认

（3）确认清除故障。打开 CGI310 上位机，检查组合导航是否出现可视化数据；若有，说明故障已清除；然后使用实训平台的智能网联汽车三维数字化仿真教学软件重新读取故障码，无故障码即可。

五、系统复原与 5S

（1）关闭 CGI310 上位机和智能网联汽车三维数字化仿真教学软件。

（2）关闭实训平台计算机。

（3）关闭实训平台电源开关并拔掉电源线。

（4）拆卸 OBD 接口和航空接口。

（5）关闭数字万用表电源。

（6）关闭示波器电源。

（7）完成 5S。

系统复原与整理清洁

【项目小结】

根据本项目的要求，首先了解导航系统的发展历程、卫星定位及导航技术和智能网联汽车中的卫星定位及导航系统，然后熟悉组合导航系统及惯性导航系统、自定位技术以及高精度地图的原理与应用。

在掌握了这些基础知识之后，首先完成了组合导航系统的拆装与调试，然后完成了组合导航系统的故障诊断。

【知识巩固】

1．单选题

（1）（　　）不属于智能网联汽车定位。

　　A．绝对定位　　　B．相对定位　　　C．组合定位　　　D．固定定位

（2）GPS 是由（　　）国防部研制建立的一种具有全方位、全天候、全天时、高精度的卫星导航系统。

　　A．中国　　　　　B．英国　　　　　C．美国　　　　　D．德国

（3）高精度定位不能得到高精度的（　　）。

　　A．三维坐标信息　B．航向　　　　　C．姿态信息　　　D．距离

（4）CGI-210 高精度组合导航接收机的卫星灯每隔 5s 闪烁了两次，表示搜索到了（　　　）颗卫星。

    A. 1　　　　　　　　B. 2　　　　　　　　C. 4　　　　　　　　D. 5

（5）下列故障码属于组合导航系统故障的是（　　　）。

    A. U1101　　　　　B. B1201　　　　　C. B1301　　　　　D. B1501

2. 判断题

（1）美国的 GPS 由 26 颗卫星组成。（　　　）

（2）基于 GNSS 信号的定位可以降低云层、天气等对信号传输的影响。（　　　）

（3）组合导航系统的陀螺仪一般都是 MEMS 陀螺仪。（　　　）

（4）惯性导航系统是一种利用惯性传感器测量载体的角速度信息，并结合给定的初始条件实时推算速度、位置、姿态等参数的自主式导航系统。（　　　）

（5）主流的组合导航系统包括 GNSS 和惯性导航系统。（　　　）

3. 简答题

（1）为什么现在流行使用组合导航系统进行定位，而不是使用单一的导航系统？

（2）简述台架上组合导航系统的电路工作原理。

【拓展任务】

在实际中，如果组合导航未正确配置，会导致车辆无法稳定定位，请问若要获取精准的定位，组合导航需要注意什么？

项目 7
综合实践

【学习目标】

知识目标

1. 了解视觉传感器标定概念与方法。
2. 了解激光雷达与视觉传感器融合标定的意义及方法。
3. 了解毫米波雷达与视觉传感器融合标定的概念与方法。

技能目标

1. 具备标定视觉传感器内部参数（内参）标定的操作技能。
2. 具备激光雷达与视觉传感器融合标定外部参数（外参）的操作技能。
3. 具备毫米波雷达与视觉传感器融合标定的操作能力。

素养目标

1. 培养独立思考的能力和自主学习的精神。
2. 激励学生努力提升自身的业务能力，做到一丝不苟、精益求精。
3. 培养学生的动手能力及团队之间的合作精神。

【项目导入】

本项目作为综合实践，除了需要读者掌握之前项目的知识，还需要读者有比较好的编程方面的知识，如了解和熟悉 Linux、ROS（Robot Operating System，机器人操作系统）、开源自动驾驶框架 Autoware 等，希望读者能通过本项目的学习掌握智能网联汽车环境感知技术除了装调以外的、进阶的相关知识。

【学习路线】

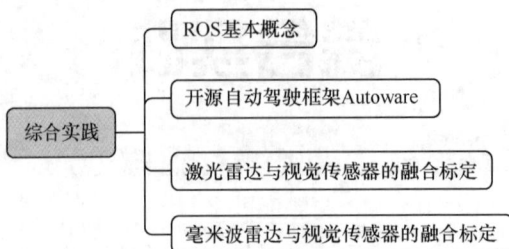

【课前自测】

1. 三维标定物可由_____图像进行标定，标定精度较_____，但高精密三维标定物的加工和维护较困难。

2. 进行视觉传感器标定的目的是求出视觉传感器的内参、外参，以及_____。

3. 目标检测关注特定的物体目标，要求同时获得这一目标的_____信息和_____信息。

【知识准备】

在自动驾驶汽车里，视觉传感器、毫米波雷达和激光雷达是目前常见的智能传感器，视觉传感器具有车道线和交通标志的识别、辅助定位、地图构建功能，并且具有可以对物体几何特征、表面纹理等信息进行识别的优点；毫米波雷达具有感知大范围内障碍物的动态情况的功能，并且具有对烟雾和灰尘的穿透能力强、抗干扰能力强、探测精度高的优点；激光雷达具有障碍检测和动态障碍检测识别与跟踪、定位和导航、路面检测和环境建模的功能，并且具有分辨率高，探测精度高和可以绘制 3D 环境地图的优点。

本项目将在前面项目的基础上，围绕传感器标定、交通对象检测与识别、激光雷达 SLAM（Simultaneous Localization and Mapping，同步定位与建图）等基础知识展开综合实践，分别进行激光雷达与视觉传感器的融合标定和毫米波雷达与视觉传感器的融合标定两个综合实践项目。

|7.1　ROS 基本概念|

ROS 是一个适用于机器人的开源的元操作系统。它提供了操作系统应有的服务，包括硬件抽象、底层设备控制、常用函数的实现、进程间消息传递，以及包管理。它也提供用于获取、编译、编写、跨计算机运行代码所需的工具和库函数。ROS 主要可以从以下 4 个方面去理解。

（1）通道：ROS 提供了一种发布/订阅模式的通信框架，用于简单、快速地构建分布式计算系统。

（2）工具：ROS 提供了大量的工具组合，用于配置、启动、自检、调试、可视化、登录、测试、终止分布式计算系统。

（3）强大的库：ROS 提供了广泛的库文件，实现以机动性、操作控制、感知为主的机器人功能。

（4）生态系统：ROS 提供了一个庞大的开源社区，为 ROS 生态系统提供了基础环境，众多机器人的基础工具和应用功能不断融入这个系统。由于 ROS 开源社区越来越庞大，开始形成一种良性循环，更多的公司开始参与 ROS 的开发，并贡献源代码，例如，iRobot、德国博世公司等顶尖的机器人公司，都开始参与 ROS 开源社区的贡献。用户可以到 ROS 的官方开源社区上获得"一站式"的方案，并可以搜索、学习来自全球开发者数以千计的 ROS 程序包。

简单来说，ROS 提供了一些开源的可调用的功能库和通信手段。

7.1.1　基本概念

（1）工作空间（Workspace）：ROS 里面的最小环境配置单位，可以把工作空间看成有结构的文件夹，它包含多个功能包以及一些结构性质文件。一次将一个工作空间配置进环境变量里面，才能使用 ROS 命令执行与这个工作空间里面的功能包相关的操作。

（2）功能包（Package）：ROS 应用程序代码的组织单元，每个软件包都可以包含程序库、可执行文件、脚本或者其他手动创建的内容，创建了相应的软件包才能实现相应的功能。

（3）清单（Manifest）：对功能包相关信息的描述，用于定义软件包相关元信息之间的依赖关系，这些信息包括版本、维护者和许可协议等，也就是 package.xml 文件。

（4）跨平台编译工具 Cmake：一个符合工业标准的跨平台编译系统，比 Make 工具更高级。其编译的主要工作是生成 CMakeLists.txt 文件（Cmake 的脚本文件），然后根据该文件生成 Makefile，最后调用 Make 工具来生成可执行程序或者动态库。

（5）节点（Node）：ROS 功能包中的一个可执行文件，节点之间可以通过 ROS 客户端库（如 roscpp、rospy）相互通信。一个机器人控制系统由许多节点组成，这些节点各司其职，如一个节点控制激光距离传感器，一个节点控制轮子的电动机，一个节点执行定位，一个节点执行路径规划，一个节点提供系统的整个视图等。它是能够执行特定工作任务的工作单元。

（6）节点管理器（Master）：ROS 节点服务，能够帮助节点找到彼此。节点通过与节点管理器通信来报告它们的注册信息。值得注意的是，当这些节点和节点管理器通信时，它们可以接收其他注册节点的信息，并能保持通信正常。当这些注册信息改变时，节点管理器会回调这些节点。所以，没有节点管理器，节点将不能相互找到，也不能进行消息交换或者调用服务。

（7）参数管理器（Parameter Server）：节点管理器的一部分，是一个可通过网络访问的共享的多变量字典。节点使用此服务器来存储和检索运行时参数。

（8）消息（Message）：一种 ROS 数据类型。一个节点向特定主题发布消息，从而将数据发送到另一个节点。消息具有一定的类型和数据结构，包括 ROS 提供的标准类型和用户自定义类型。消息与话题（发布/订阅模式）是紧密联系的，消息（msg）文件实质上就是一个从结构上描述 ROS 中所使用消息类型的简单文本，描述的是消息的数据类型。

（9）话题（Topic）：节点间用来传输数据的总线，通过主题进行消息路由不需要节点之间直接连接。节点可以发布消息到话题，也可以订阅话题以接收消息。一个话题可能对应许多节点作为话题发布者和话题订阅者。当然，一个节点可以发布和订阅许多话题。一个节点对某一类型的数据感兴趣，它只需订阅相关话题即可。一般来说，话题发布者和话题订阅者不知道对方的存在。发布者将信息发布在一个全局的工作区内，当订阅者发现该信息是它订阅的，就可以接收到这个信息。

（10）服务（Service）：当需要直接与节点通信并获得应答时，将无法通过话题来实现，而需要服务。我们可以看出，发布/订阅模式是一种多对多的传输方式，显然这种传输方式不适用于请求/回复的交互方式。请求/回复的交互方式经常被用于分布式系统中。请求服务通过 Service 来进行，Service 被定义为一对消息结构：一个用于请求，另一个用于回复。一个客户通过发送请求信息并等待响应来使用服务（ROS 中的请求/回复的交互方式类似于一个远程函数调用，服务（srv）文件类似于函数参数和返回值的定义）。

（11）消息记录包（Bag）：一种用于保存和回放 ROS 消息数据的格式。消息记录包是检索传感器数据的重要机制，这些数据虽然很难收集，但是对发展和测试算法来说很有必要。

7.1.2　ROS 命令

这里只介绍项目中使用到的 ROS 命令。

（1）source 命令：作用是在当前 bash 环境下读取并执行 FileName 中的命令，简单来说就是用于设置相关的环境变量。Linux 是一个多用户的操作系统，每个用户登录后，都会有一个专用的运行环境（默认环境），这个默认环境实际上就是一组环境变量的定义，当用户想要定制自己的环境时，可以修改这组默认的环境变量。在工作空间的 devel 文件夹中存在几个环境变量设置脚本，使用 source 命令运行这些脚本文件，则工作空间的环境变量设置可以生效。

格式：source 文件名称（FileName）

举例：source devel/setup.bash

说明：读取 devel 文件夹中的 setup.bash 文件并运行，设置工作空间运行环境。

（2）roscore 命令：用于启动一个节点管理器。在一个 ROS 中有且只能有一个节点管理器，它是 ROS 节点运行的前提，所以在启动任何 ROS 节点前，必须先执行该命令。roscore 其实启动了 3 个进程，分别是 roscore、rosmaster、rosout，roscore 作为父进程，启动后面两个进程，rosmaster 即节点管理器，rosout 即 log 输出管理。

格式：roscore [选项]

举例：roscore

说明：输入命令后直接按 Enter 键即可启动节点管理器。

（3）rosrun 命令：运行单个节点。如果要运行多个节点，则需要使用多次 rosrun 命令。

格式：rosrun [功能包名称] [节点名称]

举例：rosrun turtlesim turtlesim_node

说明：运行 turtlesim 功能包中的 turtlesim_node 节点。

（4）roslaunch 命令：启动定义在 launch 文件（XML 格式）中的多个节点，其根本的作用是维护参数，同时可以管理多个节点。

格式：roslaunch [功能包名称] [launch 文件名]

举例：roslaunch test a.launch

说明：启动功能包 test 中的 a.launch 文件中定义的节点。

（5）rosbag 命令：记录和回放 ROS 消息。它可以将指定 rostopic 中的数据记录到.bag 后缀的数据包中，便于对其中的数据进行离线分析和处理。

格式：rosbag [参数]。

举例：rosbag record -a。

说明：-a 选项表示将当前发布的所有话题数据都录制并保存到一个 rosbag 文件中，录制的数据包名字为日期加时间。

catkin_make 命令：编译 ROS 工作空间的特定功能包和恢复编译所有功能包。一般是先返回工作空间目录，然后使用 catkin_make 命令进行编译。完成编译后，将在工作区中创建 devel（开发空间，用来放置编译生成的可执行文件）和 build（编译空间，用来储存工作空间编译过程中产生的缓存信息和中间文件）两个子目录。

格式：catkin_make [选项]

举例：cd　～/catkin_ws

　　　catkin_make

说明：回到空间目录 catkin_ws，然后开始编译。

7.2　开源自动驾驶框架 Autoware

Autoware 最早由名古屋大学研究小组在加藤伸平（Shinpei Kato）教授的领导下于 2015 年 8 月正式发布。2015 年 12 月下旬，加藤伸平教授创立了 Tier IV，用以维护 Autoware 并将其应用于真正的自动驾驶汽车。目前，Autoware 已成为公认的开源项目，也是世界上第一个用于自动驾驶技术的"多合一"开源软件。

依赖 ROS 建立的 Autoware 可以提供丰富的开发和使用资源。它支持以下功能：路径规划、路径跟随、加速/制动/转向控制、数据记录、汽车/行人/物体检测、3D 本地化、3D 映射、交通信号检测、交通信号灯识别、车道线检测、对象跟踪、传感器校准、传感器融合、面向云的地图连接自动化、智能手机导航、软件仿真、虚拟现实。

Autoware 的框架主要包含感知、决策两个部分。感知部分包含定位、检测、预测 3 个模块；决策部分包含全局路径规划、局部路径规划两个模块。

定位模块取决于使用高精度地图、NDT 算法和 SLAM 算法来实现，使用从 CAN 消息和 GNSS/IMU 传感器获取的里程计信息，通过卡尔曼滤波算法对定位结果进行补充。

检测模块使用摄像头和激光雷达，结合传感器融合算法和深度学习网络进行目标检测。

预测模块使用定位和检测的结果来预测跟踪目标，并通过卡尔曼滤波算法和高精度地图实现。

规划模块主要基于感知的输出结果，进行全局路径规划和局部路径规划。全局路径规划在车辆启动或重启的时候被确定，局部路径规划根据车辆的状态进行实时更新。例如，如果车辆在障碍物前或停止线前，车辆状态变为"stop"，那么车辆的速度就会被规划为 0m/s。如果车辆遇到一个障碍物且状态为"avoid"，那么局部跟踪路径就会被重新规划以绕过障碍物。

规划是基于概率机器人技术和规则的系统，部分功能会使用深度学习方法。

控制模块通过速度和角度（以及曲率）的扭曲来定义车辆的运动，经常采用 PID 算法（结合比例、积分和微分 3 种环节于一体的控制算法）和 MPC（Model Predictive Control，模型预测控制）算法。

【项目实施】

本综合实训项目一览表如表 7.1 所示，共 2 个综合任务，读者最好有一定的编程语言背景知识，熟悉 Ubuntu 环境、ROS 以及 Autoware，这样才能更深刻地理解相关知识。

表 7.1 综合实训项目一览表

项目任务	简要实训步骤	目标
任务 7.1 激光雷达与视觉传感器的融合标定	（1）视觉传感器内参标定； （2）视觉传感器与激光雷达融合标定外参； （3）数据融合检验标定效果	通过本任务，学生能较好地完成传感器标定工作，能按照本书步骤，利用相关命令完成激光雷达与视觉传感器的融合标定
任务 7.2 毫米波雷达与视觉传感器的融合标定	（1）视觉传感器的标定； （2）毫米波雷达的调试； （3）毫米波雷达和视觉传感器的融合	通过本任务，学生能够熟悉毫米波雷达与视觉传感器融合标定的方法，并能独立完成视觉传感器标定、毫米波雷达的调试、毫米波雷达和视觉传感器的融合工作

|任务 7.1 激光雷达与视觉传感器的融合标定|

一、视觉传感器标定的含义与意义

1. 视觉传感器标定的含义

在图像测量过程以及机器视觉应用中，为确定空间物体表面某点的三维几何位置与其在图像中对应点之间的相互关系，必须建立摄像机成像的几何模型参数，这些几何模型参数就是相机参数。在大多数条件下这些参数必须通过实验与计算才能得到，这个求解参数的过程称为摄像机标定（或相机标定）。

进行视觉传感器标定的目的是求出视觉传感器的内参和外参，以及畸变参数。

（1）视觉传感器内参：与视觉传感器自身特性相关的参数，比如视觉传感器的焦距、像素大小。

（2）视觉传感器外参：在世界坐标系中的参数，比如视觉传感器的位置、矩阵、旋转方向等。

（3）矩阵：旋转矩阵和平移矩阵，它们共同描述了如何把点从世界坐标系转换到摄像机坐标系。

①旋转矩阵：描述了世界坐标系的坐标轴相对于摄像机坐标轴的方向。

②平移矩阵：描述了在摄像机坐标系下，空间原点的位置。

2．视觉传感器标定的意义

计算机视觉传感器的基本任务之一是从摄像机获取的图像信息出发计算三维空间中物体的几何信息，并由此重建和识别物体，而空间物体表面某点的三维几何位置与其在图像中对应点之间的相互关系是由摄像机成像的几何模型参数决定的，这些几何模型参数就是摄像机参数。在大多数条件下，这些参数必须通过实验与计算才能得到。无论是在图像测量还是在机器视觉应用中，摄像机参数的标定都是非常关键的环节，其标定结果的精度及算法的稳定性直接影响相机工作产生结果的准确性。因此，做好摄像机参数标定是做好后续工作的前提，提高标定精度是科研工作的重点。

二、视觉传感器标定方法

1．传统视觉传感器标定法

传统视觉传感器标定法需要使用尺寸已知的标定物，通过建立标定物上坐标已知的点与其图像点之间的对应关系，利用一定的算法获得视觉传感器模型的内、外参数，如任务 2.2 中鱼眼摄像头的标定与调试采用的是黑白棋盘格标定板作为已知的标定物。根据标定物的不同可分为三维标定物和平面型标定物。三维标定物可由单幅图像进行标定，标定精度较高，但高精度三维标定物的加工和维护较困难。平面型标定物比三维标定物制作简单、精度易保证，但标定时必须采用两幅或两幅以上的图像。

传统视觉传感器标定法在标定过程中始终需要标定物，且标定物的制作精度会影响标定结果。同时有些场合不适合放置标定物，这限制了传统视觉传感器标定法的应用。

2．主动视觉传感器标定法

主动视觉传感器标定法是指已知视觉传感器的某些运动信息对视觉传感器进行标定。该方法不需要标定物，但需要控制视觉传感器做某些特殊运动，利用这种运动的特殊性可以计算出视觉传感器内部参数。

主动视觉传感器标定法的优点是算法简单，能够获得线性解，故鲁棒性较高，缺点是系统的成本高、实验设备昂贵、实验条件要求高，而且不适用于运动参数未知或无法控制的场合。

3．视觉传感器自标定法

目前出现的自标定算法中主要是利用视觉传感器的运动约束。视觉传感器的运动约束条件太强，因此使得其在实际中并不实用。场景约束主要利用场景中的一些平行或者正交的信息。其中空间平行线在视觉传感器图像平面上的交点被称为消失点，它是射影几何中一个非常重要的特征，所以很多学者研究了基于消失点的视觉传感器自标定法。

视觉传感器自标定法灵活性强，可对视觉传感器进行在线标定。但由于它是基于绝对二次曲线或曲面的方法，故其算法鲁棒性较差。

三、激光雷达的标定

激光雷达与车体为刚性连接，两者间的相对姿态和位移固定不变，为了建立各个激光雷达之间的相对坐标关系，需要对激光雷达的安装进行简单的标定，并使激光雷达数据从激光雷达坐标统一转换至车体坐标上，通过建立车辆坐标系、雷达基准坐标系以及车载激光雷达坐标系，将激光雷达的数据转换到基准坐标系中，再将其统一转换到车辆坐标系中。

激光雷达外部安装参数的标定，通常采用等腰直角三角形标定板和正方形标定板来完成。需要标定的激光雷达的安装参数包括激光雷达的俯仰角与侧倾角等。其他较好的标定方法还包括交互信息最大化外部自动标定法。

四、激光雷达和视觉传感器融合标定的意义

单一传感器不可避免地存在局限性，为了提高系统的稳健性，可以采取多传感器融合的方案，而融合又包含不同传感器的时间同步（统一时间基准）范畴和空间同步（统一空间坐标）范畴。

这里要讲的激光雷达和视觉传感器的融合标定属于空间同步范畴。另外，现在用深度学习处理点云已成为热点，在标注点云时，由于点云的稀疏性，单靠点云很难判断目标和其类别，但如果有时间同步的图像，就可以判断。但是为了精确标注，还需要将点云投影到图像，观察它们是否重合，这里就需要做激光雷达和视觉传感器的融合标定。

五、视觉传感器内参标定

1．准备标定板

内参标定需要准备标定板，使用项目 2 中提到过的标定板，如图 2.67 所示。

2．连接并启动视觉传感器

在计算机桌面打开 Ubuntu，打开虚拟机 autoware_ubuntu（该虚拟机已安装 Autoware 软件），在菜单栏"虚拟机"下选择"可移动设备"，在右侧选择并连接视觉传感器，标识为"MagTek Rmoncam A2 1080P"的就是视觉传感器（鱼眼摄像头），选中其中一个即可，如图 7.1 所示。

连接并启动视觉传感器

图 7.1　连接视觉传感器

连接后，在桌面空白区域内单击鼠标右键，然后在弹出的快捷菜单中选择"打开终端"，如图 7.2 所示。

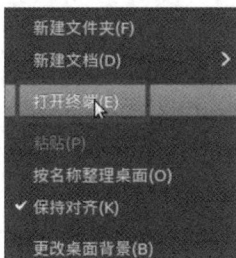

图 7.2　选择"打开终端"

在终端窗口区域内输入命令"roscore"然后按 Enter 键,"roscore"命令用来启动 ros master (ROS 的主节点,充当节点管理器的角色),是运行 ROS 前首先运行的命令,注意这个窗口不要关闭,如图 7.3 所示。

图 7.3　运行 ROS

再次在窗口区域内单击鼠标右键,然后选择"打开终端"新建另外一个"终端",并输入以下命令来启动视觉传感器 launch 文件以打开视觉传感器,如图 7.4 所示。可以看到弹出一个新的窗口,是刚才选择连接的视觉传感器的画面,如图 7.5 所示。

```
roslaunch usb_cam usb_cam-test.launch
```

图 7.4　启动视觉传感器 launch 文件

图 7.5　打开视觉传感器

3. 打开标定工具

在 Ubuntu 桌面的左侧菜单栏中依次选择"文件"→ "HOME"→ "ros+cam+lidar"→ "autoware-1.10.0"→ "ros"，在"ros"文件夹内空白处单击鼠标右键，在弹出的快捷菜单中选择"在终端打开"，打开新终端，如图 7.6 所示。

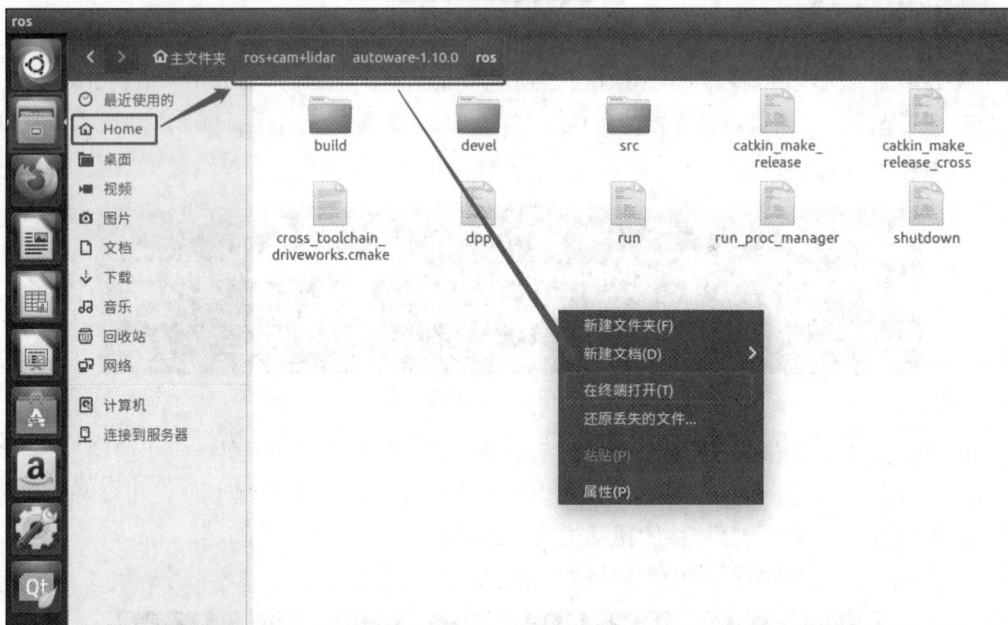

打开标定工具

图 7.6 打开新终端

输入以下命令后按 Enter 键，该行命令主要配置工作空间环境变量，编译完成后必须使用 source 命令刷新一下工作空间的环境，避免出现"package XXX not found"的问题。

```
source devel/setup.bash
```

再输入以下命令启动标定工具，如图 7.7 所示。打开标定界面，此时标定界面显示视觉传感器画面，如图 7.8 所示。rosrun 和 roscore 相对应，后者在前面已经讲过，是启动 ROS 的主节点，而 rosrun 是在 ROS 中运行一个单独节点的命令，如果需要运行多个节点则需要多次命令。rosrun 运行一个节点，该节点通过 Autoware 的命令（在进行命令前请确认 Autoware 已经安装）开启摄像机标定。

```
rosrun autoware_camera_lidar_calibrator cameracalibrator.py --size 11x8 --square 0.036 image:=/usb_cam/image_raw
```

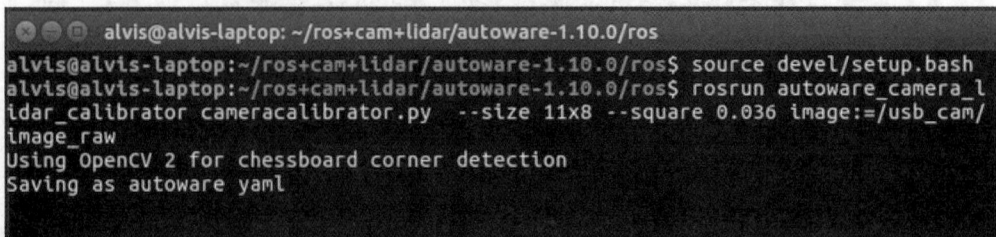

图 7.7 启动标定工具

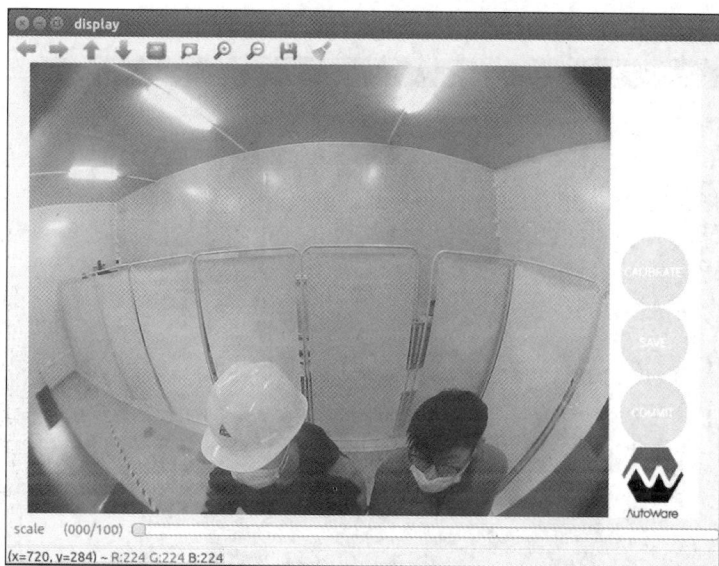

图 7.8　标定界面

4. 视觉传感器标定及保存

标定界面是黑白的，当拿出标定板对着视觉传感器时，它会自动识别标定板里面内角的参数并用其他颜色的线条标注，如图 7.9 所示。

举起标定板移动，当标定界面右上角的 X（移动到视觉传感器视野范围的最左边、最右边）、Y（移动到视觉传感器视野范围的最上方、最下方）、Size（移动标定板使之占据整个视觉传感器视野范围）、Skew（改变标定板的角度，斜着拿标定板）变为绿色时（X、Y 和 Size 可以一起标定：保持标定板倾斜移动到视野的最左、最右、最上、最下），如图 7.10 所示，此时标定按钮 "CALIBRATE" 可用（由灰色变成绿色）。单击即可计算内参矩阵（按下去时，后台会进行计算，标定界面会进入卡滞状态，这里并不是任务错误，切勿关闭窗口，画面会逐渐变成灰暗状态），此时标定界面如图 7.11 所示。

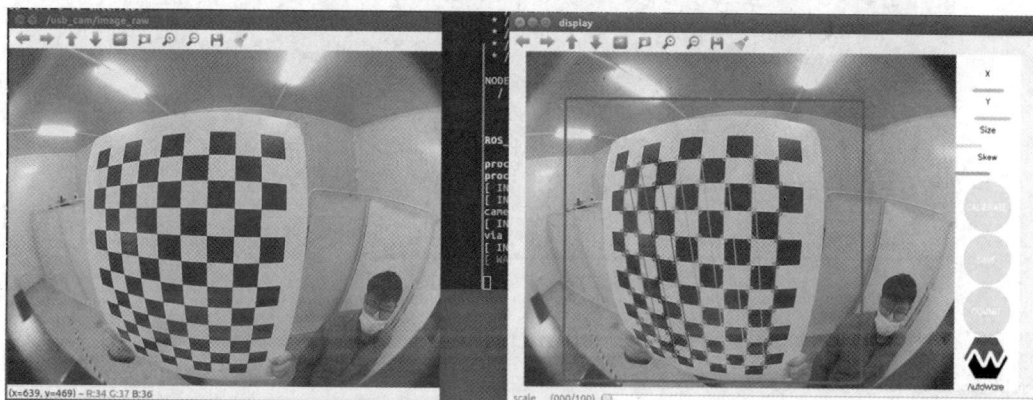

视觉传感器标定
及保存

彩图 7.9

图 7.9　正常界面与标定界面对比

变得可用

图 7.10　调整参数直至"CALIBRATE"按钮为绿色状态

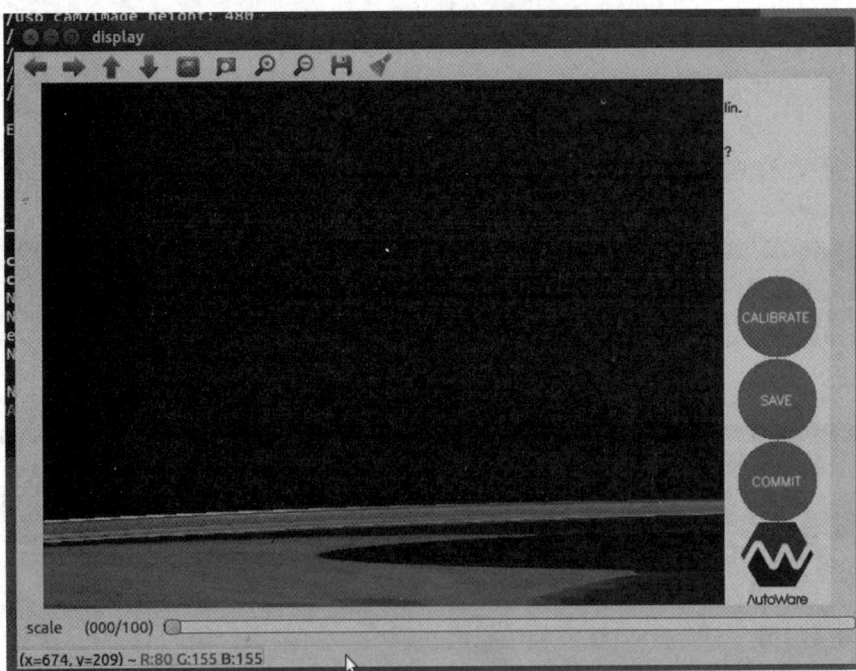

彩图 7.10

图 7.11　进入计算状态

　　等待计算机后台计算后，标定界面会出现视觉传感器矩阵数据（如焦距参数、坐标参数、畸变参数等），如图 7.12 所示。

　　标定界面还会出现"SAVE"按钮（见图 7.13），单击后会出现一个保存的路径，显示保存的时间等（以时间命名），如果想找回保存的文件，可以按照保存时间去查找。保存完毕后，单击"COMMIT"按钮退出标定工具，使用快捷键"Ctrl+C"终止视觉传感器实时同步（但不要关闭终端窗口），注意这里会多保存一个 Autoware 类型的 YAML 文件格式，它是后面进行外参标定要导入的文件。

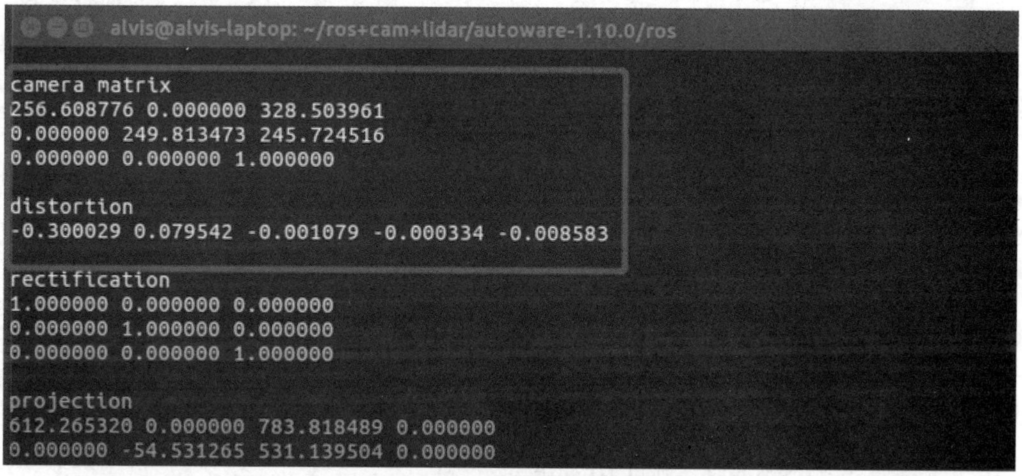

图 7.12　视觉传感器矩阵数据

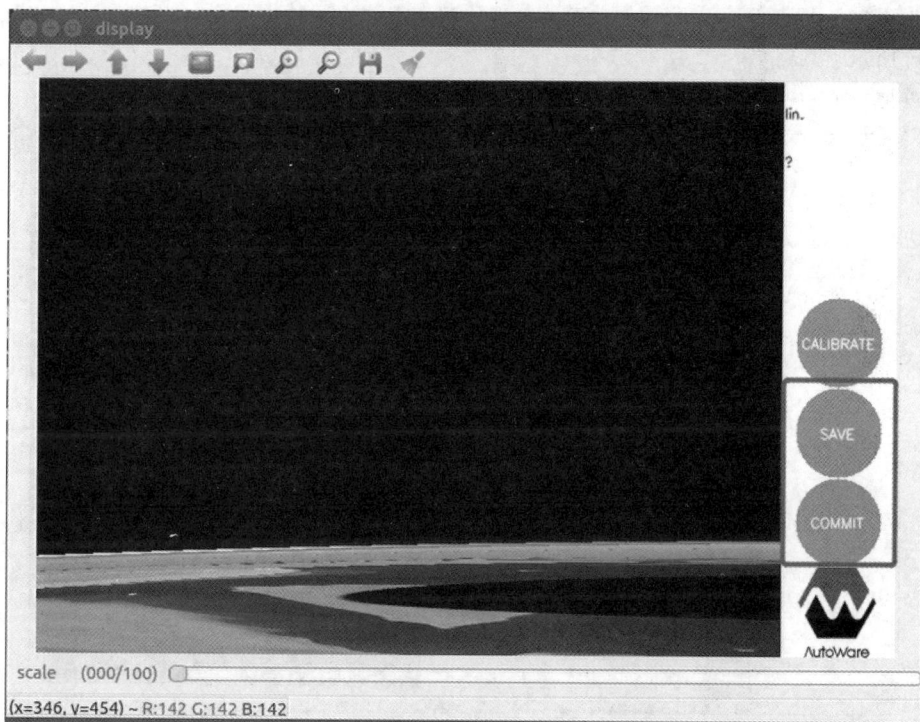

图 7.13　数据保存

六、视觉传感器与 Robosense-16 线激光雷达融合标定外参

1．融合标定准备

融合标定要准备标定板和录制 Bag，标定板与内参标定使用的标定板保持一致，另外，还需要在智能汽车传感与感知实训系统平台上录制激光雷达和视觉传感器的 Bag 数据包，用于标定工具的话题输入。

2. 启动视觉传感器 launch 文件

如果关闭了前面步骤完成后的终端窗口，则需要重新打开，步骤如下（可参考本任务"五、视觉传感器内参标定"的步骤来启动视觉传感器）。

（1）打开虚拟机，在窗口选择并连接视觉传感器。

（2）在窗口空白区域内单击鼠标右键，然后在弹出的快捷菜单中选择"打开终端"。

（3）在终端窗口区域内输入以下命令，按 Enter 键运行 ROS 转接点（注意这个窗口不关闭）。

```
roscore
```

（4）再次在窗口空白区域内单击鼠标右键，然后在弹出的快捷菜单中选择"打开终端"新建一个"终端"，输入以下命令启动视觉传感器 launch 文件以打开视觉传感器。

```
roslaunch usb_cam usb_cam-test.launch
```

启动视觉传感器 launch 文件

3. 启动激光雷达驱动

单击"文件"→"HOME"→"ros+cam+lidar"→"lidar_catkin ws"，进入文件夹后，在文件夹内空白处单击鼠标右键，在弹出的快捷菜单中选择"打开终端"，输入以下命令刷新工作空间的环境：

```
source devel/setup.bash
```

再输入 roslaunch 指令启动相关节点，打开激光雷达点云数据界面，如图 7.14 所示。

启动激光雷达驱动

```
roslaunch rslidar_sdk start.launch
```

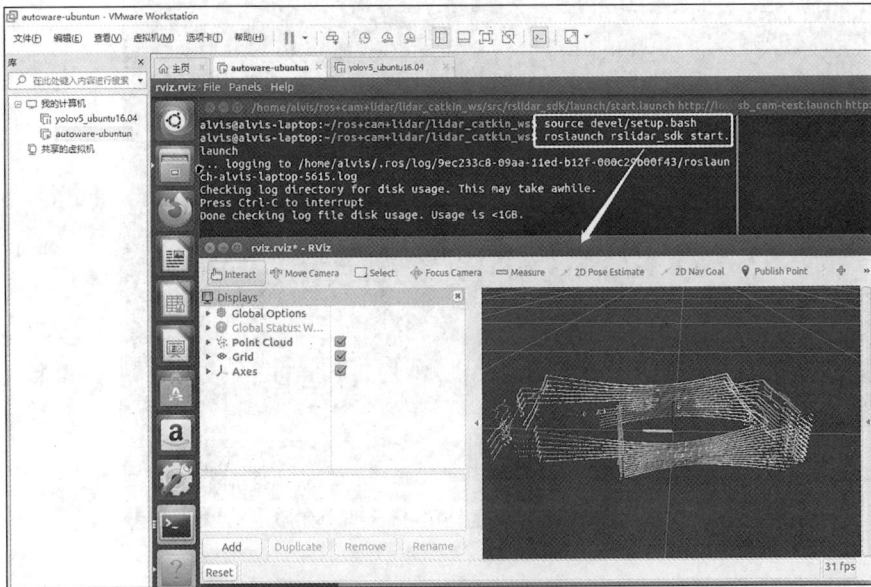

图 7.14　打开激光雷达点云数据界面

4. 录制视觉传感器与激光雷达 Bag

在激光雷达点云的数据界面（见图 7.14），单击界面左下角的"Add"按钮，在弹出的对话框中选择"By topic"→"/usb_cam"→"/image_raw"→"image"，再单击下面的"OK"按钮，如图 7.15 所示，此时在激光雷达点云的数据界面左下角将出现视觉传感器的画面，如图 7.16 左下角所示。

录制视觉传感器与激光雷达 Bag

使用鼠标调整视觉传感器窗口大小，使其与激光雷达的朝向位置保持一致（激光雷达的点云图朝向配合调整），可以通过举起标定板来确定位置，如图 7.16 所示。

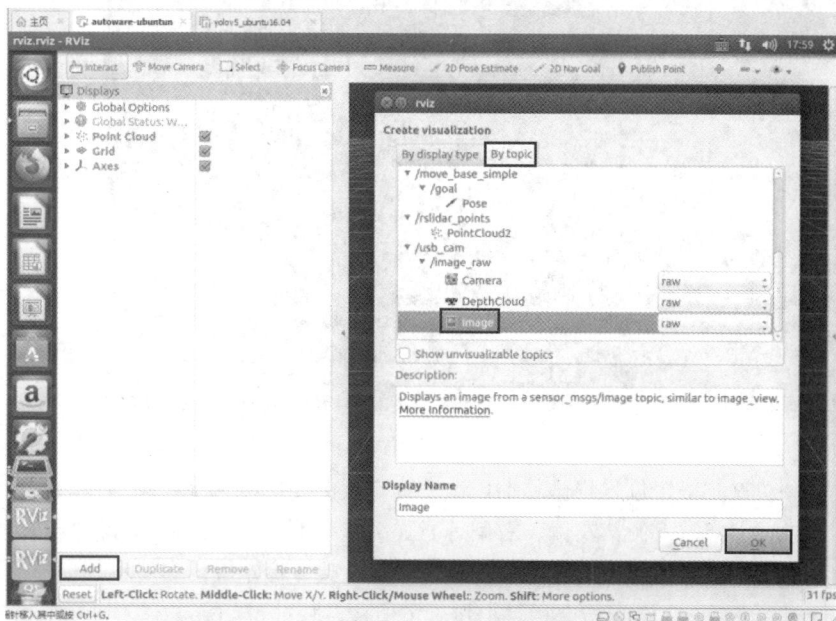

图 7.15　添加视觉传感器话题

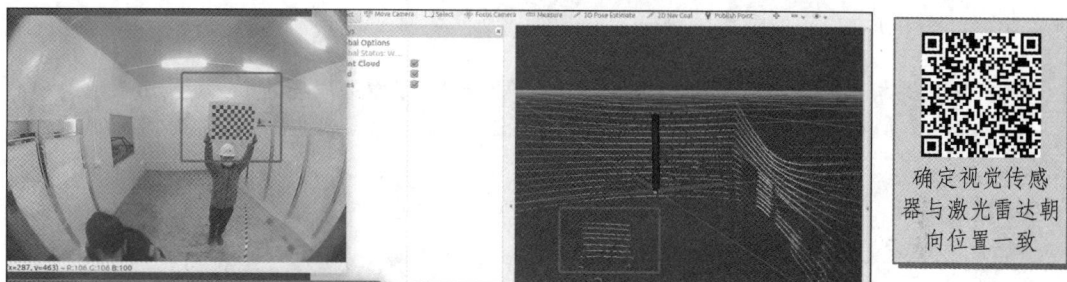

确定视觉传感器与激光雷达朝向位置一致

图 7.16　调整视觉传感器与激光雷达朝向位置保持一致

打开一个终端，添加以下命令，如图 7.17 所示。

```
rosbag record -O camera_lidar_20220224.bag/usb_cam/image_raw /rslidar_points  #指定包名
和保存目录地址
```

以上命令的录制文件名为 camera_lidar_20220224.bag（包名可以自主定义），目录是指保存录制文件的目录，按下 Enter 键后录制。

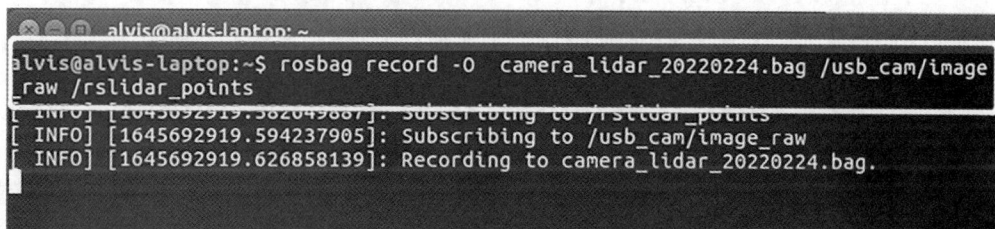

图 7.17　添加录制标定包指令

录制的时候，因为采用的是 16 线激光雷达，所以拿标定板的时候离激光雷达不能太远，不然就不能清楚地看到标定板，录制时建议的站位分别是：近处左边、近处中间、近处右边；

中间右边、中间中间、中间左边；远处左边、远处中间、远处右边。录制站位如图 7.18 所示。

图 7.18　录制站位

　　录制的时候，建议在每个位置稍微移动以改变标定板的姿态，每个姿态停留 1～2s，如果出现模糊，请尝试上仰、下俯、左偏、右偏等方式缓慢移动标定板，直到较清晰即可，此时稍微停留一下。录制标定包的关键就是录制多个位置、改变标定板的姿势和保证能清楚地看到标定板。录制完成后，在终端指令栏目上按 "Ctrl+C" 快捷键结束录制，然后在 "文件" → "Home" 目录下找出录制的文件（文件里包含了激光雷达点云、视觉传感器图像信息等数据），数据包所在位置如图 7.19 所示。

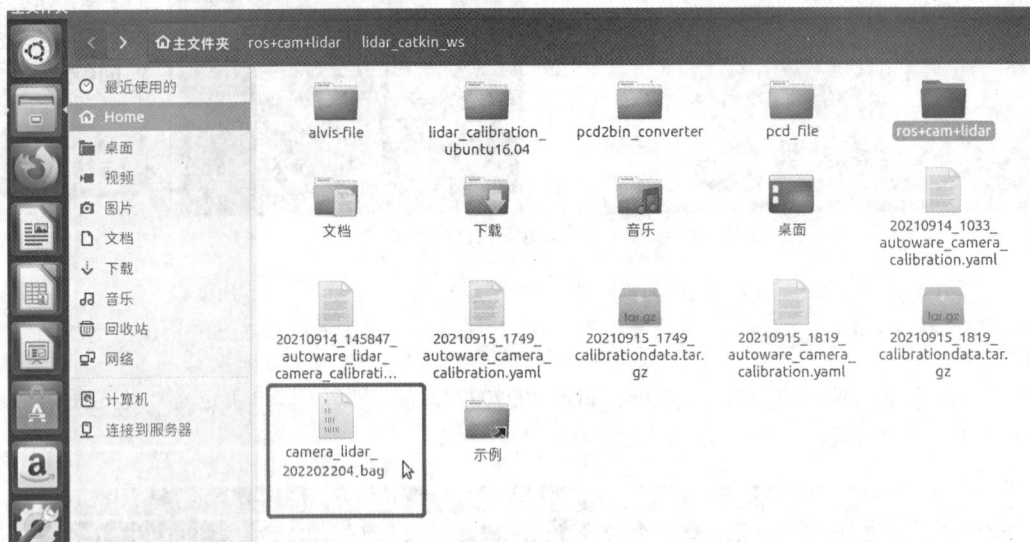

图 7.19　数据包所在位置

　　接下来回放数据包，首先需要将视觉传感器实时窗口和激光雷达窗口关闭，如果不关闭会和回放包冲突，在各自的终端窗口使用 "Ctrl+C" 快捷键即可关闭；其次，断开激光雷达电源后再通过以下命令打开激光雷达点云数据界面，此时界面没有点云信息，为后面回放数据包做准备。

```
roslaunch rslidar_sdk start.launch
```

打开外参标定
工具与回放数
据包（Bag）

回放 Bag 使用如下命令，加上"--pause"意思是启动即暂停，按 Space 键可以切换暂停和继续回放，输入以下命令。

```
rosbag play --pause camera_lidar_20220224.bag
```

如图 7.20 所示，然后按 Enter 键播放，此时状态是"PAUSED"暂停状态，按 Space 键可切换暂停和继续回放状态，读者可以尝试一下切换状态，让其保持"PAUSED"暂停状态进入下一步的标定过程，如图 7.21 所示。

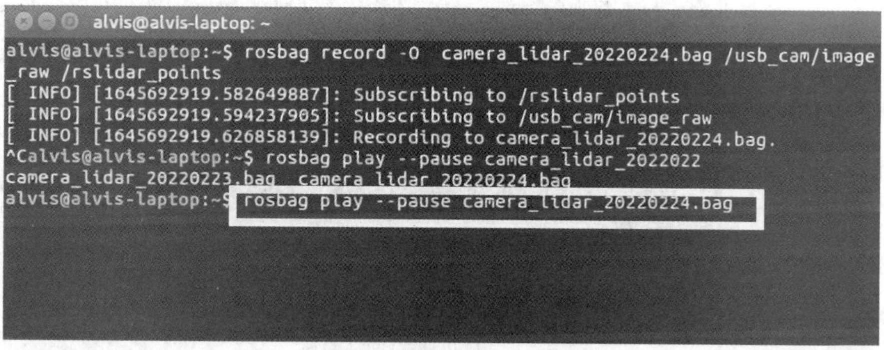

图 7.20　回放 Bag 命令

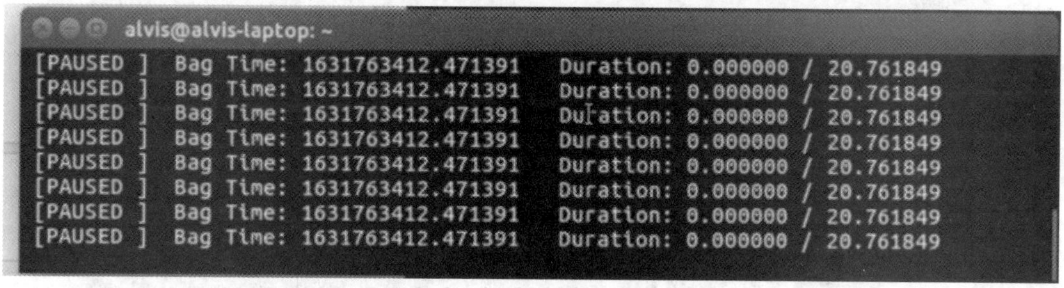

图 7.21　暂停状态

5．标定过程

单击"文件"→"HOME"→"ros+cam+lidar"→"autoware-1.10.0"→"ros"后，在文件夹内单击鼠标右键在弹出的快捷菜单中选择"打开终端"，输入命令。

```
source devel/setup.bash
```

按 Enter 键后再输入以下命令，命令有点长，注意每行之间是空格关系，不是换行关系，如图 7.22 方框所示。

```
Roslaunch autoware_camera_lidar_calibrator camera_lidar_calibration.launch intrinsics_
file:=/home/alvis/20210916_1119_autoware_camera_calibration.yaml image_src:=/usb_cam/im
age_raw
```

按 Enter 键后，弹出 image_view2 窗口（因为回放数据包处于暂停状态，如图 7.21 所示，所以打开窗口后，画面是黑色的），如图 7.22 所示。

回到刚才回放的终端（见图 7.20），按 Space 键，此时图 7.22 所示的 image_view2 出现视觉传感器画面，同时激光雷达点云图窗口也出现点云图，这两个窗口展示的是之前录制好的 Bag 数据包的回放画面；然后再次按 Space 键使画面暂停，将 image_view2 和激光雷达点云图窗口中对应的标定板的位置大小调到基本一致，为后面的标定做准备，如图 7.23 所示。

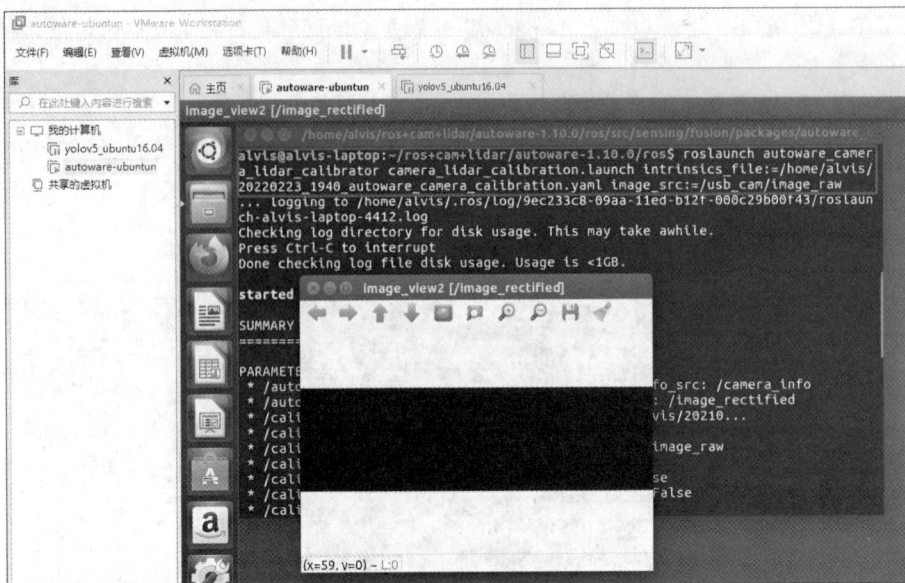

图 7.22　打开 image_view2 窗口

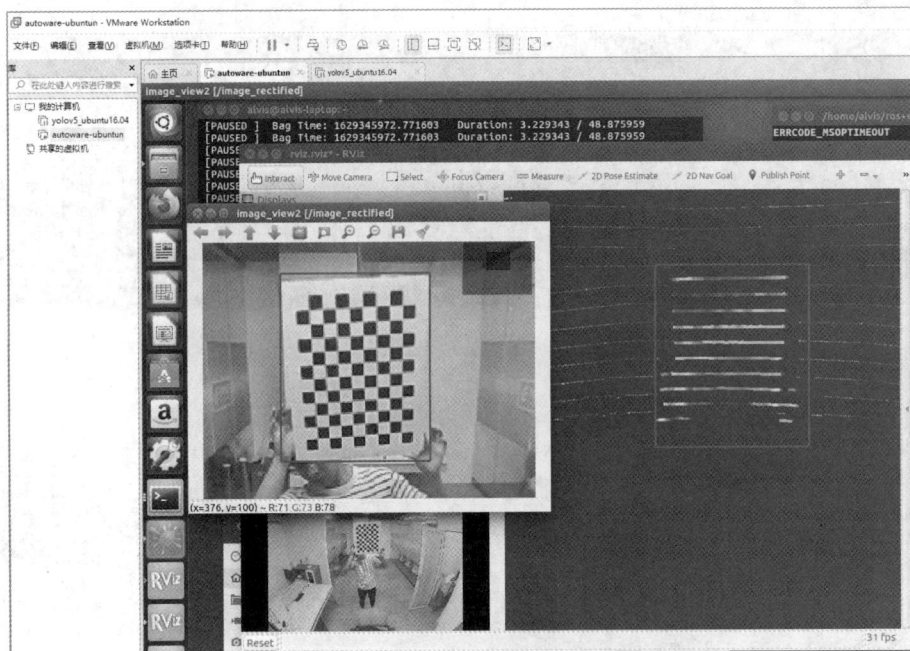

图 7.23　调整两个画面位置和大小

　　在做标定的时候,在视觉传感器画面和激光雷达点云画面选择 9 个对应的点来做参考点,要求是左右两个画面选择的点的位置保证基本一致。

　　调整好后,手动选择一个像素点和点云进行单次标定,在 image_view2 的界面中,第一个点选择在标定板的左上角的位置,用鼠标选择一个像素点,如图 7.24 左侧所示,然后切换到激光雷达点云图窗口,在该窗口的工具栏中单击 "Publish Point",接着在点云中选择一个与刚才在 image_view2 界面中选择的点的对应点云数据点,如图 7.24 右侧所示。当鼠标指针右下角出现一个浅红色的路标记号时即可单击该数据点,但是这个路标记号在其他地方的对应点可能也会显示,因此可以尽量放大,选择更准确的点。

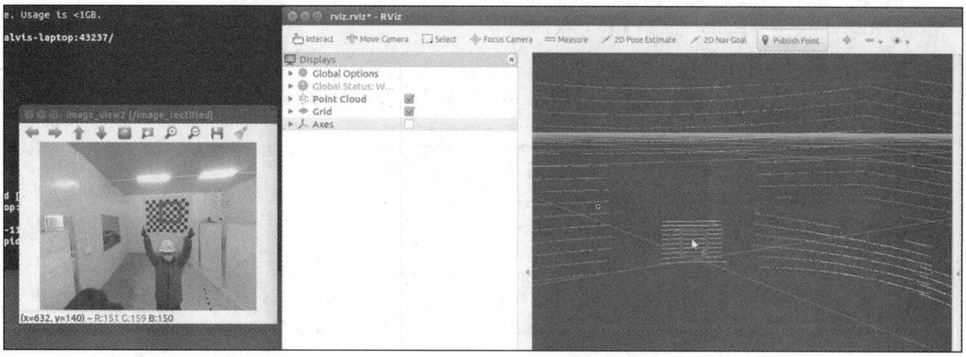

图 7.24　选择标定点

重复以上步骤，在标定板上选择 9 个不同的像素点云对，一般采用上中下和左中右组合，共 9 个点，当第 9 个点选择完后，该工具会自动计算外参标定矩阵，回到打开 image_view2 窗口的那个终端，这时可以观察到终端展示的标定结果，如图 7.25 所示。标定完毕后，它会自动保存文件，最终的标定文件保存在 home 目录下，外参标定结束。

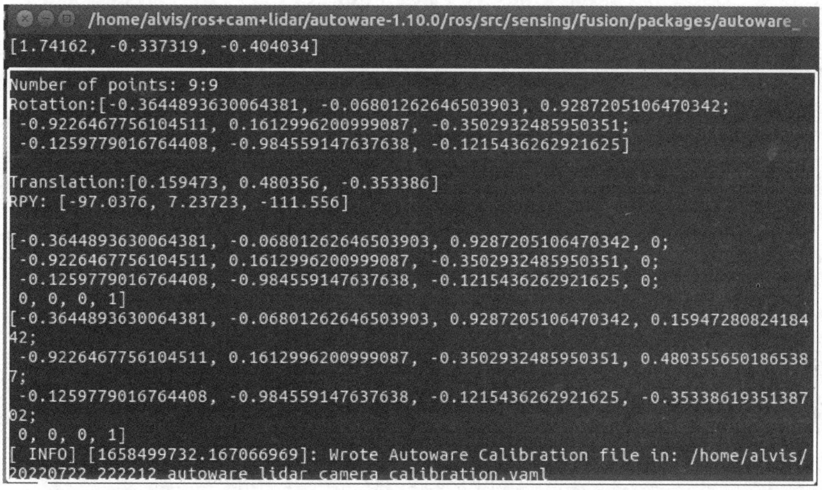

图 7.25　外参标定结束

七、数据融合检验标定效果

数据融合检验
标定效果

有了标定矩阵之后，利用 Autoware 提供的融合工具查看标定的效果，先回放数据，再在终端输入以下命令，并按 Enter 键，使其处于暂停状态，如图 7.26 所示。

```
rosbag play --pause camera_lidar_20220224.bag /rslidar_points:=
/points_raw
```

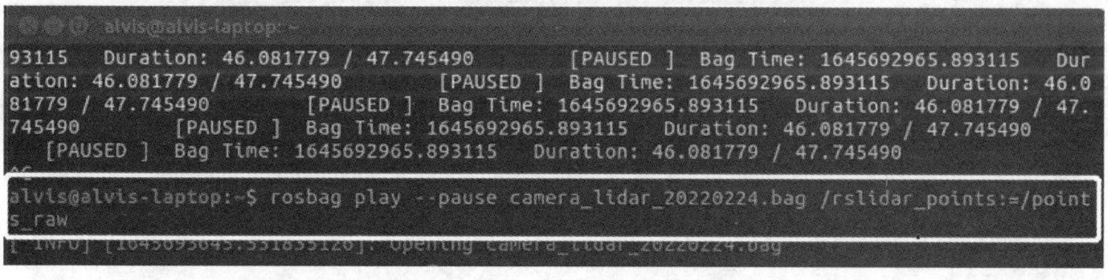

图 7.26　输入命令暂停回放数据

回到 Autoware 主界面，在终端输入命令。

```
./run
```

然后按 Enter 键运行，提示输入密码（密码是"root"），如图 7.27 所示。

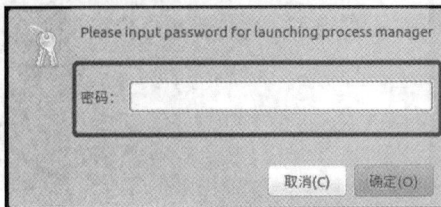

图 7.27　输入密码"root"

输入密码后会弹出"Runtime Manager"窗口，然后单击"Sensing"→"Calibration Publisher"，选择参数"/usb_cam"，单击"Ref"按钮，如图 7.28 所示，在文件夹里面选择"20220224_170602_autoware_lidar_camera_calibration.yaml"外参标定文件（见图 7.29），然后单击"OK"按钮。

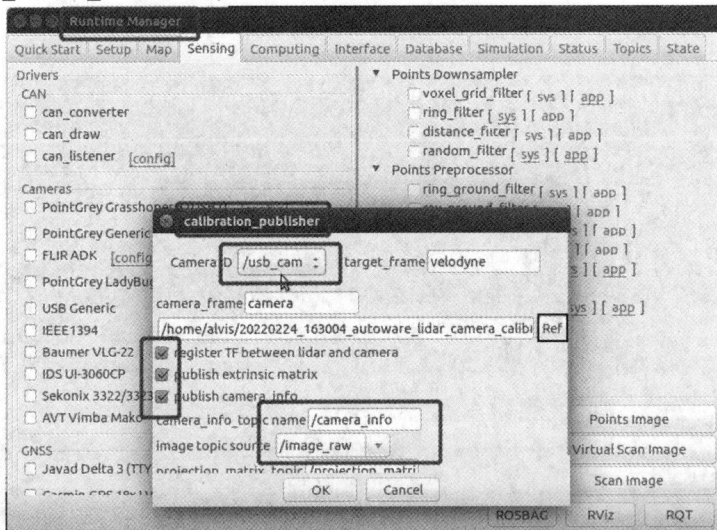

图 7.28　选择参数

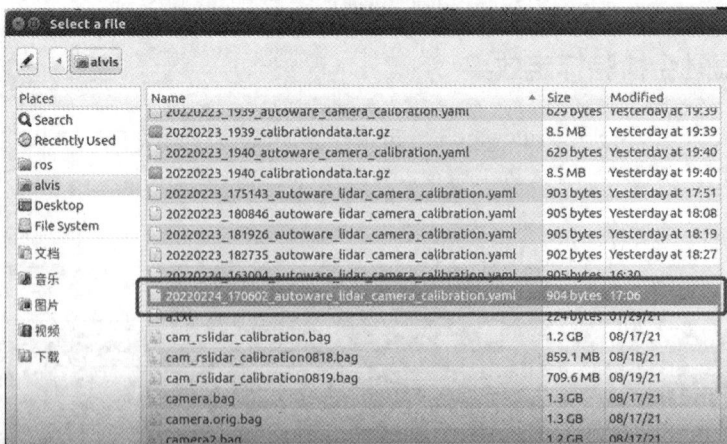

图 7.29　选择外参标定文件

然后单击"Points Image"，选择"Camera ID"为"/usb_cam"，单击"OK"按钮，如图 7.30 所示。

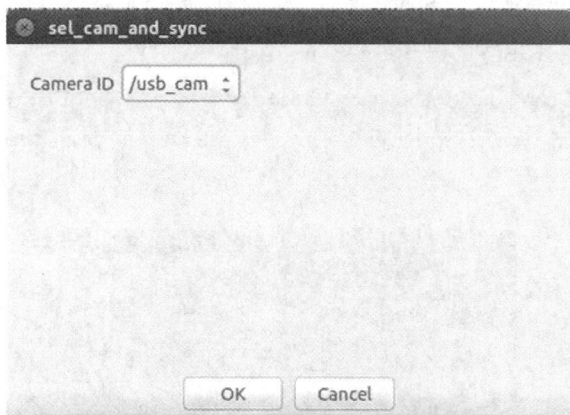

图 7.30　选择"Camera ID"

在 Runtime Manager 界面右下角单击"RViz"按钮，然后单击顶部的"Panels"，选择"Add New Panel"，如图 7.31 所示，然后选择"ImageViewerPlugin"（见图 7.32），单击"OK"按钮。

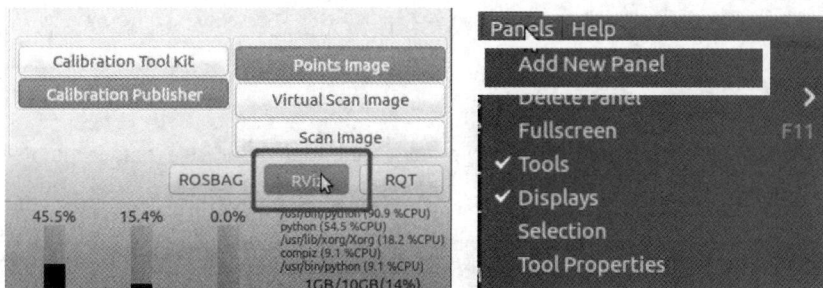

图 7.31　选择"Add New Panel"

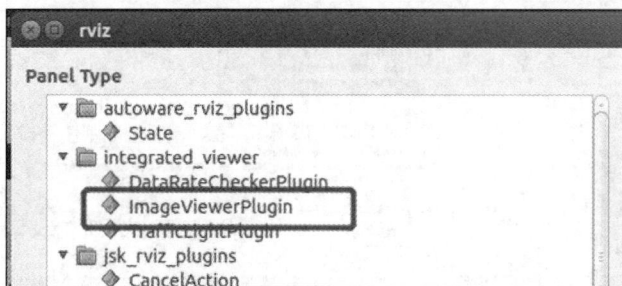

图 7.32　选择"ImageViewerPlugin"

在"ImageViewerPlugin"对话框中选择"Image Topic"和"Point Topic"的参数如图 7.33 所示。

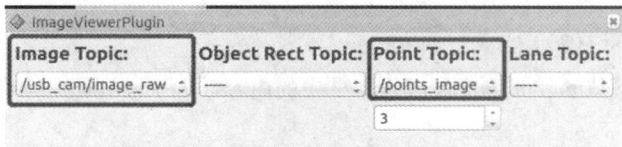

图 7.33　在"ImageViewerPlugin"对话框中选择参数

回到图 7.21 所示的界面，按 Space 键后，录制的包继续回放，这时应该能够看到融合标定效果。可以看到图像中出现了激光雷达的信号，如图 7.34 所示。

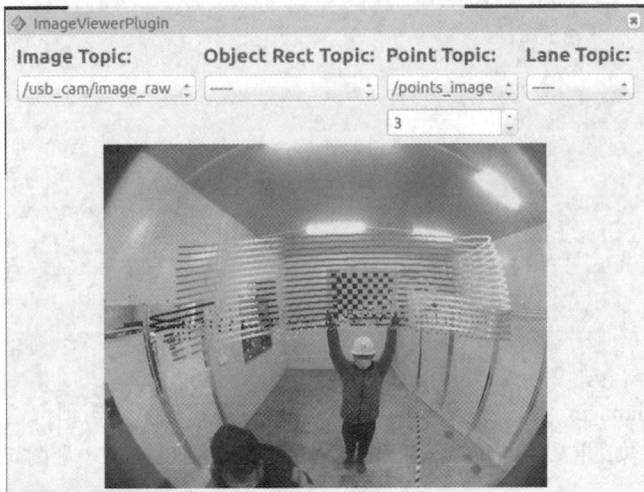

图 7.34　融合标定效果

如果看不到激光数据，可能的问题是没有修改激光雷达驱动及 rviz 配置文件，具体修改步骤如下。

（1）更改激光雷达驱动的配置文件。

在图 7.35 所示的路径下，将 ros_send_point_cloud_topic 的原参数/rslidar_points 改为方框中的内容（/points_raw）。

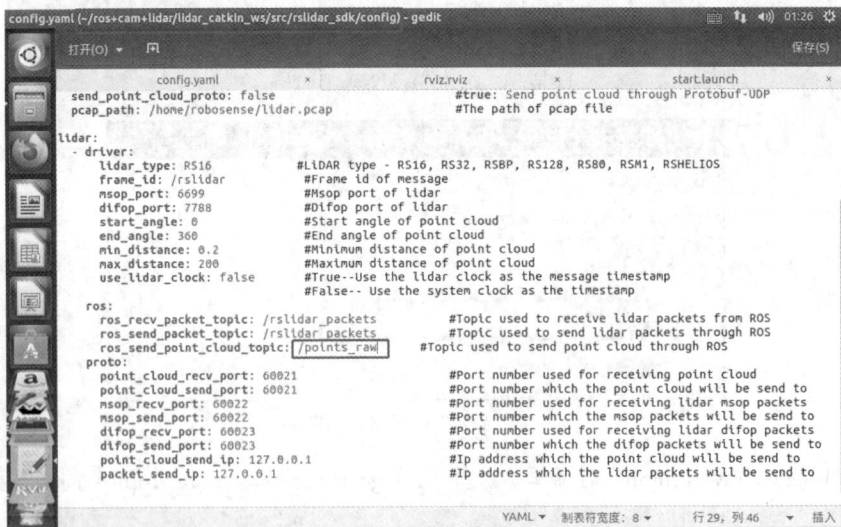

图 7.35　更改激光雷达驱动的配置文件

（2）更改 rviz 的配置文件。

将 Topic 的原参数/rslidar_points 改为方框中的内容（/points_raw），如图 7.36 所示。

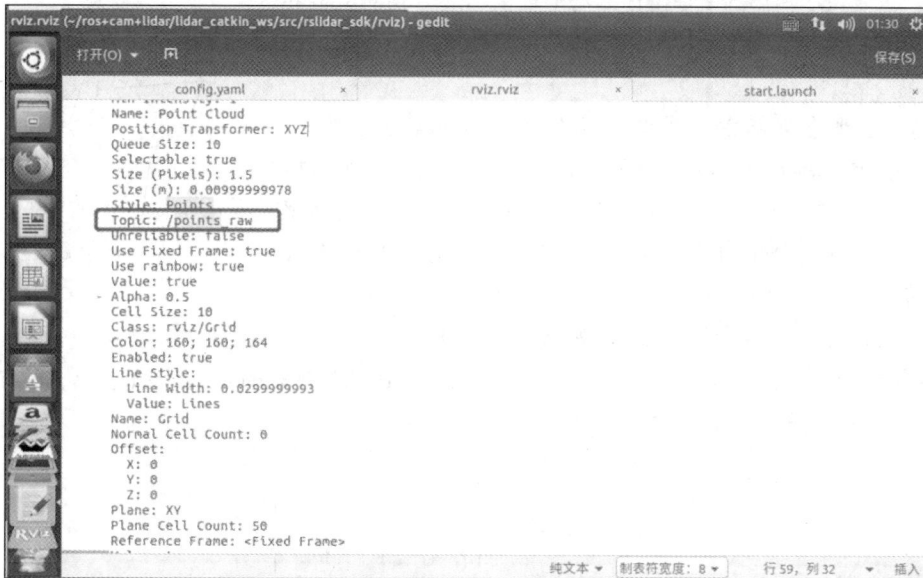

图 7.36　更改 rviz 的配置文件

|任务 7.2　毫米波雷达与视觉传感器的融合标定|

一、毫米波雷达与视觉传感器融合标定的意义

视觉传感器检测辨识精度受光线、天气等因素影响较大，尤其是在晚上以及雨雾天气，视觉传感器检测识别精度降低、稳定性降低，而检测纵向距离范围比较小，容易造成意外事故。

毫米波雷达具有探测距离远、响应速度快、目标跟踪能力和识别能力好、抗干扰能力强、可全天时和全天候工作、尺寸小、重量轻等优点，受光照和天气等因素影响比较小，稳定性比较高，并且测距精度比较高，距离比较远，但是目前毫米波雷达分辨率比较低，对金属比较敏感，进而识别性能比较差，并且不能够识别目标的特征信息。

所以单一的传感器是不能够解决所有问题的，毫米波雷达与视觉传感器的融合标定必然是一种趋势。

二、毫米波雷达与视觉传感器的融合标定

建立精确的毫米波雷达坐标系、世界坐标系、视觉传感器坐标系、图像坐标系和像素坐标系之间的坐标转换关系，是实现毫米波雷达和视觉传感器融合标定的关键。毫米波雷达与视觉传感器在空间的融合就是将不同传感器坐标系的测量值转换到同一个坐标系中。

传感器之间的标定问题，就是将毫米波雷达检测的目标转换到图像上。具体分为以下两个步骤。

1. 将毫米波雷达坐标系的坐标转换到世界坐标系中

坐标转换以视觉传感器光心为世界坐标系原点，视觉传感器镜头垂直于地面安装，视觉传感器坐标系如图 7.37 所示。毫米波雷达安装方向与视觉传感器方向一致。

由于毫米波雷达只能获得世界坐标系中 x 轴与 z 轴的坐标，可以手动测量 y 轴坐标 z_m，

其中毫米波雷达输出的 x 轴坐标 x_r 与 y 轴坐标 y_r 分别对应世界坐标系的 x 轴与 z 轴坐标，所以物体在世界坐标系的齐次坐标为 $(x_r, y_r, z_m, 1)^T$。

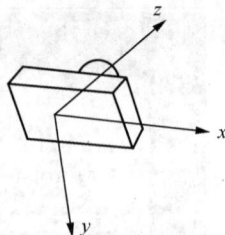

图 7.37　视觉传感器坐标系

2．将世界坐标系的坐标转换到视觉传感器坐标系中

以视觉传感器光心为世界坐标系原点，将物体在世界坐标系的齐次坐标 $(x_r, y_r, z_m, 1)^T$ 乘以外参矩阵 E 即物体在视觉传感器坐标系的齐次坐标，由于视觉传感器的安装位置已事先调好，视觉传感器的偏移量较小，将外参矩阵 E 设置为单位矩阵，物体在视觉传感器坐标系的齐次坐标为 $(x_c, y_c, z_m, 1)^T$。

根据小孔成像原理，已知镜头焦距为 f，物体在图像坐标系的齐次坐标 $(x_p, y_p, 1)^T$ 与视觉传感器坐标系齐次坐标的关系为

$$z_c \times (x_p, y_p, 1)^T = \begin{pmatrix} f & 0 & x_0 & 0 \\ 0 & f & y_0 & 0 \\ 0 & 0 & 1 & 0 \end{pmatrix} \begin{pmatrix} x_c \\ y_c \\ z_c \\ 1 \end{pmatrix}$$

由于主点可能不在图像坐标系原点，若主点在图像坐标系中的坐标为主点在图像坐标系的坐标为 $(x_0, y_0, 1)^T$。此外，考虑到单个像素的长 dx 和宽 dy，得到图像坐标与像素坐标 $(u, v, 1)^T$ 的关系：

$$(u, v, 1)^T = \begin{pmatrix} 1/dx & 0 & 0 \\ 0 & 1/dx & 0 \\ 0 & 0 & 1 \end{pmatrix} \begin{pmatrix} x_p \\ y_p \\ 1 \end{pmatrix}$$

视觉传感器内参矩阵为

$$K = \begin{pmatrix} 1/dx & 0 & 0 \\ 0 & 1/dy & 0 \\ 0 & 0 & 1 \end{pmatrix} \begin{pmatrix} f & 0 & x_0 \\ 0 & f & y_0 \\ 0 & 0 & 1 \end{pmatrix} = \begin{pmatrix} f_x & 0 & u_0 \\ 0 & f_y & v_0 \\ 0 & 0 & 1 \end{pmatrix}$$

因此，世界坐标系与像素坐标系关系为

$$z_c \times (u, v, 1)^T = [K, 0] \, E(x_r, z_m, y_r, 1)^T$$

三、毫米波雷达与视觉传感器融合的方式

要实现视觉传感器与毫米波雷达的精确融合，需要满足两个条件：空间上同步（融合标定解决）、时间上同步（时间戳解决）。技术实现上的主要难点在于摄像头和雷达观测值的匹配、数据融合、多目标场景下有效目标库的维护等，还需要考虑容错性、灵活性、可拓展性、可靠性、安装等多方面的因素。

视觉传感器与毫米波雷达的融合方式主要有 3 种：原始数据级融合（信号级）、特征级融合（图像级）、目标级融合。

（1）原始数据级融合（信号级）：雷达点云与图像像素的匹配。将雷达的点云数据坐标投影到图像像素上，与图像像素融合标定匹配。对视觉传感器和雷达传出的数据源进行融合，

信号级融合数据损失最小、可靠性最高，但运算量大、雷达分辨率较低、点云数量极少，且噪声较大，很难与图像匹配。

（2）特征级融合（图像级）：主要为雷达辅助图像，将雷达点目标投影到图像上，围绕该点，生成一个矩阵的感兴趣区域，然后只对该区域进行搜索，搜索到以后跟雷达点目标进行匹配。以视觉传感器为主体，将雷达输出的信息进行图像特征转化，然后与视觉传感器的图像输出进行融合。

优点：可以迅速地排除大量没有车辆的区域，极大地提高识别速度；可以迅速排除掉雷达探测到的非车辆目标，提高结果的可靠性。

缺点：这个方式实现起来有一定难度。理想情况下雷达点目标出现在车辆中间，因为雷达提供的目标横向距离不准确，再加上摄像头标定的误差，导致雷达的投影点对车的偏离可能比较严重。我们只能把感兴趣区域设置得比较大。感兴趣区域过大后可能导致区域内含有不止一辆车，这个时候目标就会被重复探测，造成目标匹配上的混乱。在交通拥挤的时候，容易出现这种情况。

（3）目标级融合：主要根据图像检测的目标结果与雷达探测的目标结果进行融合。主要的缺点是视觉传感器识别的纵向距离不准确，在障碍物比较多的情况下，很难匹配准确。还有可能出现雷达已经识别到，视觉传感器却没有识别到的情况。

四、毫米波雷达和视觉传感器融合标定的准备工作

1．设备的准备

在进行毫米波雷达与视觉传感器的融合标定之前，需要将视觉传感器和毫米波雷达安装到实训平台上，具体操作可参考"任务 2.1　拆装与调试鱼眼摄像头"及"任务 4.1　拆装与调试毫米波雷达"。

2．场地的准备

（1）把实训台架推到规定的位置。

（2）在毫米波雷达下方的地面上贴一条黄色标志线，该标志线需要与实训台架的前面（有毫米波雷达的那一侧）平行，如图 7.38 所示。

场地的准备

（3）以毫米波雷达下方为圆心，圈出一个扇形报警区域（角度为 40°），如图 7.39 所示。

图 7.38　平行标志线

彩图 7.38

图 7.39　扇形报警区域

（4）在毫米波雷达前方的地面上，每隔 1m 用标志线做好标记，报警距离范围为 5m，如图 7.40 所示。

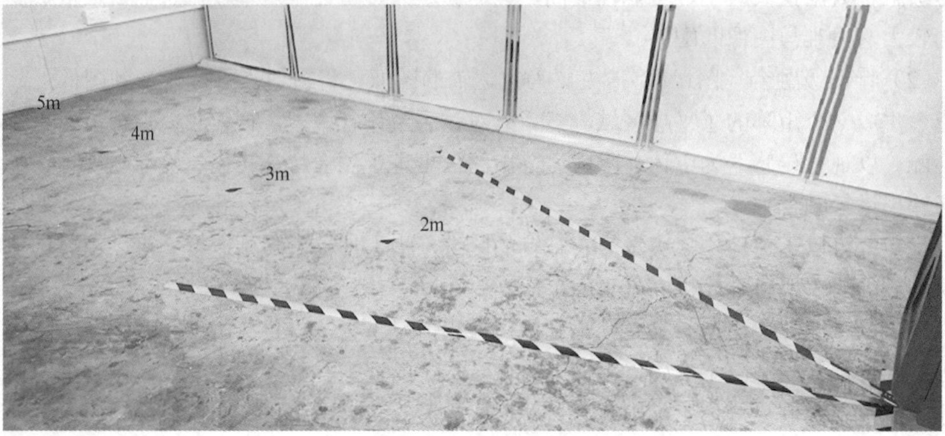

图 7.40 扇形报警距离范围

五、毫米波雷达和视觉传感器融合标定的实现步骤

1. 视觉传感器的标定

（1）打开"视觉传感器和毫米波雷达融合标定"软件（随本书提供），软件主界面如图 7.41 所示。

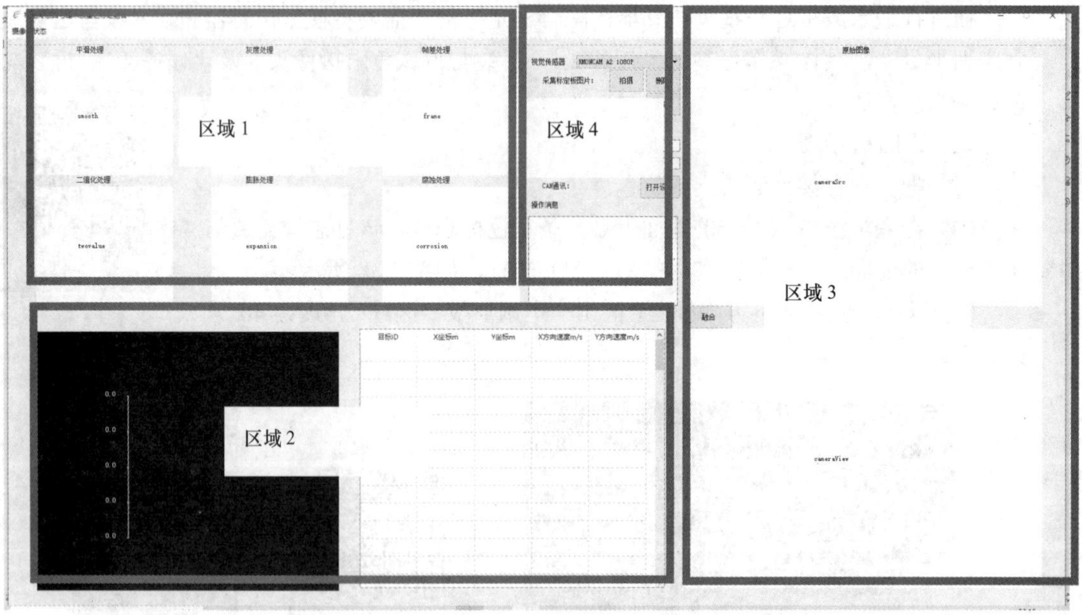

视觉传感器的标定

图 7.41 软件主界面

注：区域 1 如图 7.42 所示，区域 2 如图 7.43 所示，区域 3 如图 7.44 所示，区域 4 如图 7.45 所示。

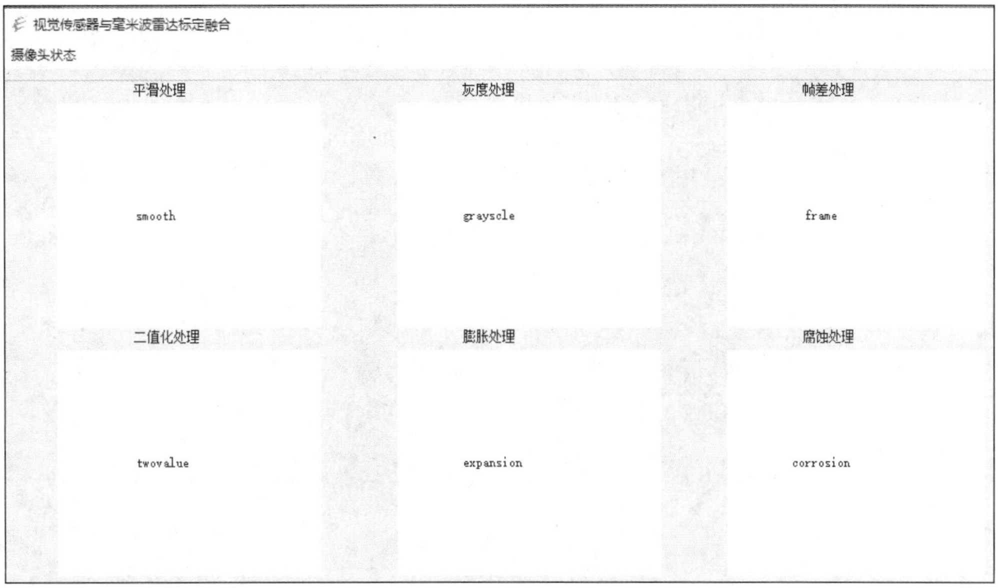

图 7.42　视觉传感器的图像处理结果展示区域

图 7.43　毫米波雷达识别结果展示区域

（2）在软件主界面上侧中间位置找到"视觉传感器"，在下拉列表中选择"RMONCAM A2 1080P"，如图 7.45 所示，因为有 4 个摄像头，所以有 4 个可选项（前 4 个名称一样，是安装在实训平台上的 4 个鱼眼摄像头，第 5 个为实训平台一体机计算机自带的摄像头，不用于本节课的标定任务），选中与毫米波雷达同侧的鱼眼摄像头，打开后会在界面右侧显示该摄像头拍摄的画面，因名称一样，如果发现不是想要的同侧摄像头的画面，请依次重新选择直至选到同侧摄像头为止。

（3）单击主界面左上角"摄像头状态"，选择"打开"，打开视觉传感器，如图 7.46 所示。

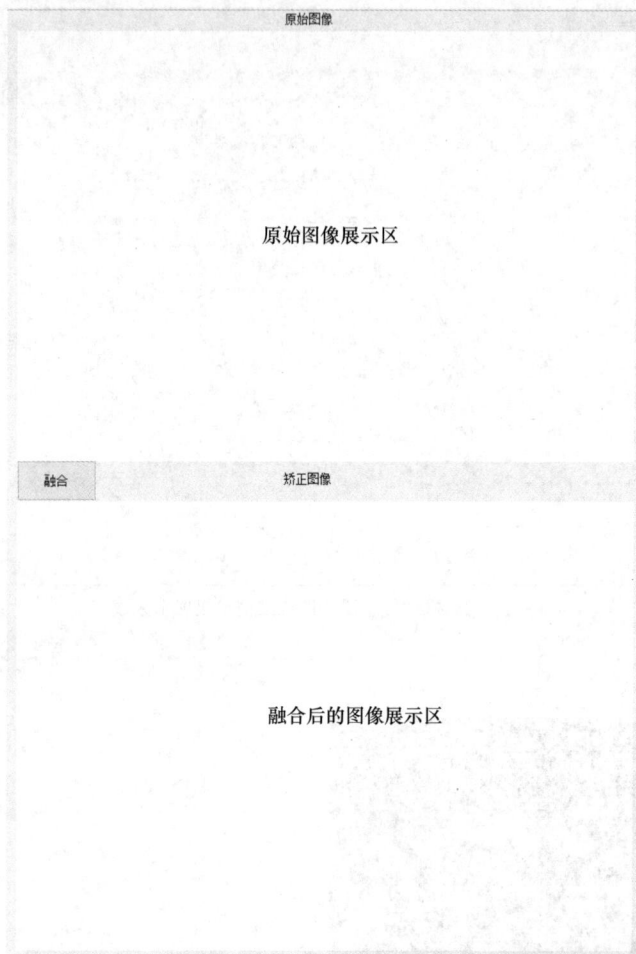

原始图像

原始图像展示区

融合   矫正图像

融合后的图像展示区

图 7.44 原始图像（上）和融合后的图像（下）展示区

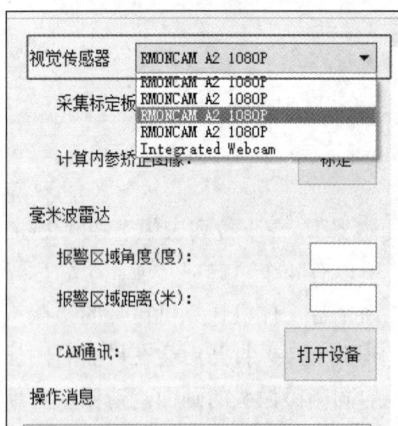

图 7.45 选择视觉传感器

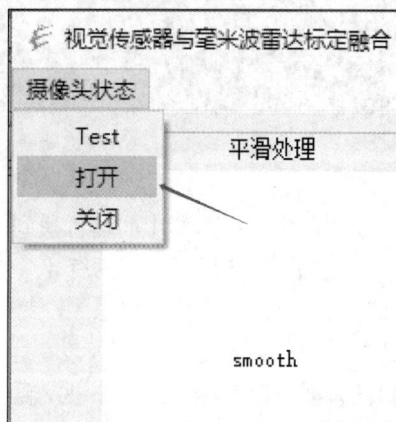

图 7.46 打开摄像头

（4）打开摄像头之后，右侧将会实时显示摄像头拍摄画面，把标定板放置到合适的位置，然后单击"拍摄"按钮，共拍摄 5 个不同角度的照片，如图 7.47 所示。

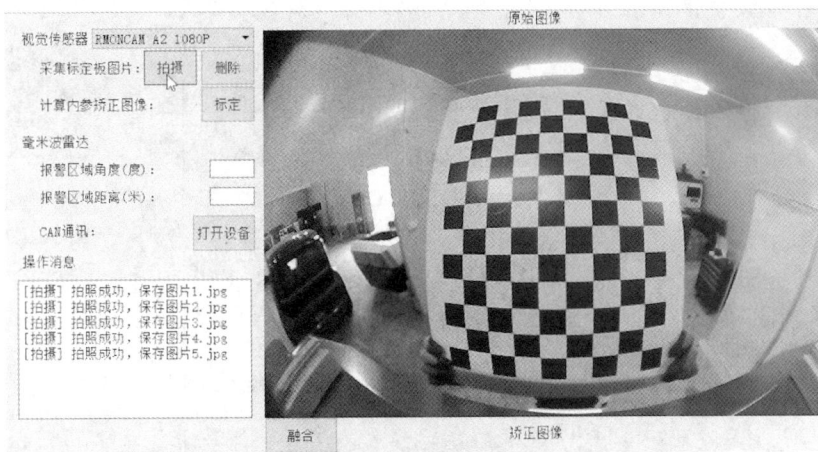

图 7.47　拍摄照片

（5）完成照片拍摄之后，单击"标定"按钮，系统自动进行标定，效果如图 7.48 所示。如果标定效果不理想，可以单击"删除"按钮，把之前拍摄的 5 张照片删除，调整标定板，重新拍摄即可。

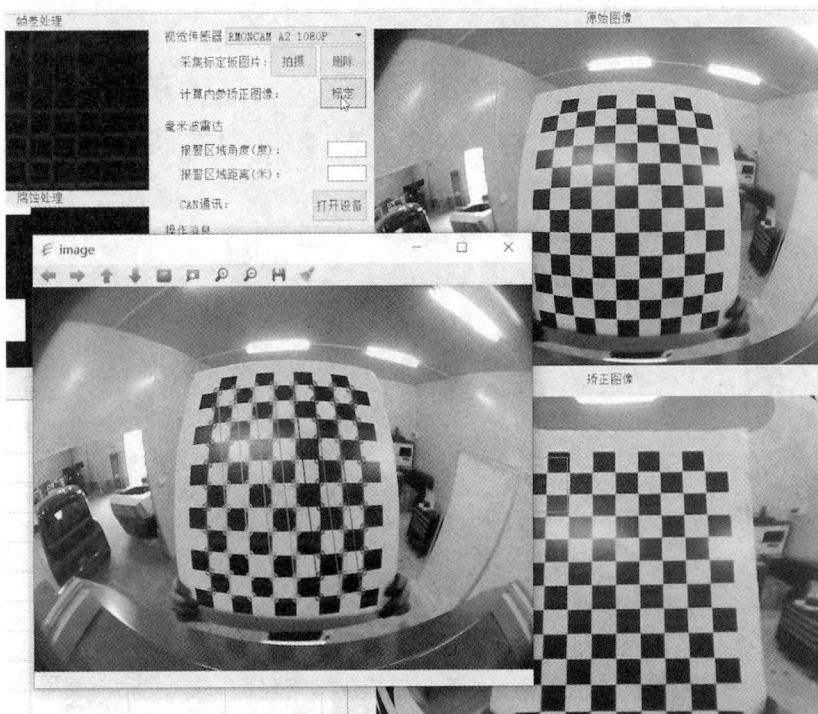

图 7.48　标定效果

彩图 7.48

2．毫米波雷达的调试

（1）在软件主界面上侧中间位置找到"毫米波雷达"设置区（在"视觉传感器"下面），设置报警区域角度和报警区域距离，分别为 20°（对应实际设置角度的一半）和 5m；单击"打开设备"按钮，打开毫米波雷达，进行 CAN 通信，如图 7.49 所示。

毫米波雷达的调试

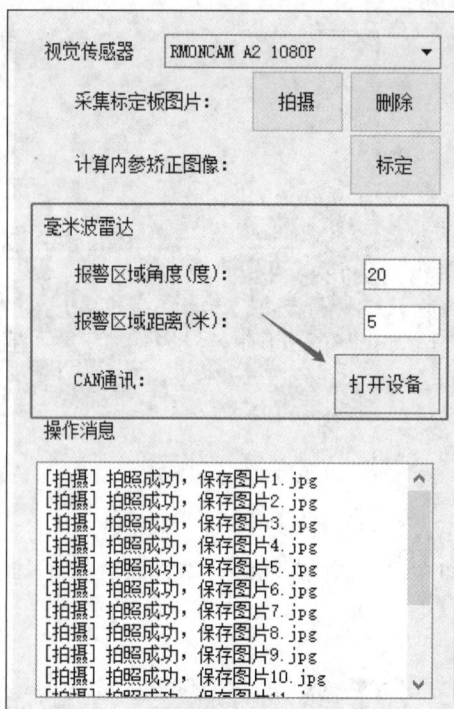

图 7.49　设置报警区域角度和报警区域距离

（2）打开毫米波雷达之后，检查坐标系是否有数据，如果有数据则说明毫米波雷达正常，如图 7.50 所示。

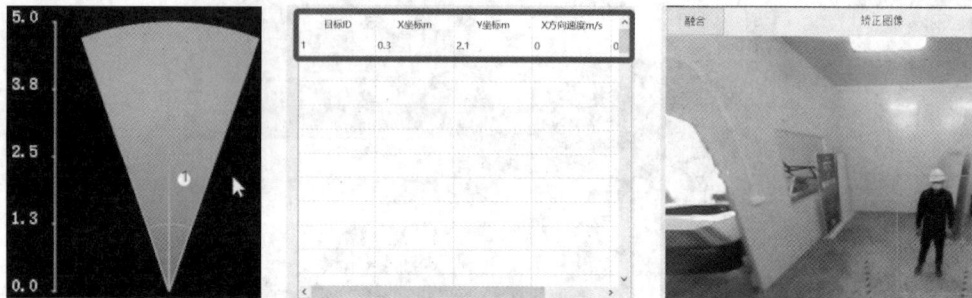

图 7.50　调试毫米波雷达

3．毫米波雷达和视觉传感器的融合

毫米波雷达和视觉传感器的融合通过内参标定和外参标定获得相应参数，再经过矩阵计算，将毫米波雷达坐标系上的数据转换到像素坐标系中，使得雷达点云投影到视觉传感器图像的对应位置。

完成视觉传感器的标定和毫米波雷达的调试之后，单击软件主界面右侧中间的"融合"按钮，进行毫米波雷达和视觉传感器的融合标定。融合效果如图 7.51～图 7.54 所示，可以从图 7.54 所示的效果看到，视觉传感器检测到的行人（方框）和毫米波雷达探测到的行人（小圆圈）是相同的。

毫米波雷达和视觉传感器的融合

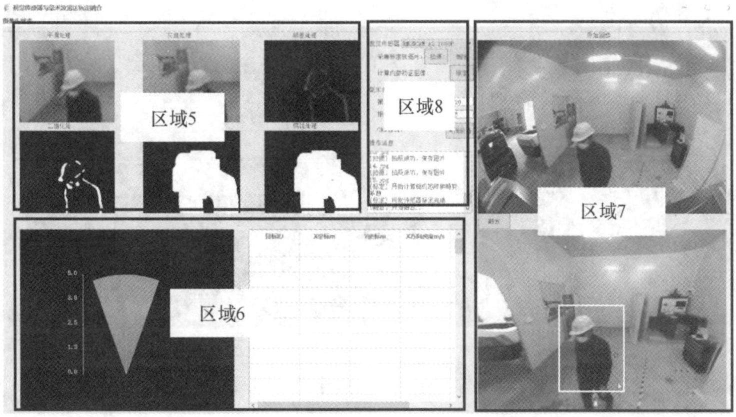

图 7.51　融合效果

注：区域 5 如图 7.52 所示，区域 6 如图 7.53 所示，区域 7 如图 7.54 所示，区域 8 参考图 7.49。

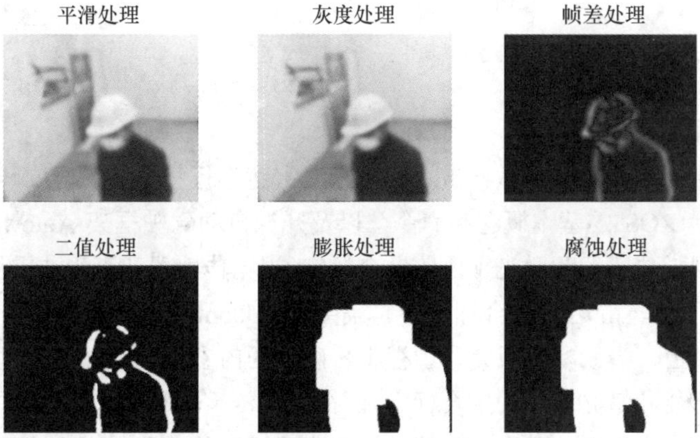

彩图 7.52

图 7.52　视觉传感器通过算法处理完成识别

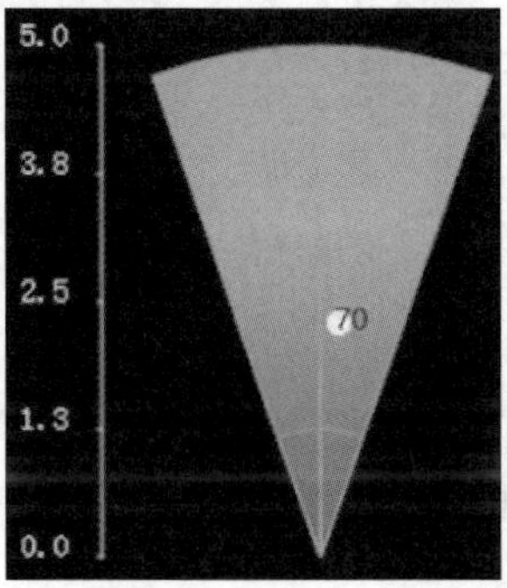

目标ID	X坐标m	Y坐标m	X方向速度m/s	
70	0.2	2.3	0	0

图 7.53　毫米波雷达完成识别目标（目标 ID 为 70）的效果

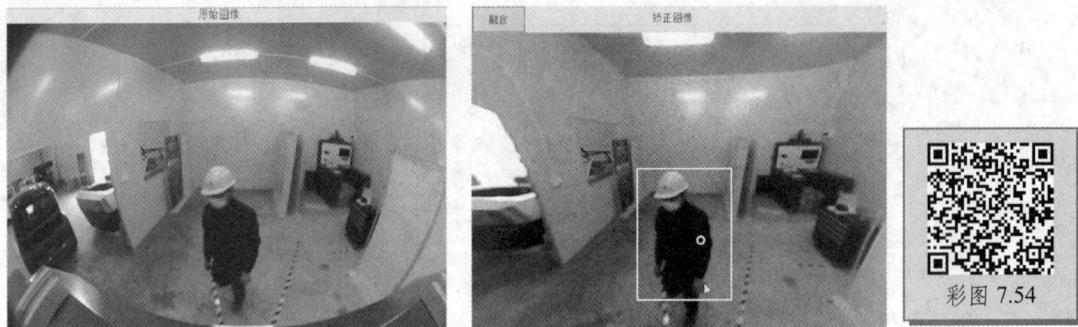

（a）原始图片　　　　　　　　（b）融合后

图 7.54　视觉传感器原始图片与两种传感器融合后的效果对比

图 7.54（a）显示的是视觉传感器的原始图片，图 7.54（b）为经过两种传感器融合后的效果图片，其中方框表示视觉传感器探测到的行人，小圆圈表示毫米波雷达探测到的行人，两者相同。

【项目小结】

本项目主要围绕视觉传感器、激光雷达和毫米波雷达进行相关的综合实践，首先介绍了一些基础知识，包括 ROS 的基本概念和命令，以及开源自动驾驶框架 Autoware；其次，在实训平台上开展了视觉传感器和激光雷达的融合标定、视觉传感器和毫米波雷达的融合标定。

在视觉传感器和激光雷达的融合标定中，需要在 Ubuntu 操作系统中安装好 ROS 和 Autoware，在此基础上，借助标定板完成了视觉传感器的内参标定；然后通过相关的脚本和命令完成了视觉传感器和激光雷达的融合标定。而在视觉传感器和毫米波雷达的融合标定中，采用了视觉传感器和毫米波雷达融合标定软件，完成了视觉传感器和毫米波雷达的融合标定操作。

本项目作为综合实践，弱化了装调和检测，侧重跨传感器的融合标定，这对没有 Linux 基础、ROS 基础和 Autoware 基础的读者来说略显困难，但这是必要的进阶，是智能网联汽车高技能人才的必备技能，希望读者能掌握。

【知识巩固】

1. 单选题

（1）本项目涉及的专业标定板的规格和尺寸是（　　　）。

　　A. 11×9，棋盘格单格边长为 3.5cm　　　B. 12×9，棋盘格单格边长为 3.5cm

　　C. 11×9，棋盘格单格边长为 3.6cm　　　D. 12×9，棋盘格单格边长为 3.6cm

（2）在做视觉传感器标定时，"X"的含义是（　　　）。

　　A. 移动到视觉传感器视野范围的最左边、最右边

　　B. 移动到视觉传感器视野范围的最上方、最下方

　　C. 移动标定板占据整个视觉传感器视野范围

D. 改变标定板的角度，斜着拿标定板

（3）在做视觉传感器标定时，"Y"的含义是（　　　）。

A. 移动到视觉传感器视野范围的最左边、最右边

B. 移动到视觉传感器视野范围的最上方、最下方

C. 移动标定板占据整个视觉传感器视野范围

D. 改变标定板的角度，斜着拿标定板

（4）一般选择（　　）个点来做标定。

A. 6　　　　　　　　B. 7　　　　　　　　C. 8　　　　　　　　D. 9

（5）下列不属于视觉传感器与毫米波雷达的融合方式的是（　　　）。

A. 原始数据级融合　　　　　　　B. 融合标定

C. 特征级别融合　　　　　　　　D. 目标级融合

（6）要实现视觉传感器与毫米波雷达的精确融合，需要满足（　　　）同步（融合标定解决）、时间上同步（时间戳解决）。

A. 地域上　　　　　　　　　　　B. 位置

C. 图像上　　　　　　　　　　　D. 空间上

（7）以下不是视觉传感器和毫米波雷达融合标定的实现步骤的是（　　　）。

A. 视觉传感器的标定　　　　　　B. 毫米波雷达的调试

C. 毫米波雷达的安装　　　　　　D. 视觉传感器和毫米波雷达融合标定

（8）外参标定结果的文件格式为（　　　）。

A. *.dox　　　　　B. *.txt　　　　　C. *.yaml　　　　　D. *.xml

（9）毫米波雷达扇形报警区域应该设置为（　　　）。

A. 20°　　　　　B. 30°　　　　　C. 40°　　　　　D. 50°

（10）毫米波雷达报警距离应该设置为（　　　）m。

A. 5　　　　　B. 10　　　　　C. 15　　　　　D. 20

2. 判断题

（1）视觉传感器内参是视觉传感器的焦距。（　　　）

（2）旋转矩阵描述了世界坐标系的坐标轴相对于摄像机坐标轴的方向。（　　　）

（3）主动视觉传感器标定法需要使用尺寸已知的标定物。（　　　）

（4）标定结果的精度及算法的稳定性直接影响视觉传感器工作产生结果的准确性。（　　　）

（5）做内参标定时需要准备标定板。（　　　）

（6）目标检测关注特定的物体目标，要求同时获得这一目标的类别信息和位置信息。（　　　）

（7）传统计算机视觉（CV）方法的缺陷是：从每一张图像中选择重要特征是必要步骤。（　　　）

（8）随着自动驾驶与机器人技术的不断发展，基于点云表征的 3D 目标检测领域近年来不断发展。（　　　）

（9）毫米波雷达可以识别目标的特征信息，不需要和视觉传感器进行融合标定。（　　　）

（10）标定又分为内参标定和外参标定。（　　　）

（11）想要实现视觉传感器与毫米波雷达的精确融合，首先要解决的是传感器之间的时间、空间同步问题。（　　　）

（12）传感器之间的标定问题，就是要将毫米波检测的目标转换到图像上。（　　　）

（13）原始数据级融合，就是雷达点云与图像像素匹配。（　　　）

（14）在进行外参标定时，需要发布话题才能获取传感器数据。（　　　）

3．简答题

（1）请简述视觉传感器标定的重要性。

（2）请简述激光雷达与视觉传感器为什么需要做融合标定。

（3）请简述传统计算机视觉方法有哪些缺陷。

（4）请简述毫米波雷达与视觉传感器融合标定的意义。

【拓展任务】

（1）Autoware 融合标定工具的优点有哪些？

（2）除了 Autoware 融合标定工具还有哪些标定工具？

（3）如何预测利用台架传感器获得的真实数据？

（4）在与视觉传感器融合的过程中，毫米波雷达和激光雷达存在哪些差异？